职业教育电子商务专业教学用书

客户服务实训教程

主编　李亮怀

電子工業出版社
Publishing House of Electronics Industry
北京 • BEIJING

内容简介

本书通过详细的知识讲授和清晰直观的操作步骤，帮助学生掌握电子商务活动中客户服务的各项通用技能，使其具备分析和解决客户服务实际问题的能力，以便从事客户服务的相关工作。

本书突破了纯理论的讲授模式，从客户服务的工作岗位实际出发，围绕客服岗位认知、电话客服、网络客服、微客服、售前客服、售中客服、售后客服、客户管理、客服评价等具体的项目，以"学训一体、职场体验"为主要形式，通过情景模拟、角色扮演、案例分析、实践操作等训练方式，提高学生客户服务的操作技能。

本书可作为职业院校电子商务、市场营销、物流、商贸类等专业的教材，也可作为客服人员岗位培训教材或职业技能培训参考书，以及创业者的自学用书。

图书在版编目（CIP）数据

客户服务实训教程 / 李亮怀主编 . —北京：电子工业出版社，2015.7
职业教育电子商务专业教学用书
ISBN 978-7-121-26743-7

Ⅰ. ①客… Ⅱ. ①李… Ⅲ. ①企业管理－商业服务－中等专业学校－教材 Ⅳ. ① F274

中国版本图书馆 CIP 数据核字（2015）第 166701 号

策划编辑：陈　虹
责任编辑：郝黎明　　特约编辑：安家宁　齐美叶
印　　刷：北京虎彩文化传播有限公司
装　　订：北京虎彩文化传播有限公司
出版发行：电子工业出版社
　　　　　北京市海淀区万寿路 173 信箱　邮编 100036
开　　本：787×1 092　1/16　印张：14.5　字数：371.2 千字
版　　次：2015 年 7 月第 1 版
印　　次：2020 年 1 月第 7 次印刷
定　　价：30.00 元

凡所购买电子工业出版社图书有缺损问题，请向购买书店调换。若书店售缺，请与本社发行部联系，联系及邮购电话：（010）88254888，88258888。

质量投诉请发邮件至 zlts@phei.com.cn，盗版侵权举报请发邮件至 dbqq@phei.com.cn。

本书咨询联系方式：chitty@phei.com.cn。

前　言

随着互联网的普及和广泛应用，电子商务在我国得到了迅猛的发展，企业对客户服务岗位人才的需求数量呈快速增长趋势，尤其是具有一定理论知识基础和实际操作能力的客服人才。2015年1月，中国互联网络信息中心（CNNIC）发布的第35次《中国互联网络发展状况统计报告》显示：截至2014年12月，中国网民规模达6.49亿人，互联网普及率为47.9%。中国手机网民规模达5.57亿人，网民中使用手机上网人群占85.8%。即时通信作为第一大上网应用，在网民中的使用率持续上升。截至2014年12月，手机即时通信使用率为91.2%。手机即时通信由于其随身、随时、拥有社交属性和可以提供用户位置等特点，自身定位逐渐从以前单一的通信工具演变成支付、游戏、O2O等高附加值业务的用户入口，以其庞大的用户基数为其他服务提供了巨大的潜在商业价值，当然也包括客户服务。

随着人们生活水平的不断提高，市场自主性越来越强，单纯的产品和技术已经不再能满足客户日益个性化、多样化、多层次的需求。以客户需求为中心、以订单为主导进行企业运作和资源配置的客户经济应运而生。跨国企业无不高度注重客户这个有限的资源，全球500强企业都将"客户服务管理中心"作为核心部门加以建设。"客户经济"时代促使中国企业渴望拥有大量高素质的客户服务与管理人才。客户服务与管理作为一个新兴职业类别，已引起社会各界的普遍关注。客户服务管理人才需求缺口巨大，岗位主要集中在客服专员、客户呼叫中心座席员、客服主管、客户维护、销售客服、领班、客户经理等。客户服务管理人才需要具有一定的管理和培训经验、较强的沟通和协调能力，思维敏捷，能够快速满足客户需求，能够与客户保持良好的关系。

社会急需大量专业的具备现代客户服务管理理念和现代客户服务管理技能，能够熟练掌握客户心理、客户服务的基本流程和服务技能，具有良好的沟通和把握全局的能力、实操技能的客服人才。本书旨在为适应经济发展对客户服务与管理人才的需求而编写。从客服岗位认知、电话客服、网络客服、微客服、售前客服、售中客服、售后客服、客户管理和客服评价9个项目展开介绍，涵盖了企业对不同类型客服的需求。编写过程依据"理实一体，情景设计，行动导向，任务驱动"的教学原则，注重客户服务与管理知识的讲授，突出岗位工作流程和技能实训项目驱动教学，以学生为主体，教师引导；强调以技能实训为主，理论讲授为辅，理实一体化和过程评价的教学方式；设计形式丰富、活泼的快乐学习资料和实训题，方便教师和学生使用。本书在内容选择上主次分明，重点突出，循序渐进，文字精练，步骤清晰，通俗易懂。学习者通过任务驱动练习，可以快捷、直接、简单地掌握客户服务与管理的核心技能。

本书由李亮怀（广东省肇庆市四会中等专业学校）担任主编，由邱雪红（河源理工

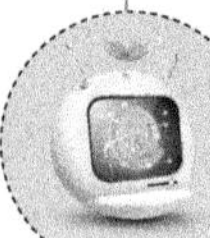

学校）担任副主编。具体编写分工如下：项目一由李亮怀、赖智勇编写；项目二由王昕编写；项目三由邱雪红编写；项目四由曾永编写；项目五由原拴双编写；项目六由范学鑫、陈柳燕编写；项目七由赖宇编写；项目八由林志芳编写；项目九由蓝军编写。全书最后由李亮怀统稿。

在本书编写过程中，我们参阅、借鉴并引用了大量国内外有关客户服务和电子商务等方面的书刊资料和研究成果，浏览了许多相关网站，并得到了有关学校和企业的支持，在此表示感谢。

为方便教师教学，为本书制作了配套的电子教学资料包，包括教学课件、习题和习题参考答案，请有此需要的教师登录华信教育资源网（www.hxedu.com.cn）免费注册后进行下载，有问题请在网站留言板留言或与电子工业出版社联系（E-mail：hxedu@phei.com.cn）。

由于编写时间仓促，编者水平有限，书中疏漏和不妥之处在所难免，恳请广大读者批评指正。

编　者

目　录

项目一

客服岗位认知

项目情景

小明电子商务专业毕业后便投身于淘宝网创业，经过几个月的努力，淘宝店铺逐渐步入正轨。随着业务量的不断扩大，小明发觉店铺需要比较多的客服对买家提供细致周到的服务。热情周到的服务态度，及时的顾客交流，能让买家真正地体会到“顾客至上”的感觉！于是，小明决定成立客服部，招聘一批客服人员，并开展客服岗位的职业技能、客服礼仪和客服意识的培训，打造一支专业的客服队伍……

思考：小明要成功地打造客服部，应该从何处入手呢？

____

____

学习目标

- 复述客户和客户服务的概念，区别客服的分类。
- 领会客服的含义和服务意识。
- 领会客服的职业技能标准，模仿客服的基本礼仪。

学习任务

- 任务一　认识客户和客服
- 任务二　客服岗位技能
- 任务三　客服基本礼仪

任务一 认识客户和客服

任务要求

教师构建班级的合作学习小组，合作学习小组的成员共同完成以下学习任务，解决以下学习问题。

（1）深入认识“客户”。

（2）从不同的视角对客户进行分类。

（3）什么是客服？

（4）在电子商务的大环境下，客服可分为哪几类？

（5）发现新问题：________________________________

任务准备

根据学习任务的要求和难易程度，准备相关的教学组织和设备设施。

（1）构建合作学习小组：将全班学生分为不同的学习小组，每个小组由2～6名学生组成，每个学习小组的组员分配上，要有领导者、创造者、分析者和执行者的角色。选举小组长，起一个响亮的组名，设计小组标志（Logo）和座右铭（口号），组长负责全组的组织、分工、协调、合作等工作。

（2）教师指导：教师提供学习帮助，使学生明确学习目标，端正学习态度，提示学习任务的完成步骤等。

（3）学习资源：能接入互联网的计算机，纸质、声音、电子、网络等多媒体构成的立体化教学资源库。

（4）实训场地：多媒体网络教室、客户服务实训室，建议与当地电信公司或电商企业合作，进行真实场景的模拟实训。

知识链接

导入案例

有一个经营得非常好的公司，这家公司和其他公司相比没什么特别之处，只是其客户服务部的员工比其他公司多了3倍。有人问这个公司的老总，为什么聘请这么多客户服务人员。这位老总的回答一语惊人：“销售是骨，服务是血，所以我们的客户服务人员比销售人员还要多。”

美国斯坦林电信中心董事长大卫·斯坦博格说：“经营企业最便宜的方式是为客户提供最优质的服务，而客户的推荐会给企业带来更多的客户，在这一点上企业根本不用花一分钱。”

请思考：我们可以从这个案例中得到什么启示？

一、客户

1. 客户的概念

客户（customer）是指传统意义上的消费者，即购买商品的人；而在电子商务时代，客户是指所有与企业或商家有互动行为的单位或个人。

客户由以下几个部分组成。

（1）消费者客户。消费者客户是企业产品或服务的直接消费者，或称“最终客户”或“终端客户”。

（2）中间客户。中间客户购买企业的产品或服务，但他们并不是产品或服务的直接消费者，而是处于企业与消费者之间的经营者。中间客户的典型代表是经销商。

（3）公利客户。公利客户是代表公众利益，向企业提供资源，然后直接或间接地从企业获利中收取一定比例费用的客户。公利客户的典型代表是政府、行业协会、媒体等。

对企业而言，客户是对本企业产品和服务有特定需求的群体，它是企业生产经营活动得以维持的根本保证。传统的观点认为，客户（customer）和消费者（consumer）是同一概念，但企业往往会对客户和消费者加以区别，两者之间的差别表现在以下几个方面。

（1）客户是针对某一特定细分市场而言的，他们的需求具有一定的共性；而消费者则是针对个体而言的，他们处于比较分散的状态。例如，某计算机公司把客户分成金融客户、工商企业客户、教育客户、政府客户等，而消费者则成为公司的散户。

（2）客户的需求相对较为复杂，要求较高，购买数额也较大，而且交易过程延续的时间比较长。例如，客户批量购买了计算机后，涉及安装维护、耗材供应、重复购买等问题，而消费者与企业的关系一般是短期的，也不需要长期、复杂的服务。

（3）客户注重与企业的感情沟通，需要企业安排专职人员负责和处理他们的事务，而且需要企业对客户的基本情况有深入的了解；而消费者与企业的关系相对比较简单，即使企业知道消费者是谁，也不一定与其发生进一步的联系。

（4）客户是分层次的，不同层次的客户需要企业采取不同的客户策略；而消费者则可看成一个整体，并不需要进行严格区分。

在电子商务时代，由于有线互联网和移动互联网的高速发展，客户的需求得到深层次的满足，客户更多地以消费者个体的身份参与网上购物，形成了B2C、C2C和O2O的电子商务模式，在此环境下，消费者就是企业和商家的客户。客户的称谓还可以是顾客、用户或买主。

2. 客户的分类

按照不同角度、不同标准来划分，可以把客户分成不同的类型。

（1）按照客户的性质划分，可以把客户分成个体型和组织型客户。个体型客户就是出于个人或家庭的需要而购买商品或服务的对象。这类客户就是通常所讲的最终消费者，主要由个人和家庭购买者构成。组织型客户就是有一定的正式组织结构，以组织的名义，因组织运作需要而购买商品或服务的对象。这类客户包括工商企业用户、各类中间商、团体机构、政府等。

（2）按照客户的重要性划分，可以把客户分成贵宾型、重要型和普通型客户。采用ABC分类法，其客户数量比例和客户为企业创造的利润比例可参考表1.1。

表1.1　用ABC分类法对客户进行划分

客户类型	客户名称	客户数量比例	客户为企业创造的利润比例
A	贵宾型	5%	50%
B	重要型	15%	30%
C	普通型	80%	20%

（3）按照客户对企业和商家的忠诚度划分，可以把客户分成潜在客户、新客户、常客户、老客户、忠诚客户等。潜在客户是指对企业的产品和服务有需求，但尚未开始与企业进行交易，需要企业花大力气争取的客户；新客户是指那些刚开始与企业开展交易，但对产品和服务还缺乏全面了解的客户；常客户是指经常与企业发生交易的客户，尽管这些客户还与其他企业发生交易，但与本企业的交易数量相对较高；老客户是指与企业交易有较长的历史，对企业的产品和服务有较深入的了解，但同时还与其他企业有交易往来的客户；忠诚客户是指对企业高度信任，并与企业建立起了长期、稳定关系的客户，他们基本就在本企业消费。

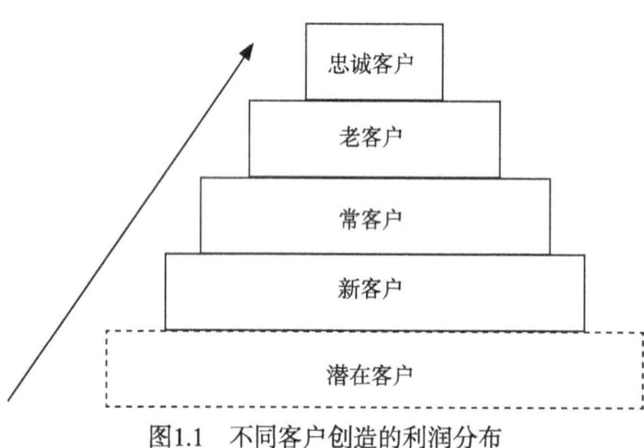

图1.1　不同客户创造的利润分布

不同忠诚度的客户对企业利润的贡献有较大的差别，如图1.1所示。

二、客服

1. 客服的概念

客服简单而言就是客户服务工作，接受客户的咨询，帮助客户解决疑惑；客服也是一个工作岗位，泛指承担客户服务工作的机构、人员或软件。客户是企业业务中最重要的人，是企业赖以生存的源泉。企业的客户服务工作主要包括客户意见处理、资料管理、技术支持、内部合作和客户需求分析。好的客服是企业成功的关键，所以说做好客服是企业发展的一个很重要的环节。

2. 客服的分类

按照自动化程度划分，客服可分为人工和电子客服。人工客服是指主要以客服人员面对面或人工电话交流的形式进行的客户服务，如中国电信的10000电话人工服务；电子客服是指主要以电话自动应答或在线应答的形式进行的客户服务，如淘宝网的智能机器人客服，如图1.2所示。

按照交流媒体划分，客服又可分为文字、视频和语音客服。文字客服是指主要以打字聊天的形式进行的客户服务；视频客服是指主要以语音+视频的形式进行的客户服务；语音客服是指主要以固定电话或移动电话的形式进行的客户服务。

按照商业流程划分，客服在商业实践中一般分为三类，即售前、售中和售后客服。售前客服一般是指企业在销售产品之前为顾客提供的一系列活动，如市场调查、产品设

计、提供使用说明书、提供咨询服务等；售中客服则是指在产品交易过程中销售者向购买者提供的服务，如接待服务、商品包装服务等；售后客服是指因与所销售产品有连带关系所提供的支持服务，如处理客户投诉、退换货等。

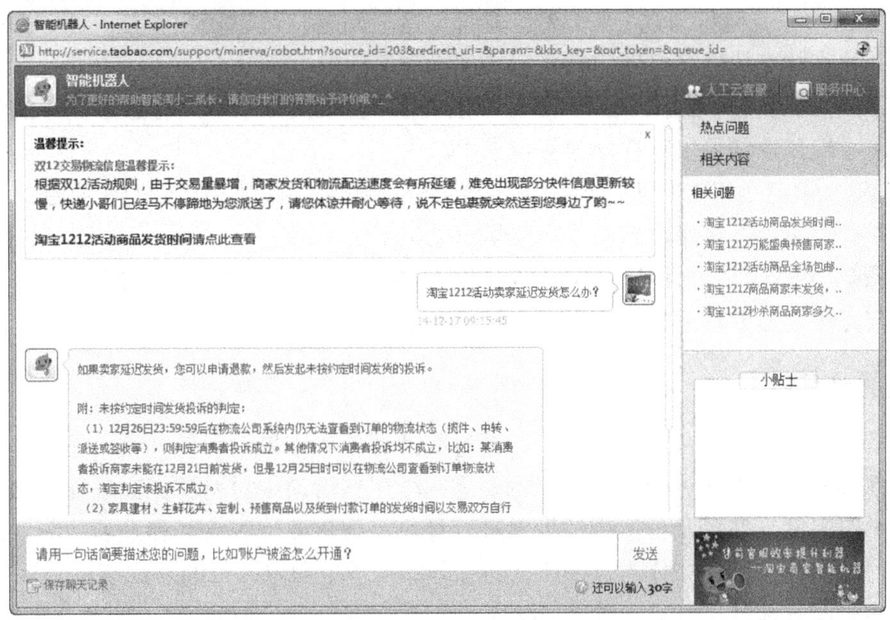

图1.2　淘宝网的智能机器人客服

基于腾讯微信的迅猛发展，微信客服作为一种全新的客户服务形式出现在客服市场上。微信客服依托于微信精湛的技术条件，综合了文字、视频和语音客服的全部功能，具有无可比拟的优势，因此微信客服逐渐成为移动互联网的新型客服模式。

想一想

经济学家认为，我们生活在服务经济时代，每个人都在享受他人的服务，同时也为他人提供服务。有了享受服务的经历，我们的客户对优质服务的要求也将越来越高。客户服务究竟是一项怎样与人打交道的工作？

任务实施与评价

任务实施

1. 认识什么是客户

步骤1　查阅资料，解决“什么是客户”这一问题，可以使用百度、Google等搜索引擎，并将查找到的资料整理归纳后记录到学习笔记本中。

步骤2　结合任务要求，合作学习小组讨论“客户认知”和“客户分类”的学习内容，并将小组讨论结果填写在学习笔记本中。

步骤3　学习小组派代表上台分享本组的学习成果，其他小组针对汇报小组所陈述的内容展开讨论，并将修改意见填写到学习笔记本中。

步骤4　每个学习小组根据其他小组提出的修改意见，对本小组的学习任务进行再次讨论与完善，形成最终学习成果，并记录到学习笔记本中。

2. 认识什么是客服

步骤1　查阅资料，解决“什么是客服”这一问题，可以使用百度、Google等搜索引擎，并将查找到的资料整理归纳后记录到学习笔记本中。

步骤2　结合任务要求，合作学习小组讨论“客服认知”和“客服分类”的学习内容，并将小组讨论结果填写在学习笔记本中。

步骤3　学习小组派代表上台分享本组的学习成果，其他小组针对汇报小组所陈述的内容展开讨论，并将修改意见填写到学习笔记本中。

步骤4　每个学习小组根据其他小组提出的修改意见，对本小组的学习任务进行再次讨论与完善，形成最终学习成果，并记录到学习笔记本中。

任务评价

对学生学习的评价从两方面入手，即过程性评价和结果性评价并重。在注重对科学知识的掌握和理解程度评价的同时，也要重视学生在活动中对科学探究过程与方法的体验，对学习态度、情感及价值观的发展进行评价，强化评价的诊断和发展功能。活动评价与学习结果评价各占50分，两次评价的总分即对学生学习评价的总成绩。

1. 学生学习活动的评价（分值50%）

每名学生对自己在整个学习过程中的表现进行自评，并请学习小组成员和教师对自己在本任务学习中的表现做出评价，从定性和定量两方面填写评价表，如表1.2所示。

表1.2　“认识客户和客服”学习活动学生表现评价量化表

班级：　　　姓名：　　　学号：

序号	评价项目	描述性评价（文字）		量化评价（等级分值）			
		具体评价内容	填写具体事实	满分	自评	互评	师评
1	提出问题	①什么是客户 ②什么是客服		6			
2	做出假设	①客户就是消费者 ②客服就是客户服务的工作人员		6			
3	设计实验方案	能否自行设计合理的实验方案		10			
4	实验操作	能否小组分工合作完成实验，操作是否规范、有效		10			
5	分析并得出结论	分析理解客户和客服的含义，能复述客户和客服的分类		6			
6	表达和交流	是否具有与他人合作、表达与交流的能力		6			
7	反思，提出新问题	①不同的客户有何特点 ②客服的工作媒体有哪些		6			
等级			总　分	50			
评语（教师填写）							

评价表填写说明：

（1）单项表现等级分值的评价标准：优（6分或10分），良（5分或8分），中（3分或6分），需努力（2分或5分），特优（加2分）。

（2）等级评定标准：对表1.2进行等级分值汇总，将总分填写至学生学习活动评价结果表中，如表1.3所示。7项总分50分以上为特优，45 ～ 50分为优，40 ～ 44分为良，30 ～ 39分为中，30分以下需努力。

表1.3　“认识客户和客服”学习活动学生表现评价结果表

班级：　　　姓名：　　　学号：

自评（×40%）	小组互评（×30%）	教师评价（×30%）	总　评

2. 学生学习结果的评价（分值50%）

对学生学习结果的评价，采用笔试测验或实操的方式进行。

任务二　客服岗位技能

任务要求

教师构建班级的合作学习小组，合作学习小组的成员共同完成以下学习任务，解决以下学习问题。

（1）客服在工作中需要具备怎样的基本素质？

（2）在与客户的沟通交流中需要注意哪些事项？

（3）如何进行“有用”的客服工作？

（4）在实际工作中职业准则对于客服工作有什么作用？

（5）发现新问题：________________

任务准备

根据学习任务的要求和难易程度，准备相关的教学组织和设备设施。

（1）构建合作学习小组：将全班学生分为不同的学习小组，每个小组由2 ～ 6名学生组成，每个学习小组的组员分配上，要有领导者、创造者、分析者和执行者的角色。选举小组长，起一个响亮的组名，设计小组标志（Logo）和座右铭（口号），组长负责全组的组织、分工、协调、合作等工作。

（2）教师指导：教师提供学习帮助，使学生明确学习目标，端正学习态度，提示学习任务的完成步骤等。

（3）学习资源：能接入互联网的计算机，纸质、声音、电子、网络等多媒体构成的立体化教学资源库。

（4）实训场地：多媒体网络教室、客户服务实训室，建议与当地电信公司或电商企业合作，进行真实场景的模拟实训。

知识链接

导入案例

客服小强接到客户的投诉电话，客户反映通过网络购买的商品刚开始使用就出现质量问题，而且该商品是急用的，现在不仅商品出了问题，自己的使用需求也得不到解决。此时，客户急躁、气愤、不听客服解释。客服小强针对这一情况进行了处理。

请思考：如果你是小强，会如何应对这突如其来的投诉，如何解决客户的投诉？

一、客服的基本素质

1. 心理素质

客服在服务过程中，要承受各种压力和挫折，没有良好的心理素质是不行的。客服应具备以下几种心理素质。

（1）处变不惊的应变能力。所谓应变能力就是对一些突发事件的有效处理的能力。作为客户服务人员，每天都面对着不同的客户，很多时候客户会带来一些真正的挑战。例如，直接与客户进行面对面交流的一线客户服务人员，在宾馆、零售店里工作、通过语音文字交流的电话接线员，电话客户服务人员，网店客户服务人员等，都有可能遇到一些挑战性的环境。

例如，零售店里有个客户来投诉了，可能喝了一点酒，进来就砸柜台。这个时候，作为客户服务人员，怎么办？有些客户服务人员可能一下就吓哭了。从来没碰到过这种事情，客户怎么这么不讲理？赶快报警吧！打电话吧！而一些非常有经验的客户服务人员就能很稳妥地处理这件事情。这就需要具备一定的应变能力，特别是在处理一些恶性投诉的时候，更要处变不惊。

（2）承受挫折打击的能力。客户服务人员有可能遭受什么样的挫折打击呢？例如，会不会被客户误解？因为计算机故障，一个作家，写了一年的稿子存在计算机里面，统统没有了。这个问题可能不是计算机本身的硬件问题，可能是因为他接收E-mail的时候感染了病毒，而这台计算机是由制造商或者供应商负责维修的，那么客户服务人员过来了以后，客户会怎么样呢？会不会迁怒于客户服务人员？因为他遭受到了太大的打击，所以需要有一个发泄的渠道。而很多客户服务人员每天都要面对各种各样的客户的误解甚至辱骂，必须有承受能力。更有甚者，客户越过客服人员直接向其上级主管投诉。有些投诉可能夸大其词，本来这个客服人员没有做得那么差，但到了客户嘴里变得很恶劣，恶劣到应该马上被开除。那么主管在客户走了以后就会找该名客服人员谈话。因此，客服人员需要有承受挫折打击的能力。

（3）对情绪的自我掌控及调节能力。对情绪的自我掌控和调节能力是指什么呢？例如，每天接待100个客户，可能被第一个客户臭骂了一顿，因此心情变得很不好，情绪很低落；又不能回家，因为后面还有99个客户依然在等着。这时候会不会把第一个客户

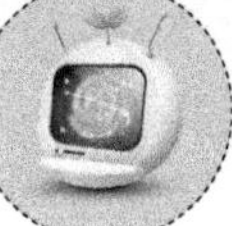

带来的不愉快转移给下一个客户呢？这就需要掌控情绪，调整自己的情绪。因为对于客户，客服人员永远是他的第一个。特别是一些客户服务电话中心的在线服务人员，专门接电话的，一天要受理400个投诉咨询。需要对每一个都保持同样的热情度，做到这点容易吗？只要中间有一个环节出了差错，跟客户有了不愉快的口角，就很难用一种特别好的心态去面对下面所有的客户。因此，优秀的客户服务人员的心理素质非常重要。

（4）满负荷情感付出的支持能力。什么叫作满负荷情感付出呢？就是对每一个客户都提供最好的服务，不能有保留。不能说，因为今天需要对100个人笑，估计笑不了那么长时间，所以一开始要笑得少一点。这样做客户服务可以吗？不可以。对待第一个客户和对待最后一个客户，同样需要付出非常饱满的热情。因为这是公司的要求，只有这样，才能够体现公司良好的客户服务。客户不知道客服人员前面已经接了200个电话，只知道现在接的是他的电话，并不理解客服人员已经累了。

（5）积极进取、永不言败的良好心态。什么是积极进取、永不言败的良好心态？客户服务人员在自己的工作岗位上，需要不断地去调整自己的心态。遇到困难，遇到各种挫折都不能轻言放弃。售后客服经常会接到一些骂人的电话，客户对商品的不满意，延伸到对客服人员的言语冲撞，甚至辱骂客服人员。这是不是挫折和挑战呢？当然这种客户是极少数的。

很多时候，有的客户服务人员就打退堂鼓了，觉得干不下去了。因此，需要有一个积极进取、永不言败的良好心态。这些和团队有很大关系。如果整个客户服务的团队是一个积极向上的团队，员工在这个团队氛围当中，很多心里的不愉快都能得到化解；如果不是，那这就要靠自己去化解。

2. 品格素质

（1）忍耐与宽容是优秀客服人员的一种美德，需要有包容心，包容和理解客户。真正的客户服务是根据客户本人的喜好使他满意。不同客户的性格、人生观、价值观不同，要根据不同顾客的需求和喜好提供服务。即使这个客户在生活中不可能成为朋友，但在工作中他是客户，甚至要比对待朋友还要好地去对待他，因为这就是客服人员的工作。要有很强的包容心，包容别人的一些无理，包容别人的一些小家子气。因为很多客户有的时候就是这样，斤斤计较，蛮不讲理，胡搅蛮缠，什么样的情况都会出现。

（2）热爱企业、热爱岗位。一名优秀的客服人员应该对其所从事的客户服务岗位充满热爱，忠诚于企业的事业，兢兢业业地做好每件事。

（3）要有谦和的态度。谦和的服务态度是能够赢得顾客对服务较高满意度的重要保证。

（4）不轻易承诺。说了就要做到。随便答应客户，这样极易使工作陷于被动。客户服务人员必须注重自己的言语，不能因为需要满足一时的工作需求而随便允诺客户条件，一旦答应客户，就应竭力做到。

（5）谦虚是做好客户服务工作的要素之一。拥有一颗谦虚之心是人类的美德。谦虚这一点很重要。一个客户服务人员需要有很强的专业知识，什么都要懂，什么都要会，面对相对外行的客户极易产生自满态度，这是客户服务的大忌。客服人员靠的是专业知识，靠技能提供服务。在这个领域，客服人员可能是专家，客户可能会说出很多外行的话。如果不具备谦虚的美德，就会在客户面前炫耀自己的专业知识揭露客户的短处。这

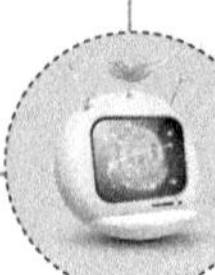

是客户服务中很忌讳的一点。客服人员在拥有了较高的服务技巧和专业知识后，更应谦逊、虚心。

（6）拥有博爱之心，真诚对待每一个人。这个博爱之心是指“人人为我，我为人人”的那种思想境界，热爱客户就像热爱自己一样。

（7）要勇于承担责任。客户服务人员需要经常承担各种各样的责任和失误。出现问题的时候，同事之间往往会相互推卸责任。客户服务是一个企业的服务窗口，应该去包容整个企业对客户带来的所有损失。因此，在客户服务部门，不能说这是别的部门的责任，一切的责任都需要客服人员把它化解，这就叫勇于承担责任。

（8）要有强烈的集体荣誉感。客户服务强调的是团队精神，企业的客户服务人员，需要互相帮助，必须要有团队精神。什么是一支足球队的团队凝聚力？人们常说这个球队特别有团结精神，特别有凝聚力，是指什么？是指每一个球员在赛场上不是为自己进球，所做的一切都是为了全队获胜。而客户服务人员也是一样，所做的一切，不是为表现自己，而是为了能把整个企业客户服务工作做好。这里谈到的就是团队集体荣誉感，这也是品格方面的要求。

（9）热情主动的服务态度。客户服务人员还应具备对客户热情主动的服务态度，充满激情，让每位客户都能感受到这种服务，在接受服务的同时来接受企业的产品。

（10）要有良好的自控力。自控力就是控制好自己的情绪，客户服务作为一个服务工作，首先自己要有一个好的心态来面对工作和客户，客服的心情好了就会带动客户。毕竟形形色色的人都有，有好沟通的，也有不好沟通的，遇到不好沟通的，就要控制好自己的情绪，耐心地解答，有技巧地应对。

3. 技能素质

（1）良好的语言表达能力。良好的语言表达能力是实现与客户沟通的必要技能和技巧。

（2）高超的语言沟通技巧和谈判技巧。优秀的客户服务人员还应具备高超的语言沟通技巧及谈判技巧，只有具备这样的素质，才能让客户接受企业的产品并在与客户的价格交锋中取胜。

（3）丰富的专业知识。对于企业所经营的产品具有一定的专业知识，如果对自己企业的产品都不了解，又如何保证第一时间给顾客回答对产品的疑问呢？

（4）丰富的行业知识及经验。丰富的行业知识及经验是解决客户问题的必备武器，不管做哪个行业都需要具备专业知识和经验，能跟客户进行有效的沟通、调节客户矛盾、解决客户提出的问题。如果客服人员不具备丰富的行业知识和经验，就没有办法帮助客户解决实际的问题。

（5）敏锐的观察力和洞察力。客服人员还应该具备敏锐的观察力和洞察力，只有这样才能清楚地知道客户购买心理的变化。了解了客户的心理，才可以有针对性地对其进行引导。

（6）具备良好的人际沟通能力。良好的人际沟通能力让客户之间的交流变得更顺畅，和买家在销售的整个过程当中保持良好的沟通是保证交易顺利的关键。不管是交易前还是交易后，都要与买家保持良好的沟通，这样不但可以顺利地完成交易，还有可能将新买家吸收为回头客，成为自己的老顾客。

（7）具备专业的客户服务语音沟通技巧。掌握怎么提问、怎么回答的技巧。客服不单单要掌握网上即时通信工具，很多时候电话沟通也是必不可少的。

（8）良好的倾听能力。良好的倾听能力是实现客户沟通的必要保障。与客户交谈时应“说三分，听七分”，学会倾听，善于倾听，应借助目光、体态与客户产生互动。只有互动式的倾听才能真正实现与客户的有效沟通。

4. 综合素质

（1）“客户至上”的服务理念。“客户至上”的服务理念要始终贯穿于客户服务工作中。因此，需要具备一种“客户至上”的、整体的服务理念。

（2）工作的独立处理能力。客服人员应能自己妥善地处理客户服务中的棘手问题。

（3）各种问题的分析解决能力。优秀的客服人员不但要做好客户服务工作，还要善于思考，提出工作的合理化建议，具有分析解决问题的能力，能够帮助客户去分析解决一些实际问题。

（4）人际关系的协调能力。客服人员应善于协调同事之间的关系，以达到提高工作效率的目的。人际关系的协调能力是指在客户服务部门中，协调好与员工、同事间的关系。若同事之间关系紧张，会直接影响到客户服务的工作效果。

二、客服的沟通技巧

为了促成交易，客服在整个交易过程中扮演了重要的角色。因此，客服沟通交谈技巧的运用对促成订单至关重要。

1. 态度方面

（1）树立端正、积极的态度。树立端正、积极的态度对客服人员来说尤为重要。尤其是当售出的商品有了问题的时候，不管是顾客的错还是快递公司的问题，都应该及时解决，不能回避、推脱，而是积极主动地与客户进行沟通，尽快了解情况，尽量让顾客觉得他是受尊重、受重视的，并尽快提出解决办法。在除了与顾客之间的金钱交易之外，还应该让顾客感觉到购物的满足和乐趣。

（2）要有足够的耐心与热情。客服人员常常会遇到一些顾客，喜欢打破砂锅问到底，这个时候就需要有足够的耐心和热情，细心地回复，从而给顾客一种信任感。决不可表现出不耐烦，就算对方不买也要说声“欢迎下次光临”。如果服务够好，这次不成也许还有下次。砍价的客户也是常常会遇到的，砍价是买家的天性，可以理解。在彼此能够接受的范围内可以适当地让一点，如果确实不行也应该婉转地回绝，例如，“真的很抱歉，没能让您满意，我会争取努力改进。”或者引导买家换个角度来看这件商品让他感觉物有所值，就不会太在意价格了，也可以建议顾客先货比三家。总之要让顾客感觉到热情和真诚，千万不可以说伤害顾客自尊的话语。

2. 表情方面

微笑是对顾客最好的欢迎，微笑是生命的一种呈现，也是工作成功的象征。所以当迎接顾客时，哪怕只是一声轻轻的问候也要送上一个真诚的微笑。虽然说在网上与客户交流是看不见对方的，但只要你是微笑的，言语之间是可以感受得到的。此外，多用些旺旺表情，也能收到很好的效果。无论旺旺的哪一种表情都会将自己的情感讯号传达给对方，例如，“欢迎光临”、“感谢您的惠顾”等，都应该轻轻地送上一个微笑，加与不加给人的感受完全是不同的。不要让冰冷的字体语言遮住迷人的微笑。

3. 礼貌方面

俗话说“良言一句三冬暖，恶语伤人六月寒”。一句“欢迎光临”，一句“谢谢惠顾”，短短的几个字，却能够让顾客听起来非常舒服，产生意想不到的效果。

要礼貌对客，让顾客真正感受到“上帝”的尊重。顾客来了，要先讲一些“欢迎光临，请问有什么可以为您效劳的吗”这类问候语。诚心诚意地“说”出来，会让人有一种十分亲切的感觉。并且可以先培养一下感情，这样顾客的心理抵抗力就会减弱或者消失。

有时顾客只是随便到店里看看，这时也要诚心地说声：“感谢光临本店。”对于彬彬有礼、礼貌非凡的客服，谁都不会拒之门外的。诚心致谢是一种心理投资，不需要很大代价，但可以收到非常好的效果。

沟通过程中最关键的不是说的什么话，而是如何说话。例如，现在感受一下不同说法带来的效果：“你”和“您”比较，前者明显没有后者亲切；“不行”和“真的不好意思哦”，“嗯”和“好的，没问题”都是前者生硬，后者比较有人情味；“不接受见面交易”和“不好意思，我平时很忙，可能没有时间和您见面交易，请您理解哦”，相信大家都会认为后一种语气更能让人接受。多采用礼貌的态度、谦和的语气，就能顺利地与客户建立起良好的沟通。

4. 语言文字方面

（1）少用“我”字，多使用“您”或者“咱们”这样的字眼，让顾客感觉客服人员在全心全意地为他考虑问题。

（2）常用规范用语：

“请”是一个非常重要的礼貌用语。

“欢迎光临”、“认识您很高兴”、“希望在这里能找到您满意的商品”。

“您好”、“请问”、“麻烦”、“请稍等”、“不好意思”、“非常抱歉”、“多谢支持”……

平时要注意修炼自己的内功，同样一件事不同的表达方式就会表达出不同的意思。很多交易中的误会和纠纷就是因为语言表述不当而引起的。

（3）在客户服务的语言表达中，应尽量避免使用负面语言。这一点非常关键，客户服务语言中不应有负面语言。什么是负面语言？例如，“我不能”、“我不会”、“我不愿意”、“我不可以”等，这些都叫负面语言。

① 在客户服务的语言中，没有“我不能”。当客服人员说“我不能”的时候，客户的注意力就不会集中在客服人员所能给予的事情上，他会集中在“为什么不能”、“凭什么不能”上。正确的语言表达应该是“看看我们能够帮您做什么”，这样就避开了跟客户说“不行”、“不可以”。

② 在客户服务的语言中，没有“我不会做”。如果说“我不会做”，客户会产生负面感觉，认为客服人员在抵抗；而客服人员希望客户的注意力集中在自己讲的话上，而不是注意力的转移。正确的语言表达应该是“我们能为您做的是……”

③ 在客户服务的语言中，没有“这不是我应该做的”。客户会认为他不配提出某种要求，从而不再听客服人员解释。正确的语言表达应该是“我很愿意为您做”。

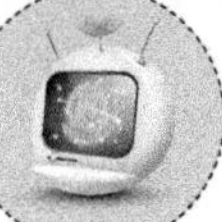

④ 在客户服务的语言中，没有“我想我做不了”。当客服人员说“不”时，与客户的沟通会马上处于一种消极气氛中。为什么要客户把注意力集中在客服人员或客服人员所在公司不能做什么，或者不想做什么呢？正确的语言表达应该是告诉客户能做什么，并且非常愿意帮助他们。

⑤ 在客户服务的语言中，没有“但是”。你受过这样的赞美吗？——“你穿的这件衣服真好看！但是……”不论前面讲得多好，如果后面出现了“但是”，就等于将前面对客户所说的话进行否定。正确的语言表达应该避免用“但是”，若能用“如果……会更好”来取代“但是”，客户就容易接受了。

⑥ 在客户服务的语言中，有一个“因为”。要让客户接受建议，应该告诉他理由，不能满足客户的要求时，要告诉他原因。

5. 针对性方面

任何一种沟通技巧，都不是对所有客户一概而论的，针对不同的客户应该采用不同的沟通技巧。

（1）对商品了解程度不同的顾客，沟通方式有所不同。

① 有的顾客对商品缺乏认识，不了解。这类顾客对商品知识缺乏，对客服人员的依赖性强。对于这样的顾客，客服人员需要像对待朋友一样去细心地解答，多从他的角度考虑来给他推荐，并且告诉他推荐这些商品的原因。对于这样的顾客，解释越细致，他就会越产生信赖感。

② 有的顾客对商品有些了解，但是一知半解。这类顾客对商品了解一些，比较主观，易冲动，不太容易信赖。面对这样的顾客，客服人员要控制情绪，有理有据地耐心回答，向他展示丰富的专业知识，让他认识到自己的不足，从而增加对客服人员的信赖感。

③ 有的顾客对商品非常了解。这类顾客知识面广，自信心强，问问题往往都能问到点子上。面对这样的顾客，客服人员要表示出对他专业知识的欣赏，表达出“好不容易遇到同行了”，用自信的口气和他探讨专业的知识，给他来自内行的推荐，告诉他“这个才是最好的，你一看就知道了”，让他感觉到自己真的被当成了内行的朋友，而且尊重他的知识，给他的推荐肯定是最衷心的、最好的。

（2）对价格要求不同的顾客，沟通方式也有所不同。

① 有的顾客很大方，说一不二，被告知不砍价就不讨价还价。对待这样的顾客要表达感谢，并且主动告诉他有什么优惠措施，会赠送什么样的小礼物等，这样会让顾客感觉物超所值。

② 有的顾客会试探性地问问能不能还价。对待这样的顾客，既要坚定地告诉他不能还价，同时也要态度和缓地告诉他价格是物有所值的，并且谢谢他的理解和合作。

③ 有的顾客就是要讨价还价，不讨价还价就不高兴。对于这样的顾客，除了要坚定地重申原则外，还要有理有据地拒绝他的要求，不要被他的各种威胁和祈求所动摇。适当的时候建议他再看看其他便宜的商品。

（3）对商品要求不同的顾客，沟通方式也有所不同。

① 有的顾客因为买过类似的商品，所以对购买的商品质量有清楚的认识。对于这样的顾客是很好打交道的。

② 有的顾客将信将疑，会问图片和商品是否是一样的。对于这样的顾客，要耐心地

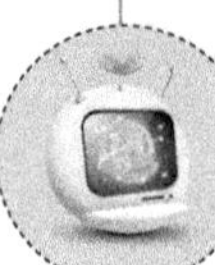

给他们解释，在肯定是实物拍摄的同时，要提醒他难免会有色差等，让他有一定的思想准备，不要把商品想象得太过完美。

③ 有的顾客非常挑剔，在沟通的时候可以感觉到，他会反复地问有问题怎么办，怎么找你们等问题。这时就要意识到这是一个很完美主义的顾客，除了要实事求是地介绍商品外，还要实事求是地把可能存在的问题都介绍给他，告诉他没有十全十美的商品。

6. 其他方面

（1）坚守诚信。网络购物方便快捷，但唯一的缺陷就是看不到、摸不着。顾客面对网上商品难免会有疑虑和戒心，所以客服人员对顾客必须用一颗诚挚的心，像对待朋友一样对待顾客，包括诚实地解答顾客的疑问，诚实地告诉顾客商品的优缺点，诚实地向顾客推荐适合他的商品。

坚守诚信还表现在一旦答应顾客的要求，就应该切实地履行自己的承诺，哪怕自己吃点亏，也不能出尔反尔。

（2）凡事留有余地。在与顾客交流中，不要用“肯定”、“保证”、“绝对”等字样，这不等于企业售出的产品是次品，也不表示对买家不负责任，而是不让顾客有失望的感觉。因为每个人在购买商品的时候都会有一种期望，如果保证不了顾客的期望，最后就会变成顾客的失望。例如，卖化妆品的，本身每个人的肤质就不同，敢百分之百地保证售出的产品在几天或一个月内一定能达到顾客想象的效果吗？还有出售出去的货品在路程中，能保证快递公司不会误期吗？不会被丢失吗？不会被损坏吗？为了不让顾客失望，最好不要轻易作保证。如果用，最好用“尽量”、“争取”、“努力”等词语，效果会更好。多给顾客一点真诚，也给自己留有一点余地。

（3）处处为顾客着想，用诚心打动顾客。让顾客满意，重要一点体现在真正为顾客着想，处处站在对方的立场，想顾客之所想，把自己变成一个买家助手。

（4）多虚心请教，多倾听顾客的声音。当顾客上门的时候，客服人员并不能马上判断出顾客的来意与其所需要的物品，所以需要先问清楚顾客的意图，需要具体的什么商品，是送人还是自用，是送给什么样的人，等等。了解清楚了顾客的情况，准确地对其进行定位，才能做到只介绍对的不介绍贵的，以客为尊，满足顾客需求。

当顾客表现出犹豫不决或者不明白的时候，客服人员也应该先问清楚顾客困惑的内容是什么，是哪个问题不清楚，如果顾客表述也不清楚，客服人员可以把自己的理解告诉顾客，问问是不是理解对了，然后针对顾客的疑惑给予解答。

（5）做个专业卖家，给顾客准确地推介。不是所有的顾客对要买的产品都是了解和熟悉的。当有的顾客对产品不了解的时候，在咨询过程中，就需要客服人员为顾客解答，帮助顾客找到适合他们的产品。不能顾客一问三不知，这样会让顾客感觉没有信任感，谁也不会在这样的店里买东西的。

（6）坦诚地介绍商品的优点与缺点。客服人员在介绍商品的时候，必须针对产品本身的缺点。虽然商品缺点本来是应该尽量避免触及的，但如果因此而造成事后客户抱怨，反而会失去信用。在淘宝网有些卖家因为商品质量问题得到差评，有些是因为特价商品造成的。所以，在卖这类商品时首先要坦诚地让顾客了解到商品的缺点，努力让顾客知道商品的其他优点，先说缺点再说优点，这样会更容易被客户接受。在介绍商品时切莫夸大其词地介绍自己的商品，介绍与事实不符，最后失去信用也失去顾客。其实在

介绍自己的产品时，就像媒婆一样把姑娘嫁出去。如果介绍“这个女孩脾气不错，就是脸蛋差了些”和“这个女孩虽然脸蛋差了些，但是脾气好，善良温柔”，虽然表达的意思一样，但听起来感受可就不大相同喽！所以，介绍自己的产品时，可以强调一下：“东西虽然是次了些，但是东西功能俱全。”或者说：“这件商品拥有其他产品没有的特色。”这样介绍收到的效果是完全不同的。此方法建议用在特价商品上比较好。

（7）遇到问题多检讨自己少责怪对方。遇到问题的时候，先想想自己有什么做的不到位的地方，诚恳地向顾客检讨自己的不足，不要上来先指责顾客，如顾客有些内容明明写了可是他看不到，这个时候千万不要一味地指责顾客没有好好看商品说明，而是应该反省自己没有及时地提醒顾客。

三、客服的工作技巧

客服除了具备一定的专业知识和行业知识外，还要具备一些工作方面的技巧，主要有以下几个方面。

1. 促成交易技巧

（1）利用顾客“怕买不到”的心理。人们常对越是得不到、买不到的东西，越想得到它、买到它。客服人员可利用这种“怕买不到”的心理，来促成订单。当对方已经有比较明显的购买意向，但还在最后犹豫中的时候，可以用以下说法来促成交易：“这款是我们最畅销的了，经常脱销，现在这批又只剩2个了，估计不到一两天又会没了，喜欢的话别错过哦。”或者说：“今天是优惠价的截止日，请把握良机，明天您就买不到这种折扣价了。”

（2）利用顾客希望快点拿到商品的心理。大多数顾客希望在付款后越快寄出商品越好，所以在顾客已有购买意向，但还在最后犹豫中的时候，可以说：“如果真的喜欢的话就赶紧拍下吧，快递公司的人再过10分钟就要来了，如果现在支付成功的话，马上就能为您寄出了。”对于可以用网银转账或在线支付的顾客尤为有效。

（3）当顾客一再出现购买信号，却又犹豫不决拿不定主意时，可采用“二选其一”的技巧来促成交易。例如，可以对他说：“请问您需要第4款还是第6款？”或者说：“请问要平邮给您还是快递给您？”这种“二选其一”的问话技巧，只要准顾客选中一个，其实就是客服人员帮他拿主意，下决心购买了。

（4）帮助准顾客挑选，促成交易。许多准顾客即使有意购买，也不喜欢迅速签下订单，而是总要东挑西拣，在产品颜色、规格、式样上不停地打转。这时候，客服人员就要改变策略，暂时不谈订单的问题，转而热情地帮对方挑选颜色、规格、式样等，一旦上述问题得到解决，订单也就落实了。

（5）巧妙反问，促成交易。当顾客问到某种产品，不巧正好没有时，就得运用反问来促成交易。例如，顾客问：“这款有金色的吗?”这时，客服人员不可回答没有，而应该反问道：“不好意思，我们没有进货，不过我们有黑色、紫色、蓝色的，在这几种颜色里，您比较喜欢哪一种呢?”

（6）积极地推荐，促成交易。当顾客拿不定主意，需要客服人员推荐的时候，客服人员可以尽可能多地推荐符合顾客要求的款式，在每个链接后附上推荐的理由，而不要找到一个推荐一个。“这款是刚到的新款，目前市面上还很少见”，“这款是我们最受欢迎

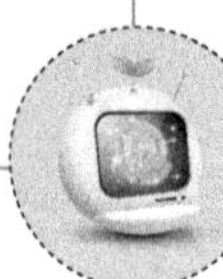

的款式之一”,“这款是我们最畅销的了，经常脱销”等推荐会促成交易。

2. 时间控制技巧

除了回答顾客关于交易上的问题外，可以适当聊天，这样可以促进双方的关系。但要控制好聊天的时间和度，毕竟，客服人员的工作不是闲聊，还有很多正经的工作要做。聊到一定时间后可以以“不好意思，我有点事要走开一会儿”为由结束交谈。

3. 说服客户的技巧

（1）调节气氛，以退为进。在说服时，客服人员首先应该想方设法地调节谈话的气氛。如果客服人员和颜悦色地用提问的方式代替命令，并给人以维护自尊和荣誉的机会，气氛就是友好而和谐的，说服也就容易成功；反之，在说服时不尊重他人，拿出一副盛气凌人的架势，那么说服多半是要失败的。毕竟人都是有自尊心的，就连三岁孩童也有他们的自尊心，谁都不希望自己被他人不费力地说服而受其支配。

（2）争取同情，以弱克强。渴望同情是人的天性，如果客服人员想说服比较强大的对手时，不妨采用这种争取同情的技巧，从而以弱克强，达到目的。

（3）消除防范，以情感化。一般来说，在客服人员和对方相较量时，彼此都会产生一种防范心理，尤其是在危急关头。这时候，要想使说服成功，客服人员就要注意消除对方的防范心理。如何消除防范心理呢？从潜意识来说，防范心理的产生是一种自卫，也就是当人们把对方当作假想敌人时产生的一种自卫心理，那么消除防范心理的最有效方法就是反复给予暗示，表示自己是朋友而不是敌人。这种暗示可以采用各种方法来进行，如嘘寒问暖，给予关心，表示愿进行帮助，等等。

（4）投其所好，以心换心。站在他人的立场上分析问题，能给他人一种为他着想的感觉，这种投其所好的技巧常常具有极强的说服力。要做到这一点，“知己知彼”十分重要，唯先知彼，而后方能从对方立场上考虑问题。

（5）寻求一致，以短补长。习惯于顽固拒绝他人说服的人，经常处于“不”的心理组织状态之中，所以自然而然地会呈现僵硬的表情和姿势。对付这种人，如果一开始就提出问题，绝不能打破他“不”的心理。所以，客服人员得努力寻找与对方一致的地方，先让对方赞同自己远离主题的意见，从而使之对自己的话感兴趣，而后再想法将自己的主意引入话题，而最终求得对方的同意。

四、客服的职业准则

1. 言而有信

与客户打交道，最重要的一点就是必须遵守承诺。如果对客户的许诺不能兑现，通常客户就会终止后续的交易往来。为了养成言而有信的职业习惯，通常应该注意以下几个方面。

（1）没有把握的事不得随意应承。

（2）即便是有把握的事，也要经过周密的、反复的考虑，才能应允。

（3）在没有弄清客户所需要的信息的情况下，不能随便答应客户的要求。

（4）不能立即回答的问题，不能说“这事我没办法帮助您”，应晚些时候再给客户一个肯定的答复。

（5）对于已许诺过的客户，要把姓名、许诺的事项记录在备忘录上，便于随时查看落实情况，以免遗忘。

除上述几个方面外，在承诺时还应留有充足的余地，不能让热心或利益冲昏头脑，一旦做出许诺，就在客户中建立了一种期望。等发现无法满足客户的需求时，可能就会引起客户的不满。通常在许诺时应注意“只答应客户有把握的事，而不是客户希望做到的事”。为了做到承诺留有余地，通常要注意以下几个方面。

（1）对没把握的事不要一口应承，应说：“这件事，我没有十分的把握，但我一定尽力，争取把这件事办好。”

（2）对有把握的事也不要把话说死，要留有余地，应说：“我看这件事问题不大，我想会解决好的。”

（3）对于没把握的事也不能说“这事难办，您找别人吧”，要留有余地，主动为客户想办法、出主意，表现出对客户的关心和真诚，应说：“我可以通过采购员或者某个厂家帮助您解决问题，一旦有了结果，我会马上通知您，您看这么办可以吗？”

2. 以客户为中心

客服的工作具有重复性，有时候会感到厌烦，很容易把客户看作对工作的干扰，这很容易导致客户的抱怨。要改变这种态度，就要树立以客户为中心的理念，把客户看作工作中不可缺少的一部分。为了切实做到以客户为中心，要养成为客户做些分外的、力所能及的服务的习惯。关键时的一点微小服务可能给客户留下深刻印象，无形中会加固客户对企业的信任感。

3. 理解第一

一个人无论服务技能多么娴熟，都难免有使客户产生不悦的情况。在这种情况下，也要养成对客户表示理解的习惯。当遇到客户不悦时，尽管自己不同意他的观点，也要对客户表示理解。可以使用以下用语来表示对客户的理解：“我理解您为什么那样想”，“我理解您的想法”，“您说的我都听到了”，“出了这事，真对不起”等。

4. 忍让为先

在工作中，无论工作多么出色，也难免遇到大发雷霆、吹毛求疵的客户。当遇到这种情况时，一定要记住，必须遵守忍让为先的原则，要以高度的涵养妥善处理好与这类客户的关系。

切记：在客户怒气冲天时，不可运用过激语言与其针锋相对，否则，不但问题得不到解决，而且会越来越糟糕，难以收拾。

5. 微笑服务

微笑服务是情感服务，是业务接待中最基本的服务手段。微笑会使人产生亲切、热情、平易近人的感觉，具有沟通感情、传递信息的作用。业务接待员必须养成微笑服务的习惯。在与客户面对面的情况下要做到微笑服务，接听电话时更要采用微笑服务。微笑会改变你的口形，使声波更流畅，声音更动听，更容易被客户接受。接听电话时，客

户虽然见不到人，但凭友好、温和的语气，会十分准确地感觉到客服人员在微笑着跟他交谈。大多数客户在评价一个客服人员服务质量的好坏时，常常以微笑服务做得怎样来衡量。

想一想

好的客服是企业成功的关键。不管是对实体店还是网店，提高客服的服务水平尤为重要，迫在眉睫。作为一个客服，更多的是与客户进行沟通交流，而这一交流也将对公司形象、产品销量，以及稳定发掘新的客户源起到重要作用，那么作为一个合格的客服人员应该具备哪些技能呢？

任务实施与评价

任务实施

1. 文字录入训练

步骤1 准备一篇客服常用语的文档，字数大约1000个为宜。

步骤2 选择汉字的输入方法，允许采用五笔字型或拼音输入法。

步骤3 通过即时聊天工具（腾讯QQ、淘宝旺旺）或文字处理软件（记事本、Word）进行录入。

步骤4 要求打字速度不低于50个/分钟，准确率不低于95%。

2. 微笑训练

步骤1 把全班学生分为2～3人一组，组员之间互相帮助训练和监督。查阅资料，收集“微笑服务”的资料，可以使用百度、Google等搜索引擎，并将查找到的资料整理归纳后记录到学习笔记本中。

步骤2 结合任务要求，合作学习小组讨论“客服微笑”的重要性和“微笑服务”技能养成的必要性，并将小组讨论结果填写在学习笔记本中。

步骤3 学习小组轮流指派组员，分别扮演客户和客服。聊天系统弹出页面与电话铃声为开始信号，只要页面弹出、铃声一响，微笑就开始。要求每次微笑时能数出至少8颗牙齿。如果客服人员的微笑能一直伴随与客户的对话，声音会显得热情和自信。

步骤4 每个学习小组对本小组的学习任务完成情况进行讨论与完善，形成最终学习成果，并记录到学习笔记本中。

任务评价

1. 学生学习活动的评价（分值50%）

每名学生对自己在整个学习过程中的表现进行自评，并请学习小组成员和教师对自己在本任务学习中的表现做出评价，从定性和定量两方面填写评价表，如表1.4和表1.5所示。

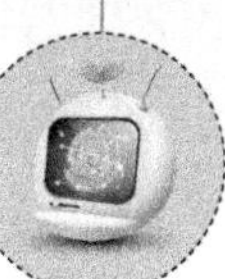

表1.4　“客服岗位技能”学习活动学生表现评价量化表

班级：　　　　姓名：　　　　学号：

序号	评价项目	描述性评价（文字）		量化评价（等级分值）			
		具体评价内容	填写具体事实	满分	自评	互评	师评
1	提出问题	客服的岗位技能只是单一的岗位表现吗		6			
2	做出假设	客服的岗位技能包括了客服的基本素质、沟通技巧、工作技巧、职业准则		6			
3	设计实验方案	能否自行设计合理的实验方案		10			
4	实验操作	能否小组分工合作完成实验，操作是否规范、有效		10			
5	分析并得出结论	分析理解客服岗位技能各要素之间的含义		6			
6	表达和交流	是否具有与他人合作、表达与交流的能力		6			
7	反思，提出新问题	面对各类客户表现出来的不同情绪反应，如何进行有效的沟通		6			
等级			总分	50			
评语（教师填写）							

表1.5　“客服岗位技能”学习活动学生表现评价结果表

班级：　　　　姓名：　　　　学号：

自评（×40%）	小组互评（×30%）	教师评价（×30%）	总　评

2. 学生学习结果的评价（分值50%）

对学生学习结果的评价，采用笔试测验或实操的方式进行。

任务三　客服基本礼仪

任务要求

学生通过对日常生活的人际交往、相处中存在的种种现象进行列举，再结合本节内容分析讨论以下内容。

（1）什么是礼仪？

（2）在日常生活中礼仪行为应该遵循哪些基本原则？

（3）礼仪的约束作用在人际交往中是障碍还是桥梁？

（4）如何在看不见的沟通中让对方感受到自身的礼仪？

（5）发现新问题：______________________________

任务准备

根据学习任务的要求和难易程度，准备相关的教学组织和设备设施。

（1）构建合作学习小组：将全班学生分为不同的学习小组，每个小组由2～6名学生组成，每个学习小组的组员分配上，要有领导者、创造者、分析者和执行者的角色。选举小组长，起一个响亮的组名，设计小组标志（Logo）和座右铭（口号），组长负责全组的组织、分工、协调、合作等工作。

（2）教师指导：教师提供学习帮助，使学生明确学习目标，端正学习态度，提示学习任务的完成步骤等。

（3）学习资源：能接入互联网的计算机，纸质、声音、电子、网络等多媒体构成的立体化教学资源库。

（4）实训场地：多媒体网络教室、客户服务实训室，建议与当地电信公司或电商企业合作，进行真实场景的模拟实训。

知识链接

导入案例

有一次，爱尔兰著名作家萧伯纳从苏联访问回来，他对朋友们谈了这次访问的感想。他说："有一天，我在街头遇见一个苏联小姑娘，那小姑娘聪明活泼，逗人喜爱，便同她玩了很久。临别的时候，我对她说：'你回去告诉你妈妈，就说今天同你玩的是世界有名的作家萧伯纳。'而小姑娘听了我的话，竟然学着我的口吻说：'你回去也告诉你妈妈，就说今天同你玩的是苏联小姑娘娜塔莎。'"

"哈！"朋友们听了，都禁不住大笑起来。

"一个人不论有多大的成就，对任何人都应该平等相待，要永远谦虚。"萧伯纳深有感触地说。

请思考：人与人之间或许有身份地位的区别，但人与人之间都是平等的，那么在这平等的人际关系中，还要不要礼仪的存在？

一、礼仪的概念

礼是敬意的通称，表示尊敬的语言或动作；仪则表示准则、表率、仪式、风度等。因此，礼仪是人类社会生活中在语言行为方面的一种约定俗成的符合礼的精神，要求每一个社会成员共同遵守的准则和规范。也可以通俗地认为，礼仪是人们在长期的生活实践中，在语言行为方面由于风俗习惯而形成的为大家共同遵守的准则。

二、礼仪的基本原则

1. 尊重

孔子说："礼者，敬人也。"这是对礼仪的核心思想的高度概括。所谓尊重的原则，就是要求客服人员在服务过程中，要将对客人的重视、恭敬、友好放在第一位，这是礼仪的重点与核心。因此，在服务过程中，首要的原则就是敬人之心常存。掌握了这一点，就等于掌握了礼仪的灵魂。在人际交往中，只要不失敬人之意，哪怕具体做法一时失当，也容易获得服务对象的谅解。

2. 真诚

服务礼仪所讲的真诚的原则，就是要求在服务过程中，必须待人真诚，只有如此，才能表达对客户的尊敬与友好，才会更好地被对方理解和接受。与此相反，倘若仅把礼仪作为一种道具和伪装，在具体操作礼仪规范时口是心非，言行不一，则是有悖礼仪的基本宗旨的。

3. 宽容

宽容的基本含义，是要求客服人员在服务过程中，要严于律己，更要宽以待人。要多体谅他人，多理解他人，学会与服务对象进行心理换位，而千万不要求全责备，咄咄逼人。这实际上也是尊重对方的一种主要表现。

4. 从俗

由于国情、民族、文化背景的不同，在人际交往中，实际上存在着“十里不同风，百里不同俗”的局面。例如，在北京第二十九届奥运会的服务工作中，要求志愿者对各国的礼仪文化、礼仪风俗，以及宗教禁忌有全面、准确的了解，才能够在服务过程中得心应手，避免出现差错。

5. 适度

适度的含义是应用礼仪时，为了保证取得成效，必须注意技巧，合乎规范，特别要注意做到把握分寸，认真得体。这是因为凡事过犹不及。假如做得过了头，或者做得不到位，都不能正确地表达自律、敬人之意。

6. 敬人

人们在社会交往中，要敬人之心常存，处处不可失敬于人，不可伤害他人的个人自尊，更不能侮辱对方的人格。

敬人就是尊敬他人，包括尊敬自己，维护个人乃至组织的形象。不可损人利己，这也是人的品格问题。

7. 自律

自律是礼仪的基础和出发点。学习、应用礼仪，最重要的就是自我要求、自我约束、自我对照、自我反省和自我检查。

8. 平等

平等是礼仪的核心，即尊重交往对象，以礼相待，对任何交往对象都必须一视同仁，给予同等程度的礼遇。

礼仪是在平等的基础上形成的，是一种平等的、彼此之间相互对待关系的体现，其核心问题是尊重且满足相互之间获得尊重的需要。在交际活动中既要遵守平等的原则，同时也要善于理解具体条件下对方的一些行为，不应过多地挑剔对方的行为。

三、礼仪的作用

礼仪的作用概括地说，是表示人们不同地位的相互关系和调整、处理人们相互关系的手段。礼仪的作用表现在以下几个方面。

1. 尊重

尊重的作用即向对方表示尊敬、表达敬意，同时对方也要还之以礼。礼尚往来，有礼仪的交往行为，蕴含着彼此的尊敬。

2. 约束

礼仪作为行为规范，对人们的社会行为具有很强的约束作用。礼仪经过制定和推行后，久而久之，便会成为社会的习俗和社会行为规范。任何一个生活在某种礼仪习俗和规范环境中的人，都自觉或不自觉地受到该礼仪的约束，自觉接受礼仪约束的人是“成熟的人”的标志；不接受礼仪约束的人，社会就会以道德和舆论的手段来对他加以约束，甚至以法律的手段来强迫他。

3. 教化

礼仪具有教化作用，主要表现在两个方面：一方面是礼仪的尊重和约束作用，礼仪作为一种道德习俗，对全社会的每个人都有教化作用，都在施行教化；另一方面，礼仪的形成、完备和凝固，会成为一定社会传统文化的重要组成部分，它以“传统”的力量不断地由老一辈传承给新一代，世代相继、世代相传。在社会进步中，礼仪的教化作用具有极为重大的意义。

4. 调节

礼仪具有调节人际关系的作用：一方面，礼仪作为一种规范、程序，作为一种文化传统，对人们之间相互关系的模式起着规范、约束和及时调整的作用；另一方面，某些礼仪形式、活动可以化解矛盾、建立新关系模式。可见，礼仪在处理人际关系中，在发展健康良好的人际关系中，是有其重要作用的。

四、客服的基本礼仪

客服人员应保持热情主动的客户服务意识，针对不同的情况，及时对光临的客户礼貌问候，主动介绍，让客户在愉快的气氛中接受客服人员的推荐，促成交易。客户服务人员在整个销售过程中，要尽量做到热情大方，用热情的服务来打动客户、感染客户，但不必过于谦卑。工作中使用礼貌用语，做到彬彬有礼、和蔼可亲。

1. 服务规范

（1）言语举止符合规范。

（2）对产品及相关专业知识谙熟，当客户的好参谋，不浮夸产品功能或功效。

（3）热情、自信地待客，不冷落客户。

（4）客户较多时，应“接一、待二、招呼三”，要借机造势，掀起销售高潮。

（5）耐心待客，不得有不耐烦迹象。

（6）为客户解答时应熟练、正确。

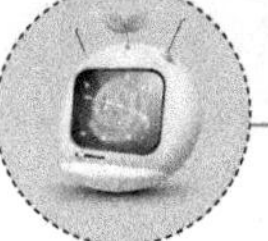

（7）不管客户是否购买，均应文明待客、礼貌送客。

（8）不强拉客户。

2. 沟通礼仪

客服与客户交流的流程：欢迎语—对话—议价—支付—物流—售后—欢送（+好评）。客服在这几个环节中的沟通要注意以下礼仪。

（1）欢迎语。

① 当接收到顾客发送的第一个消息时，首先要做到的是快速反应，不能让顾客等待时间超过10秒钟。

② 欢迎语包含自我介绍，具体格式如下。

“您好，我是客服8号，很高兴为您服务，有什么我可以效劳的（+笑脸表情）？”

“您好，欢迎光临××旗舰店，客服8号竭诚为您服务（+笑脸）。”

（2）对话。对话环节是顾客对产品了解的一个过程，客服人员首先要对公司产品有一个深入的了解，站在一个大师级别的高度，解答顾客对产品的疑问，可以适当地引用一些专业性术语及权威性数字。但在介绍产品的时候，要用让顾客便于理解的话语，关键还是在于自身对产品的了解。

（3）议价。议价是客服工作中最常见、最令人头疼的问题，作为买家，在购物过程中，讨价还价已经成为大多数客户的习惯。

① 爱贪小便宜型，并非买不起，而是讨价还价已成习惯。

② 心理需要得到慰藉，以讨价还价成功来满足自身内心的成就感。

对于以上顾客，首先需要声明：我们的产品是优质的，销售价格是公司制定的（已经是最低了），价格是无法变动的，这是原则。通常到这一步，部分顾客不会再在价格上纠缠。如果表达完后，顾客表现出犹豫不决，那么可以转移顾客的思想意识，告知其当前店铺有什么优惠活动，或者适当地在运费上给予一些优惠。

议价过程的核心思想在于告知顾客商品的价格是无法优惠的，产品质量是有保证的。然后结合顾客的反应，通过适当给予一些赠品或者运费优惠的方式，达成交易。

（4）支付。

① 一部分可能是新手买家，在支付操作过程中遇到一些问题，无法及时达成支付，这时，客服人员需要主动联系顾客，以关心的口吻，了解顾客遇到的问题，给予指导，直到顾客完成付款。

如迟迟未见买家付款，可以这样说：“亲，您好，是支付上遇到问题了吗？有不清楚的地方，可以告诉我，或许我能帮到您（+表情笑脸）。”

② 部分需要优惠运费的订单，在跟买家达成一致后，需要等买家拍下订单，然后修改价格，买家再进行支付。

可以这样跟买家说：“您好，您拍下来后，先不要进入支付页面，我修改好运费后，您再支付。”

③ 在顾客完成支付后，可以说：“亲，已经看到您支付成功了，我们会及时为您发货，感谢您购买我们的商品，有任何问题，可以随时联系我们，我是客服8号。”

（5）物流。在网购过程中，物流是很重要的一个环节，牵动着买卖双方的心。

① 主动询问，“您好，我是客服8号，请问您的货是寄到哪个城市的？”根据买家所在城市，告知买家发货所用快递，“您好，我们是和××快递合作的，您现在购买，今天安排发货出去，正常情况下××天左右可以到货。”

② 提前声明，当告诉顾客正常几天可以到货后，有些顾客会询问，“××天能到吗？”对于此类问题，必须提前告知顾客，“您好，由于快递不受我们控制，我们无法保证具体到货时间，只能保证今天一定给您安排发货，希望您能理解。”

③ 遇到很着急的买家，要求几天之内必须到货，可以说：“如果您很急的话，建议您使用顺丰快递，就是运费稍微贵了些，江浙沪1千克内是×元，其他地区1千克内×元。”关于超重和体积庞大的商品，要结合商品的质量和体积、顾客收货所在地，计算出运费后，告知顾客。

（6）售后。售后服务是产品生产单位对消费者负责的一项重要措施。客服人员在处理售后环节的问题时，要善于倾听客户的要求、需要、渴望和理想，还要倾听客户的异议、抱怨、倾诉和投诉，还要善于听出客户没有表达出来的意思——没说出来的需求、秘密需求。售后环节客服沟通礼仪通常为安抚—查明原因—表明立场—全力解决—真诚道歉—感谢理解。

（7）欢送（+好评）。当完成交易时，要有对应的欢送语，并引导客户对产品或服务做出好评。要用专业的客服欢送语，如：感谢您的惠顾，期待您的再次光临，收到货请给予我们5分的满意好评；如果对我们的商品或服务不满意，可以随时和我们联系，我们会服务到您满意为止，谢谢！

想一想

礼仪调节着人际关系，使人与人处在平等的位置进行交流。而基于互联网环境的电子商务客服的工作方式几乎不用与客户面对面的交谈，那么客服人员在没有声音和肢体语言的交流方式中怎样体现服务态度，拉近与客户之间的距离呢？

任务实施与评价

任务实施

1. 客服礼仪之语言沟通训练

步骤1 各小组分别派出一名代表进行语言交流。

步骤2 结合课本知识与自身的理解，进行客户与客服之间的交流，可以针对商品询问、质量反馈、投诉处理等相关内容进行对话，对话方式可选择是否面对面，尽可能符合工作情景。

步骤3 各小组记录对方代表的语言漏洞，找出对话过程中出现的问题。

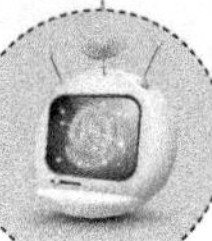

步骤4　每个小组根据记录的问题提出修改意见，对本小组的学习任务进行再次讨论与完善，形成最终学习成果，并记录到学习笔记本中。

2. 客服礼仪之看不见的沟通训练

步骤1　各小组分别派出一名代表通过聊天工具进行交流沟通，其余成员可组成一个团队，提供技术支持，但不能更换代表，分别扮演客服与客户进行实际演练。

步骤2　团队交流避免声音过大，最好使用文字进行信息传递，如果可以，客户与客服分两个课室进行，避免信息的直接传递。

步骤3　各小组记录文字语言带来的沟通问题，分辨文字表述的语气、语义与语言沟通的不同。

步骤4　每个小组根据记录的问题提出修改意见，对本小组的学习任务进行再次讨论与完善，形成最终学习成果，并记录到学习笔记本中。

任务评价

1. 学生学习活动的评价（分值50%）

每名学生对自己在整个学习过程中的表现进行自评，并请学习小组成员和教师对自己在本任务学习中的表现做出评价，从定性和定量两方面填写评价表，如表1.6和表1.7所示。

表1.6　“客服基本礼仪”学习活动学生表现评价量化表

班级：　　　　姓名：　　　　学号：

序号	评价项目	描述性评价（文字）		量化评价（等级分值）			
		具体评价内容	填写具体事实	满分	自评	互评	师评
1	提出问题	①什么是礼仪 ②礼仪有什么作用		6			
2	做出假设	①礼仪就是表示尊敬的言行方式 ②礼仪的作用就是调节人与人之间的关系		6			
3	设计实验方案	能否自行设计合理的实验方案		10			
4	实验操作	能否小组分工合作完成实验，操作是否规范、有效		10			
5	分析并得出结论	分析理解礼仪的原则及作用		6			
6	表达和交流	是否具有与他人合作、表达与交流的能力		6			
7	反思，提出新问题	礼仪能够调节人与人之间的关系，对于相熟的人还要不要用礼仪交往		6			
等级			总　分	50			
评语（教师填写）							

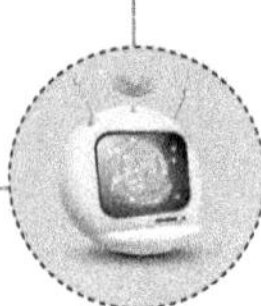

表1.7 “客服基本礼仪”学习活动学生表现评价结果表

班级：　　　姓名：　　　学号：

自评（×40%）	小组互评（×30%）	教师评价（×30%）	总　评

2. 学生学习结果的评价（分值50%）

对学生学习结果的评价，采用笔试测验或实操的方式进行。

项目小结

本项目主要学习了客户和客服的认知，在理解客户和客服含义的基础上，从不同角度分析了客户和客服的分类。从内在的心理素质、品格素质，外在的技能素质、综合素质，逐一叙述了客服在工作中需要具备的基本素质、技巧及职业准则。通过对礼仪的了解，加强客服工作礼仪的运用，促进良性的工作循环。

练习与自测

总分：50分
哇，我得了______分！

一、快乐小补丁（每空1分，共19分）

1.客户由________、________、________组成。

2.客服的基本素质有________、________、________、________、________、________、________、________。

3.礼仪的基本原则有________、________、________、________。

4.礼仪的作用有________、________、________、________。

二、剪刀、石头、布（每题2分，共10分）

对于下面这些问题，你准备出剪刀（A）、石头（B），还是布（C）呢？

1. 用ABC分类法对客户进行划分，A类是（　）客户。

A.普通型　　B. 贵宾型　　C. 重要型

2. 客服工作中“对情绪进行自我掌控及调节”属于（　）。

A. 心理素质　B. 品格素质　C. 综合素质

3. 在处理人际关系中，起到化解矛盾、建立新关系模式的是礼仪的（　）作用。

A. 约束　　B. 教化　　C. 调节

4. 作为一名客服人员，需要随时应对突发情况，这时需要客服人员具备（　）。

A. 承受挫折打击的能力　　B. 积极进取、永不言败的良好心态

C. 处变不惊的应变能力　　D. 满负荷情感付出的支持能力

5. 在说服客户的时候，不应采取的方式是（　）。

A. 调节气氛，以退为进　　B. 消除防范，以情感化

C. 投其所好，以心换心　　D. 哄骗客户，随口应允

三、识别红绿灯（每题2分，共6分）

红灯停，绿灯行！对于下面这些说法，你觉得正确的，请打“√”，并继续前行；错误的请打“×”，写出正确答案后再前进。

1. 按照商业流程划分，客服在商业实践中一般分为三类，即售前、售中和售后客服。（　　）________

2. 只要能让客户满意，对客户的所有要求都应一一答应。（　　）________

3. 遇到吹毛求疵的客户，必须遵守忍让为先的原则，要以高度的涵养妥善处理好与这类客户的关系。（　　）________

四、动动小脑筋（5分）

请将客户、消费者与其对应的特点用线段连起来。

客户　　　　　需求相对较为简单

　　　　　　　需求具有一定的共性

　　　　　　　购买数额较大

　　　　　　　交易过程延续的时间比较短

消费者　　　　注重与企业的感情沟通

五、拍脑筋猛想（10分）

1. 复述客户和客服的含义及其关系。(5分)

2. 客服岗位需学会哪些技能？（5分）

项目二

电话客服

项目情景

小明为了打造专业的客服部，决定先到大企业去工作一段时间。于是应聘电信公司当地呼叫中心的电话客服一职，并于两周后面试。虽然小明在校学过客服方面的知识，但是对呼叫中心和电话客服还是知之甚少。于是，小明决定利用图书馆和网络，疯狂学习和电话客服有关的技术、职业技能、职业礼仪，将自己打造成一个专业的客服人员，以成功应聘。

思考：小明要成功地应聘电话客服一职，应该从何处入手呢？

____

____

学习目标

- 复述传统电话客服和呼入业务的概念，掌握呼入业务类型、流程及接听电话的技巧、策略。
- 领会呼叫中心和呼出业务的含义，掌握呼出业务类型、流程及拨打电话的技巧、策略。

学习任务

- 任务一　电话客服认知
- 任务二　呼叫中心

任务一 电话客服认知

任务要求

教师构建班级的合作学习小组，合作学习小组的成员共同完成以下学习任务，解决以下学习问题。

（1）对“传统电话客服”的深入认识。

（2）了解电话客服专员的岗位职责。

（3）什么是呼入业务？其工作流程是怎样的？

（4）常规电话客服服务技巧有哪些？

（5）发现新问题：________________

任务准备

根据学习任务的要求和难易程度，准备相关的教学组织和设备设施。

（1）构建合作学习小组：将全班学生分为不同的学习小组，每个小组由2～6名学生组成，每个学习小组的组员分配上，要有领导者、创造者、分析者和执行者的角色。选举小组长，起一个响亮的组名，设计小组标志（Logo）和座右铭（口号），组长负责全组的组织、分工、协调、合作等工作。

（2）教师指导：教师提供学习帮助，使学生明确学习目标，端正学习态度，提示学习任务的完成步骤等。

（3）学习资源：能接入互联网的计算机，纸质、声音、电子、网络等多媒体构成的立体化教学资源库。

（4）实训场地：多媒体网络教室、客户服务实训室，建议与当地电信公司或电商企业合作，进行真实场景的模拟实训。

知识链接

导入案例

一个接线员接到一个客户的电话，客户是个磕巴，说话有点慢：“我我我……想想想问下，我我我……电……话话话费……最最最近……怎么这样贵？”接线员说：“大大大……大哥，就就就……你这样，能能能……不贵吗？”之后他被开除了！

请思考：我们可以从这个案例中得到什么启示？

一、传统电话客服

1. 传统电话客服的概念

电话客服是客服人员代表公司通过电话与客户进行沟通交流、维护客户关系的一种方便快捷的服务方式。

在社会经济发展迅猛的今天，越来越多的企业选择使用电话来为顾客服务，让客户随时可以通过固定电话号码找到客服人员，这不仅仅为客户提供了便利，更重要的是，在企业和客户之间搭建了一座信任的桥梁；如果遇到问题时总是找不到解决问题的人，那么，不满和郁闷的情绪会让客户群体慢慢失去安全感。因此，电话客服的服务成果和质量关乎企业在市场中所占的份额及客户对本企业服务的知情度，提高电话客服服务质量是增强企业核心竞争力的前提和基础，也是实现企业可持续发展的必然要求。

2. 电话客服专员岗位职责

（1）接受客户咨询，记录客户咨询、投诉内容，按照相应流程给予客户反馈。

（2）能及时发现来电客户的需求及意见，并记录整理及汇报。

（3）为客户提供完整准确的方案及信息，解决客户问题，提供高质量服务。

（4）养成良好的工作执行力，严格按规范及流程进行工作或相关操作。

（5）与同事或主管共享信息，进行知识积累，提供流程改善依据。

（6）“一站式”解决客户需求，为客户提供全套咨询和购买服务。

例如：中国电信客服中心面对的客户就是通过拨打10000客户服务热线获得电信服务和收益的访问者。

二、呼入业务

1. 呼入业务的概念

20世纪30年代，一些企业为服务用户而设立了电话客服。在80年代，欧美等国的电信企业、航空公司、商业银行等为了密切与用户的联系，借助计算机的支持、将电话作为与用户交互联系的媒体，设立了“电话中心”，实际上就是为用户服务的“服务中心”，是现代呼叫中心的雏形，早期的业务主要是咨询服务。

呼入业务是指客户服务代表被动地接听来自客户的电话进行业务处理。

下面重点介绍服务中心主要的呼入业务类型。

（1）电话咨询业务。电话咨询业务主要是指企业客户服务代表通过咨询服务解答客户提出的各种疑惑，探求客户的需求和解决客户的问题，使客户得到满意的咨询结果和愉悦的服务体验，从而为企业创造更多的销售机会。

（2）客户投诉业务。客户投诉业务指在客户对购买的产品或享受的服务不满或是责难时，企业客服人员需要针对客户提出的问题迅速给予回应，分析客户投诉的原因并尽可能地给予解决或补偿，从而使客户得到满意的结果并实现获得客户满意度和忠诚信任的成效。

例如，客户购买商品是为了满足某种需要，客户购买的不仅仅是商品本身，还有客户的期望。当客户发现自己所感受到的服务低于期望值时，就会抱怨、不满，直至产生投诉。

2. 呼入业务流程

（1）要做好通话准备。电话客服人员在上岗前必须做好物质准备和精神准备，充分的准备工作有利于尽快地集中注意力，进入工作状态。

（2）问候与介绍。要准备好恰当的接入语，例如，“您好，电信公司。很高兴为您服务，有什么可以帮到您？”“您好！先生。我是×××，您需要什么帮助？”等等，接入语在选择上要注意选择诚挚简洁，且有定位效应的开场语，并且根据客户的记录情况对客户采取恰当的、个性化的接入语。

（3）倾听与回应。仔细倾听来电目的，记录客户描述的内容，并及时跟进内容，复述来电需求，确认来电查询的问题和客户来电的目的。

（4）需求分析，提出合适的问题。在客户服务工作中，需求分析通常就是寻找客户需求的具体内容，并把产品或服务的好处与这些需求紧密结合。

（5）提出解决方案并达成一致。问题归类，总结整理解决的方案，正面给予相应的答复。

（6）核实信息。核实客户的个人信息（地址、联系方式、邮箱等）及问题是否已经解决。

（7）结束通话。结束语如“感谢您的来电，欢迎您再次致电，再见！”“××先生（小姐），您如果还有业务方面的服务需求，欢迎您再次致电，再见！”等。

三、常规电话咨询服务技巧

1. 电话应答时

在接电话时，提倡“铃响不过三”：接听电话以铃响三声之内接最适宜。不要铃响许久才姗姗来迟；也不要铃响过一次，就拿起听筒，这样会让打电话的人大吃一惊。如有特殊原因，致使铃响许久后才接，要在和对方通话时向对方说明情况，表示歉意。

作为重要的第一声，开场的问候语要简洁、明快，采用统一的问候语。当客户打来电话时，若已接通就能听到对方亲切、优美、专业的问候声，心里一定会非常愉快，使双方对话能顺利展开。

2. 电话沟通时

接听电话时要保持良好的心情，声音要清晰、甜美，态度要热情，就好像客户在眼前一样，要尽可能地避免厌烦的神情和语调。这样即使客户看不到，但从欢快的语调中也会被感染。

声音要温文尔雅，用恳切的话语表达。口与话筒间应保持适当距离，适度控制音量，以免听不清楚或声音过大，产生误会。

首先应确认客户的身份，了解客户的来电目的，对客户提出的问题应耐心倾听，尽量让客户畅所欲言，不要打断，期间通过提问来探究客户的需求与问题。注意倾听与理解、抱有同情心、建立亲和力是有效电话沟通的关键。

要仔细倾听客户的讲话，一般不要在客户话没讲完时打断；如实在有必要打断时，则应该说：“对不起，打断一下。”

接到责难或批评的电话时，应委婉解说，并向其表示歉意和谢意，不可与客户争辩。

随时记录下客户的问题和需求，而且认真清楚地记录，以便给予客户准确的答复。

3. 电话等待时

当需要让客户等待时，客服人员需要告诉客户为什么需要等待，并且使用询问的语句征得客户同意，还要给客户一个等待的期限，并不时地感谢客户的耐心等待。

4. 结束电话时

要结束电话交谈时，一般应由打电话的一方提出，然后彼此客气地道别，应有明确的结束语，如“谢谢”、“再见”、“祝您心情愉快”等。

5. 保持微笑

微笑是一个人向他人传达友好的暗示，总能让他人感受到温暖和友爱。微笑，能让声音更加甜美；微笑，能让客服人员与客户沟通时心情更加愉悦；微笑，能让客户更愿意与客服人员融洽地沟通；微笑，是客户服务人员必须具备的基本素质之一。

想一想

客户打进电话对企业的服务提出了质疑和不满，客服人员应该怎么处理呢？作为一名优秀的客服人员应该怎样接听客户的电话呢？如何使客户满意挂机呢？

任务实施与评价

任务实施

1. 认识传统电话客服

步骤1 查阅资料，解决“什么是电话客服”这一问题，可以使用百度、Google等搜索引擎，并将查找到的资料整理归纳后记录到学习笔记本中。

步骤2 结合任务要求，合作学习小组讨论“电话客服认知”和“电话客服岗位职责”的学习内容，并将小组讨论结果填写在学习笔记本中。

步骤3 学习小组派代表上台分享本组的学习成果，其他小组针对汇报小组所陈述的内容展开讨论，并将修改意见填写到学习笔记本中。

步骤4 每个学习小组根据其他小组提出的修改意见，对本小组的学习任务进行再次讨论与完善，形成最终学习成果，并记录到学习笔记本中。

2. 认识呼入业务

步骤1 查阅资料，解决“什么是呼入业务”这一问题，可以使用百度、Google等搜索引擎，并将查找到的资料整理归纳后记录到学习笔记本中。

步骤2 结合任务要求，合作学习小组讨论“呼入业务类型”和“呼入业务流程”的学习内容，并将小组讨论结果填写在学习笔记本中。

步骤3 学习小组派代表上台分享本组的学习成果，其他小组针对汇报小组所陈述的内容展开讨论，并将修改意见填写到学习笔记本中。

步骤4 每个学习小组根据其他小组提出的修改意见，对本小组的学习任务进行再次讨论与完善，形成最终学习成果，并记录到学习笔记本中。

3. 常规电话客服技巧训练

步骤1　查阅资料，解决“常规电话客服技巧有哪些”这一问题，可以使用百度、Google等搜索引擎，并将查找到的资料整理归纳后记录到学习笔记本中。

步骤2　学习小组自拟题目，设计电话咨询业务情景，选派两人模拟，记录总结模拟过程，并提出建设性意见。

步骤3　学习小组派代表上台分享本组的学习成果，其他小组针对汇报小组所陈述的内容展开讨论，并将修改意见填写到学习笔记本中。

步骤4　每个学习小组根据其他小组提出的修改意见，对本小组的学习任务进行再次讨论与完善，形成最终学习成果，并记录到学习笔记本中。

任务评价

对学生学习的评价从两方面入手，即过程性评价和结果性评价并重。在注重对科学知识的掌握和理解程度评价的同时，也要重视学生在活动中对科学探究过程与方法的体验，对学习态度、情感及价值观的发展进行评价，强化评价的诊断和发展功能。活动评价与学习结果评价各占50分，两次评价的总分即对学生学习评价的总成绩。

1. 学生学习活动的评价（分值50%）

每名学生对自己在整个学习过程中的表现进行自评，并请学习小组成员和教师对自己在本任务学习中的表现做出评价，从定性和定量两方面填写评价表，如表2.1所示。

表2.1　“电话客服认知”学习活动学生表现评价量化表

班级：　　　姓名：　　　学号：

评价项目		描述性评价（文字）		量化评价（等级分值）			
		具体评价内容	填写具体事实	满分	自评	互评	师评
1	提出问题	①什么是电话客服 ②什么是呼入业务		6			
2	做出假设	①产品好，不需要客服 ②什么人都可以做电话客服		6			
3	设计实验方案	能否自行设计合理的实验方案		10			
4	实验操作	能否小组分工合作完成实验，操作是否规范、有效		10			
5	分析并得出结论	分析理解呼入业务的含义、流程，能掌握常规电话客服的服务技巧		6			
6	表达和交流	是否具有与他人合作、表达与交流的能力		6			
7	反思，提出新问题	①电话客服中心就是呼叫中心吗 ②做电话客服有哪些禁忌		6			
等级			总分	50			
评语（教师填写）							

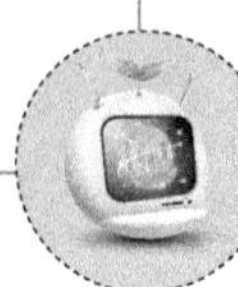

评价表填写说明：

（1）单项表现等级分值的评价标准：优（6分或10分），良（5分或8分），中（3分或6分），需努力（2分或5分），特优（加2分）。

（2）等级评定标准：对表2.1进行等级分值汇总，将总分填写至学生学习活动评价结果表中，如表2.2所示。7项总分50分以上为特优，45～50分为优，40～44分为良，30～39分为中，30分以下需努力。

表2.2 “电话客服认知”学习活动学生表现评价结果表

班级：　　　　姓名：　　　　学号：

自评（×40%）	小组互评（×30%）	教师评价（×30%）	总　评

2.学生学习结果的评价（分值50%）

对学生学习结果的评价，采用笔试测验或实操的方式进行。

任务二　呼叫中心

任务要求

教师构建班级的合作学习小组，合作学习小组的成员共同完成以下学习任务，解决以下学习问题。

（1）对“呼叫中心”的深入认识。

（2）了解呼叫中心的发展和主要功能。

（3）什么是呼出业务？

（4）掌握呼出业务流程及拨打电话的礼仪、策略。

（5）发现新问题：________________________________

任务准备

根据学习任务的要求和难易程度，准备相关的教学组织和设备设施。

（1）构建合作学习小组：将全班学生分为不同的学习小组，每个小组由2～6名学生组成，每个学习小组的组员分配上，要有领导者、创造者、分析者和执行者的角色。选举小组长，起一个响亮的组名，设计小组标志（Logo）和座右铭（口号），组长负责全组的组织、分工、协调、合作等工作。

（2）教师指导：教师提供学习帮助，使学生明确学习目标，端正学习态度，提示学习任务的完成步骤等。

（3）学习资源：能接入互联网的计算机，纸质、声音、电子、网络等多媒体构成的立体化教学资源库。

（4）实训场地：多媒体网络教室、客户服务实训室，建议与当地电信公司或电商企业合作，进行真实场景的模拟实训。

知识链接

导入案例

说起海尔产品，人们往往首先联想起其出色的售后服务。为了更好地服务全国几千万位海尔用户，海尔集团在全国范围内开始建立电话中心，并应用于顾客服务。经过多年的建设，目前海尔集团在全国范围内共拥有29个电话中心，500多名咨询员，230个座席。其中青岛总部、北京和上海采用国际先进水平的CTI及CRM技术，每个中心日处理电话能力可超过1万个（包括呼入和呼出），所有这些电话都能够保证被及时、有效、准确地处理。

呼叫中心的建立极大地提高了海尔集团客户服务的自动化程度和服务效率。目前各地海尔呼叫中心数据库的平均数据规模为80万条记录，业务咨询员查询某一条数据的平均时间为5秒，最长等待时间为30秒。咨询员回访的效率是以前的3倍。ACD平均通话时间比以前缩短了20秒以上。呼叫中心为海尔集团降低了极大的成本，并且提升了用户满意度，进一步加强了海尔集团国际化企业的良好形象。

请思考：我们可以从这个案例中得到什么启示？

一、呼叫中心概述

1. 呼叫中心的概念

呼叫中心是充分利用现代通信与计算机技术，如IVR（交互式语音应答系统）、ACD（自动呼叫分配系统）等，可以自动灵活地处理大量各种不同的电话呼入、呼出业务和服务的运营操作场所。呼叫中心在企业应用中已经逐渐从电话营销中心向着CTI（计算机通信集成）综合呼叫中心转变，已经将电话、计算机、互联网等多种媒介综合应用于营销、服务等多项工作当中。

呼叫中心就是在一个相对集中的场所，由一批服务人员组成的服务机构，通常利用计算机通信技术，处理来自企业、顾客的垂询与咨询需求。以电话咨询为例，具备同时处理大量来话的能力，还具备主叫号码显示，可将来电自动分配给具备相应技能的人员处理，并记录和储存所有来电信息的能力。

一个典型的以客户服务为主的呼叫中心可以兼具呼入与呼出功能，当处理顾客的信息查询、咨询、投诉等业务的同时，可以进行顾客回访、满意度调查等呼出业务。

2. 呼叫中心的发展

《2013—2017年中国呼叫中心产业市场前瞻与投资战略规划分析报告》数据显示，由于电信运营商重组、座席利用率的提高、分点式趋势等各种因素，到2015年，电信业呼叫中心的座席总数将上升到20万，累计投资额将接近240亿元。报告认为“十二五”期间，金融业的发展重心应在银行业和保险业，相对应地，这两个行业的呼叫中心业务规模也是金融业呼叫中心行业发展的主要拉动力。

伴随着现代计算机技术、网络技术、CTI技术、多媒体技术及 Internet 的飞速发展，呼叫中心也从最初的基于简单的人工应答发展成为现在基于全球网络技术和多媒体的呼叫中心。期间经历了人工热线电话系统、交互式自动语音应答系统、自动语音与人工服务系统、网络多媒体客服中心四个阶段（见图2.1）。可以预见呼叫中心在不久的将来，将是一个集现代化通信手段于一身，具有高度智能的、全球性的，并且可以给运营者带来巨大收益的客户服务中心。

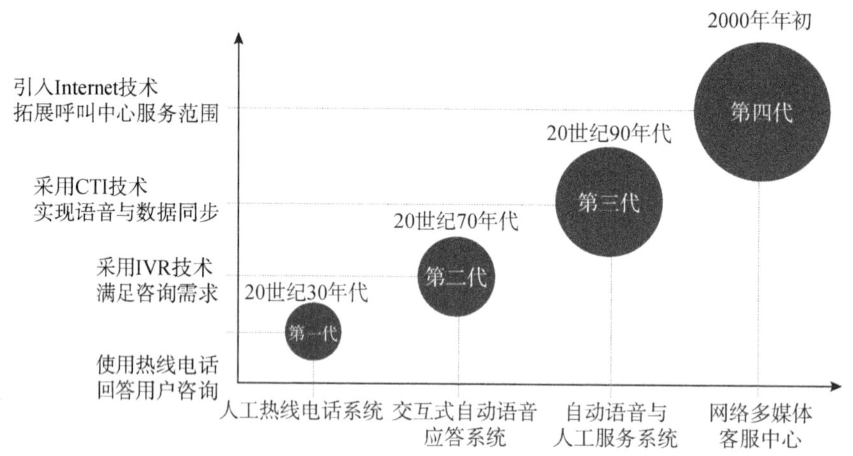

图2.1 呼叫中心的发展历程

3. 呼叫中心的主要功能

经过多年发展积累，呼叫中心技术趋于成熟，功能日益完善，系统性能越来越高，与其他IT系统间的协作越来越密切，它已不再是只有大型企业才能拥有的“奢侈品”，越来越多的中小企业开始部署专属自己的呼叫中心系统。现代呼叫中心在企业日常运营中所发挥的作用也越来越大，其主要功能如下。

（1）为了客户服务、市场营销、技术支持和其他的特定商业活动而接收和发出呼叫的一个综合信息服务系统。

（2）全面、综合、有效地管理客户相关信息，实现从被动服务向主动服务的转变。

（3）提供与客户沟通的统一平台，提高员工与客户接触的效率和客户反馈率。

（4）建立和保持客户关系，有效、高速地为客户提供多种服务，实现企业的成本最小化和利润最大化。

二、呼出业务

除了呼入业务外，呼叫中心还有另一种不同的服务方式——呼出业务。

1. 呼出业务的概念

呼出业务是指客服人员主动地拨打客户的电话进行销售、调查、回访等，是现有呼叫中心的主要组成部分。

市场竞争越来越激烈，很多企业不再满足原来的被动营销方式，而是依托呼叫中心的呼出业务主动积极地与客户联系来获取销售机会，以便更规范、更专业、更高效地开拓市场。

呼叫中心主要的呼出类型有问卷调查、客户邀请、电话销售、客户满意度调查、电话回访和人力资源招聘等。

2. 呼出业务流程

（1）打电话前的准备工作。电话是拿起来就打的吗？打电话前应该做哪些准备呢？

①内容准备：准备好记录本和笔用来做日常的电话记录；准备好与专业相关的资料本，以便在通话过程中查阅一些相关的信息。

②心态准备：态度决定一切。透过客服人员的声音，客户可以感觉到客服人员对自己、对公司，甚至对产品是否拥有自信。因此，要面带微笑，始终保持一种乐观、向上的心态，让每一位顾客都能感受到热忱、自信和真诚。

（2）开场白。

①问候对方，并做自我介绍，讲话真诚、友好、热情、有礼貌。

例如，“先生，您好，我是电信公司外联部的话务员，我的工号是××××××。”

②介绍打电话的目的，确认对方时间的可行性。

例如，“为感谢您多年来对公司的支持，现推出如下活动……”

“先生，请问您现在说话方便吗？”

（3）挖掘和引导客户需求。呼出业务的关键之处就是在通话过程中找出客户的需求，这是业务员必须研究的方向。在通话中，获取客户基本信息到底要使用哪些问题？应该怎么提问呢？

①基本信息的提问。例如，请问您每月的话费是多少？您的手机支持4G业务吗？您现在使用的是什么品牌的手机？您开通家庭宽带了吗？

②引导客户发现问题的提问。例如，您对目前公司的宽带业务满意吗？您觉得现在您每月的上网流量够用吗？您有没有遇到手机找不到网络的情况？您觉得您现在的状况可以改进吗？

③引导客户解决问题的提问。例如，这些问题任其发展的话可能会产生更大的流量，您觉得呢？如果解决这些问题您的话费会降低一半，给您节省不少开支，对不对？您应该也意识到这些问题了吧？畅通的手机网络可是当今最重要的工具，不能轻视的，您说呢？

④探寻客户需求的提问。例如，您能告诉我您现在需要一个什么功能的手机吗？您更注重的是手机的使用寿命还是通话质量呢？您对我们的电信网络还有什么其他要求吗？

（4）产品介绍。在产品说明阶段，如果客服人员所开展的产品说明不能有效地吸引客户，那么纵然说得再多也很难说服客户。所以，在介绍产品时最好运用FABE销售法。

FABE销售法：F（Feature）属性、特点，A（Advantage）优点、作用，B（Benefit）好处、益处，E（Evidence）证据、证明。简单描述就是，产品是什么，产品怎么样，能为客户带来什么，为什么相信这个产品。

①具有吸引力的叙述词。按下列公式把产品的FABE连接成一句具有吸引力的叙述词：

因为……（特征）……

它可以……（功效）……

对您而言……（利益）……

您看这是……（证据）……

② 不能省略利益。在使用FABE叙述词时，可以省略特征、功效或证据，但唯独不能省略利益“B”，否则将无法打动顾客的心。

例如，“因为一号通资费便宜，所以能节省您的电话费，对您而言可以节省成本。您的邻居张三、李四都使用了一号通业务。”“电话彩铃业务使拨打电话的人随时都能听见您的产品介绍，从而对您的产品了解得比较清楚，对您而言无疑是一个很好的宣传，提高了您店里的形象，使您的生意产生质的飞跃。”

（5）促成交易。呼出业务会碰到各种障碍，客户对产品产生异议或拒绝是经常发生的，能因此心灰意冷吗？当然，客服人员可以改变推介角度，改变态度，也可以在客户需要的时候抓住时机，那么客户还会拒绝吗？

①客户最常见的异议有哪些？客户异议是在电话呼出过程中，客户对客服人员不赞同或提出质疑。多数电话业务人员对异议都抱着负面的看法，对太多的异议感到挫折与恐惧，但是对一位有经验的客服人员而言，却能从另外一个角度来体会异议，揭露出异议背后的含意。

常见客户异议如下。

价格异议：价格确实很高；价格其实不高；适当优惠。

产品异议：质量不好；保修期太短；操作不方便；不送货上门。

财力异议：真的资金不够；并非资金不够。

要处理好客户的异议，最好使用LSCPA异议处理技巧：Listen（细心聆听）；Share（分享感受）；Clarify（澄清异议）；Present（提出方案）；Ask for Action（要求行动）。

异议处理示例（针对LSCPA异议处理技巧）。

客户：你们的价格太贵了，我买不起啊！

L （不要插嘴，要等客户说完，并不要反问客户）嗯，这样啊。

S 先生，您觉得贵是吗？我原来也有这样的感觉。

C 除了价格外，还有没有其他因素是您不满意的？

P 其实先生，以前有很多客户一开始也都觉得我们的这个业务有点贵，但是自从用了这项业务后，却专门打电话告诉我说实在物有所值。现在，他们很多人都会经常给我打电话，让我有业务的时候别忘记告诉他们。所以，不了解我们的业务的客户会觉得价格有点贵，但是了解我们产品的客户就知道这个价格实在是很划算的。这样吧，先生，您可以先试用一个月，您只有试用了我们的产品才能确信我们的产品绝对物有所值。

A 您看怎么样？

②客户一般会以哪些方式来拒绝购买？

直接拒绝（我不需要）。

已经有其他供应商。

我没兴趣。

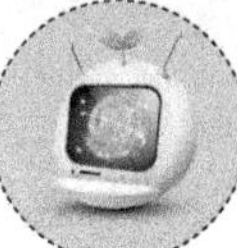

我目前还没有这个计划。

……

面对客户拒绝通话话术示例。

方法1：争取下一次的沟通机会。

客户：我现在比较忙（我在开会），我们暂时不需要。

客服人员：抱歉抱歉，打扰您了，那您看什么时候有空，希望能够有个机会向您介绍一下我们的新业务。

客户：明天上午吧（明天再谈时会比较顺利）。

方法2：直接被拒绝时要抛出产品的优势。

客户：（打断谈话）我们暂时不需要。

客服人员：好的，这是目前我们公司推出的最优惠的服务包，一年给您节省一半的话费，过了这周就没有了，希望您能关注一下这项业务。

（6）客户跟进。任何一次电话业务都是为了建立一种人际关系，在完成对客户的初步意向探测或销售成功以后，需要不断回访，了解客户的使用状况。

（7）结束通话。友好礼貌地结束通话，无论与客户的谈判成功与否，都要真诚地赞美对方，并对与客户的通话表示感谢。

想一想

电话拿起来就给客户打吗？如果客户拒绝好意，或者提出一系列的问题，该怎么应对呢？

任务实施与评价

任务实施

1. 认识呼叫中心

步骤1 查阅资料，解决“什么是呼叫中心”这一问题，可以使用百度、Google等搜索引擎，并将查找到的资料整理归纳后记录到学习笔记本中。

步骤2 结合任务要求，合作学习小组讨论“呼叫中心的发展”和“呼叫中心的功能”的学习内容，并将小组讨论结果填写在学习笔记本中。

步骤3 学习小组派代表上台分享本组的学习成果，其他小组针对汇报小组所陈述的内容展开讨论，并将修改意见填写到学习笔记本中。

步骤4 每个学习小组根据其他小组提出的修改意见，对本小组的学习任务进行再次讨论与完善，形成最终学习成果，并记录到学习笔记本中。

2. 认识呼出业务

步骤1 查阅资料，解决“什么是呼出业务”这一问题，可以使用百度、Google等搜索引擎，并将查找到的资料整理归纳后记录到学习笔记本中。

步骤2 结合任务要求，合作学习小组讨论“呼出业务类型”和“呼出业务流程”的学习内容，并将小组讨论结果填写在学习笔记本中。

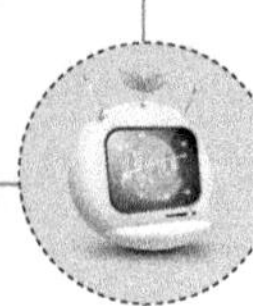

步骤3 学习小组派代表上台分享本组的学习成果，其他小组针对汇报小组所陈述的内容展开讨论，并将修改意见填写到学习笔记本中。

步骤4 每个学习小组根据其他小组提出的修改意见，对本小组的学习任务进行再次讨论与完善，形成最终学习成果，并记录到学习笔记本中。

3. 呼出业务礼仪、策略训练

步骤1 学习小组内选派两人模拟“询问客户需求”，记录总结模拟过程，并提出建设性意见。

步骤2 学习小组内选派两人模拟“FABE销售法”，记录总结模拟过程，并提出建设性意见。

步骤3 学习小组派代表上台分享本组的学习成果，其他小组针对汇报小组所陈述的内容展开讨论，并将修改意见填写到学习笔记本中。

步骤4 每个学习小组根据其他小组提出的修改意见，对本小组的学习任务进行再次讨论与完善，形成最终学习成果，并记录到学习笔记本中。

任务评价

1.学生学习活动的评价（分值50%）

每名学生对自己在整个学习过程中的表现进行自评，并请学习小组成员和教师对自己在本任务学习中的表现做出评价，从定性和定量两方面填写评价表，如表2.3和表2.4所示。

表2.3 “呼叫中心”学习活动学生表现评价量化表

班级：　　　　姓名：　　　　学号：

序号	评价项目	描述性评价（文字）		量化评价（等级分值）			
		具体评价内容	填写具体事实	满分	自评	互评	师评
1	提出问题	① 什么是呼叫中心 ② 什么是呼出业务		6			
2	做出假设	小企业不需要呼叫中心		6			
3	设计实验方案	能否自行设计合理的实验方案		10			
4	实验操作	能否小组分工合作完成实验，操作是否规范、有效		10			
5	分析并得出结论	分析理解呼叫中心的含义，能掌握呼出业务的策略		6			
6	表达和交流	是否具有与他人合作、表达与交流的能力		6			
7	反思，提出新问题	① 呼叫中心的分类有哪些 ② 呼出业务中怎样让客户更加信任你		6			
等级			总 分	50			
评语（教师填写）							

表2.4　"呼叫中心"学习活动学生表现评价结果表

班级：　　　姓名：　　　学号：

自评（×40%）	小组互评（×30%）	教师评价（×30%）	总　评

2. 学生学习结果的评价（分值50%）

对学生学习结果的评价，采用笔试测验或实操的方式进行。

项目小结

本项目主要学习了传统电话客服和呼叫中心的认知，理解传统电话客服的概念和电话客服专员的职责及呼入业务的类型和流程；了解呼叫中心的含义、发展历程、主要功能和呼出业务的概念、流程，掌握呼入业务和呼出业务必备的电话客服礼仪和策略。

练习与自测

总分：50分

哇，我得了______分！

一、快乐小补丁（每空1分，共10分）

1. 服务中心主要的呼入业务类型有________和________。

2. 呼入业务的工作流程包括：________、________、________、________、________、________。

3. 呼叫中心有两种不同的服务方式：________和________。

二、剪刀、石头、布（每题1分，共5分）

对于下面这些问题，你准备出剪刀（A）、石头（B），还是布（C）呢？

1. 客服人员被动地接听来自客户的电话进行业务处理是呼叫中心的（　）业务。

A. 呼出　　B. 呼入　　C. 服务代理

2. LSCPA异议处理技巧中的L指的是（　）。

A. 聆听　　B. 分享　　C. 异议

3. 下列不属于呼入业务的服务技巧的是（　）。

A. 要仔细倾听对方的讲话，一般不要在对方话没讲完时打断对方

B. 接听电话以铃响三声之内接最适宜

C.不断地回访客户，了解使用状况

4. FABE销售法中的B指的是（　）。

A. 属性　　B. 优点　　C. 好处

5. 下列（　）不是进行呼出业务前必须准备的。

A. 纸、笔、专业资料本　　B. 笔记本电脑　　C. 积极的心态

三、动动小脑筋（5分）

请将呼入/呼出业务与其对应的业务用线段连起来。

呼入业务	问卷调查
	电话回访
	电话咨询
	电话销售
呼出业务	客户投诉

四、拍脑筋猛想（30分）

1. 复述呼叫中心的含义。(5分)
2. 准确地说出呼入/呼出业务的工作流程。(5分)
3. 实训任务：能够正确接听客户投诉建议并记录。(10分)

任务要求：给电信公司客服（10000）打电话，投诉这个月话费太高，电信公司随意扣费，学习电信客服的回答技巧和服务态度。

4. 实训任务：初步掌握呼出业务的技巧。(10分)

任务要求：到当地电信营业厅了解最新的活动情况，从本组组员手中找一个陌生号码，然后进行电话销售，小组竞赛，看谁能销售成功。

项目三

网络客服

项目情景

面对网络贸易市场的迅猛扩张、网络客户群体迅速增长的局势，小明的淘宝店铺在迎来了发展机遇的同时，也承受着巨大压力。那么，如何更好地服务网络客户，从而增加客户好评率、提高客户订单量、保持顾客忠诚度呢？小明决定对客服部的客服人员进行培训，让客服人员都清楚地了解到：在强大的网络市场中，要如何与网络客户进行服务与沟通。

思考：可以通过哪些网络工具来完善淘宝店铺的客户服务呢？

____

____

学习目标

- 熟悉常用的网络客服工具。
- 理解在线客服的含义，会使用常用的在线客服工具。
- 认识淘宝客服，并且会操作千牛、旺旺、旺信等淘宝客服工具。
- 感受FAQ智能客服的魅力，并且会利用FAQ进行客户服务。
- 能够利用邮件工具进行客户服务。

学习任务

- 任务一　在线客服
- 任务二　淘宝网店客服
- 任务三　腾讯QQ客服
- 任务四　邮件客服

任务一 在线客服

任务要求

教师构建班级的合作学习小组，合作学习小组的成员共同完成以下学习任务，解决以下学习问题。

（1）深入认识网络客服。

（2）领会在线客服的含义，熟悉在线客服的常用工具。

（3）学会操作在线人工客服软件。

（4）感受FAQ智能客服的魅力，并且会利用FAQ进行客户服务。

（5）发现新问题：______

任务准备

根据学习任务的要求和难易程度，准备相关的教学组织和设备设施。

（1）构建合作学习小组：将全班学生分为不同的学习小组，每个小组由2～6名学生组成，每个学习小组课前完成登录到3～5个不同的企业网站及尝试用在线服务工具进行在线咨询体验的任务。

（2）教师指导：教师提供学习帮助，使学生明确学习目标，端正学习态度，提示学习任务的完成步骤等。

（3）学习资源：能接入互联网的计算机，纸质、声音、电子、网络等多媒体构成的立体化教学资源库。

（4）实训场地：多媒体网络教室、客户服务实训室，建议与当地电信公司或电商企业合作，进行真实场景的模拟实训。

知识链接

导入案例

天上掉馅饼的事情见过没有？今天童装小店的客服笑笑就遇见了这样一个传奇事件。

晚上7点45分开始，笑笑的客服旺旺就叮咚地响个不停，记录显示有顾客在3分钟内拍下65条儿童棉裤。打开订单详情后，笑笑疑惑了：客户为什么每个同款的裤子都拍了好几条呢？最厉害的一个顾客，连拍了11条！小孩长个子很快，这么多裤子都来不及穿。笑笑这么想着顺便看了下价格，居然是0.4元/条，还包邮！晚上独自值班的笑笑吓得神不守舍。

笑笑记得这款棉裤是59元促销价，可是怎么突然变成0.4元了呢？付款订单持续不停地增加，直到宝贝全部被拍完后自动下架。笑笑吓得手颤，战战兢兢地打电话联系店长，生怕是自己的失误，后来发现是系统出现了问题。如果这样的话，收款26元，要发65条价值近4000元的裤子！

这时，旺旺也一直闪个不停，顾客们频频催促发货。笑笑该怎么做呢？

本来系统出错，店家可以跟客户交涉不发货。此时店长发话了：不能让顾客无止境地等，顾客就是我们的上帝。所有的客服联系每位下单的客户，说明情况，喜欢裤子的，就发货，不需要的就以每条棉裤倒贴20元的价格退款，最大限度地保护顾客的利益！

第二天一早，笑笑和同事便开始主动联系顾客，同时在旺旺上留言写明补偿的细节，打消他们的顾虑。所有订单当天就全部被处理妥当，拍11条裤子的那位顾客获得了220元的退款。历经此事后，笑笑明白了真诚待客的重要性，决定今后不管是谁的错，自己都会勇于承担，并且在委屈的时候依然会微笑地面对每个顾客。

请思考：我们可以从这个案例中得到什么启示？

一、网络客服概述

1. 网络客服的概念

网络客服，是基于互联网的一种客服工作，一般表现为信息的传递、理解和下载，它主要是针对人的思想，或针对无形资产客户的，以网络工具为基础的一种低接触的服务。

2. 网络客服的特点

网络客服的特点主要有图文音像直观表达，增强客户对服务的感性认识；24小时在线服务，突破跨时空性；无须面对面，提供更高层次的服务；服务反馈快，客户寻求服务的主动性增强；一对多节省人力资源，提高整体服务效益。

3. 网络客服的内容

网络客服的内容主要体现在全方位的信息服务，针对性的个性化服务、多元化的促销服务、网上个人定制服务。

4. 网络客服的分类

一般小规模的网店，往往一人身兼数职，对客服并没有进行细分，但有些规模较大的网店则往往实行较细的分工。网络客服可按以下情形进行细致的分类。

（1）通过旺旺、电话，解答买家问题的客服。

（2）专门的导购客服，帮助买家更好地挑选商品。

（3）专门的投诉客服，处理客户投诉。

（4）专门的推广客服，负责网店的营销与推广。

（5）专门帮店主打包的客服等。

5. 网络客服的重要作用和意义

网络客服在网店的推广、产品的销售、售后的客户维护等方面均起着极其重要的作用，不可忽视。

（1）塑造店铺形象。对于一个网上店铺而言，客户看到的商品都是一张张图表，既看不到商家本人，也看不到产品本身，无法了解各种实际情况，往往会因此产生距离感

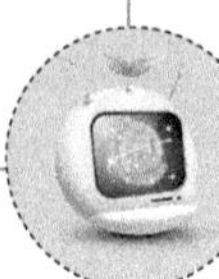

和怀疑感。这个时候，客服就显得尤为重要了。客户通过与客服在网上的交流，可以逐步地了解商家的服务态度及其他情况，客服的一个笑脸（旺旺表情符号）或者一个亲切的问候，都能让客户真实地感觉到他不是在跟冷冰冰的计算机和网络打交道，而是跟一个善解人意的人在沟通，这样会帮助客户逐渐消除一开始就出现的戒备，从而在客户心目中逐步树立起店铺的良好形象。

（2）提高成交率。现在很多客户都会在购买之前针对不太清楚的内容询问商家，或者关注优惠措施等。客服在线能够随时解答客户的疑问，可以让客户及时了解需要的内容，从而促成交易。

有的时候，客户不一定对产品本身有什么疑问，仅仅是想确认一下商品宣传是否与事实相符，这个时候，一个在线的客服就可以打消客户的很多顾虑，促成交易。同时，对于一个犹豫不决的客户，一个有着专业知识和良好销售技巧的客服，可以帮助买家选择合适的商品，促成客户的购买行为，从而提高成交率。有时候客户拍下商品，但是并不一定是着急要的，这个时候在线客服可以及时跟进，通过向买家询问汇款方式等提示买家及时付款。

（3）提高客户回头率。当买家在客服的良好服务下，完成了一次良好的交易后，买家不仅了解了卖家的服务态度，也对卖家的商品、物流等有了切身的体会。当买家需要再次购买同样商品的时候，就会倾向于选择他所熟悉和了解的卖家，从而提高了客户再次购买的概率。

（4）更好地服务客户。不能把网络客服仅仅定位在和客户的网上交流上，这仅仅是服务客户的第一步。一个有着专业知识和良好沟通技巧的客服，可以给客户提供更多的购物建议，更完善地解答客户的疑问，更快速地对买家售后问题给予反馈，从而更好地服务客户。只有更好地服务客户，才能获得更多的机会。

6. 网络客服的方式

网络客服包括客户自助服务和人工服务两种形式。自助服务是客户通过网站上的说明信息自己找相应的解答，或加入网络社区获取需要的信息；人工服务则需要根据客户提出的问题，通过人工回复的方式给予回答。网络客服的常用手段包括FAQ、电子邮件等方式。

7. 网络客服的基本要求

（1）工作基本要求：通过聊天软件、电话等媒介与客户沟通，接受客户的询价，为客户导购。

（2）招聘基本要求： 客服一般不需要太高深的计算机技能，但是需要对计算机有一个基本的认识，包括熟悉Windows系统；会使用Word和Excel等办公软件；会发送电子邮件；会管理电子文件；熟悉上网搜索和找到需要的资料的方式；熟悉录入方式，应熟练掌握至少一种输入法，打字速度快，能够盲打输入；反应灵敏，能同时和多人对话，耐心地对待客户。

（3）招聘更高要求：懂得图文编辑、网页制作，能够帮助店主装修并进行网店推广，甚至参与产品设计。

二、在线客服概述

1. 在线客服的概念

在线客服是以网页为载体，运用最新网络技术为网站访客提供与网站客服即时通信的高科技手段。

在线客服系统为“网站的访问者”晋升为“网店的客户”搭建了一座沟通的桥梁。先挖掘更多潜在客户的信息，再通过CRM来进行客户的管理和跟进，实现销售从线上向线下的转换，最后通过数据分析系统，来进行网站数据分析、推广效果分析、客服工作效率分析。作为一个有效提升销售和服务的工具，在线客服是企业在互联网上的第一面旗帜，是企业向潜在客户展示产品的窗口，有效地解决了电子邮件和电话的被动营销，真正体现了电子商务的优越性，同时可为企业降低销售和人员成本。

2. 在线客服的功能

（1）即时交流。当客户访问企业网站时，可以通过单击页面上的在线客服图标，实现和客服人员的对话。当企业销售或服务人员离线时，还可以通过手机随时随地地与网站上的客户进行沟通，不放过任何一次销售机会！

（2）主动出击。客服人员可以根据访客的来源和进入网站后的浏览轨迹，了解客户需求，根据实际情况，主动发出邀请并提供相应的服务。

（3）对话转接。客服人员可以将访客转接给相关的部门或人员，实现客户和工作人员的无障碍直接沟通，也可邀请多个相关部门共同服务顾客，对顾客的问题给出更专业、更权威的答案。

（4）报表统计。提供强大的报表统计功能，以便企业更好地把握消费者的心理。

（5）实时查看。访客端输入的文字内容，在访客提交之前，客服端可以通过实时查看功能看到，方便客服提前准备好答案，提高客服的响应速度，提升服务的品质。

（6）访客来源追踪。客服可以通过网站伴侣实时查看网站当前访客数量、来源、所在页面。

（7）轨迹功能。客服可以看到访客登录网站后先后访问过哪些页面，分别在各个页面停留的时间，帮助客服有针对性地介绍业务，同时也为企业了解客户最关心的信息提供了依据。

（8）客服管理。客服权限的分配、客服分组、客服监控等功能，强大的客服管理功能，使在线客服能胜任更高要求级别的高端用户。

（9）CRM管理。访客名片的建立、对话记录的管理、熟客识别等可为企业建立良好的客情关系数据库，帮助企业有效维护老客户和挖掘潜在客户。

（10）网页免费回呼电话。网上访客输入自己的电话号码就可以免费给企业打电话咨询，企业也可进而获得客户的联系方式。

随着互联网的发展，以及网络营销模式重要性的凸显，在线客服系统会成为网络营销的重要工具，也是提升企业网站形象，加强企业与访客互动的必备工具。在网络营销手段层出不穷的今天，如何实实在在地留住网站访问者才是根本所在，发掘潜在用户、维护现有客户，才能实现网络营销的最终目的。在线客服系统的建设，应引起广大企业

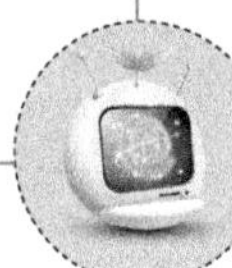

的关注。基于这种思路，企业的付出才能有回报。

三、FAQ客户服务

1. FAQ概述

FAQ是英文Frequently Asked Questions的缩写，中文意思就是“经常问到的问题”，或者更通俗地叫作“常见问题解答”。在很多网站上都可以看到FAQ列出了一些用户常见的问题，是一种在线帮助形式。在利用一些网站的功能或者服务时往往会遇到一些看似很简单，但不经过说明可能很难搞清楚的问题，有时甚至会因为这些细节问题的影响而失去用户，其实在很多情况下，只要经过简单的解释就可以解决这些问题，这就是FAQ的价值。

在客户服务与管理中，FAQ被认为是一种常用的在线顾客服务手段，一个好的FAQ系统，应该至少可以回答用户80%的一般问题与常见问题。这样不仅方便了用户，也大大减轻了网站工作人员的压力，节省了大量的顾客服务成本，并且增加了顾客的满意度。因此，一个优秀的网站，应该重视FAQ的设计。

FAQ部分设计的问题和解答都必须是客户经常问到和遇到的。为保证FAQ的有效性，第一要经常更新问题，回答客户提出的一些热点问题。第二是问题要短小精悍，对于提问频率高的常见的简单问题，不宜用很长的文本文件，这样会浪费客户的在线时间，而对于一些重要问题应在保证精准的前提下尽可能简短。为保证方便客户使用，首先FAQ应该提供搜索功能，客户通过输入关键字可以直接找到有关问题。第三是问题较多时，可以采用分层目录式的结构组织问题的解答，但目录层次不能太多，最好不要超过四层。第四是将客户最经常提问的问题放到前面，对于其他问题可以按照一定规律排列，常用方法是按字典顺序排列。第五是对于一些复杂问题，可以在问题之间设计链接，便于了解一个问题的同时还可以方便地找到相关问题的答案。

2. FAQ案例应用

以365webcall在线客服系统为例，访问http://www.365webcall.com，单击“帮助中心”菜单，选择常见问题，就可以看到FAQ客服常见问题，如图3.1所示。

图3.1　365webcall FAQ客服

想一想

网络客服是怎样运用网络工具进行工作的？在线客服是如何在网页中植入客服工具的？怎样根据自己的淘宝店铺编写FAQ？

任务实施与评价

任务实施

熟悉365webcall天天在线客服系统

步骤1　访问http://www.365webcall.com，单击“下载客户端”，下载并安装365webcall天天在线客服系统，如图3.2所示。

图3.2　365webcall天天在线客服系统

步骤2　单击“免费注册”按钮，填写并完善其他相关信息，完成注册，如图3.3所示。

图3.3　免费注册365webcall天天在线客服账号

步骤3 用户登录天天在线客服系统，如图3.4所示。

图3.4 登录365webcall天天在线客服系统

步骤4 登录天天在线客服平台，查看菜单：管理中心、客服名片、风格设置、聊天记录、密码修改、更改状态、系统选项。对这些菜单进行不同的设置，如图3.5所示。

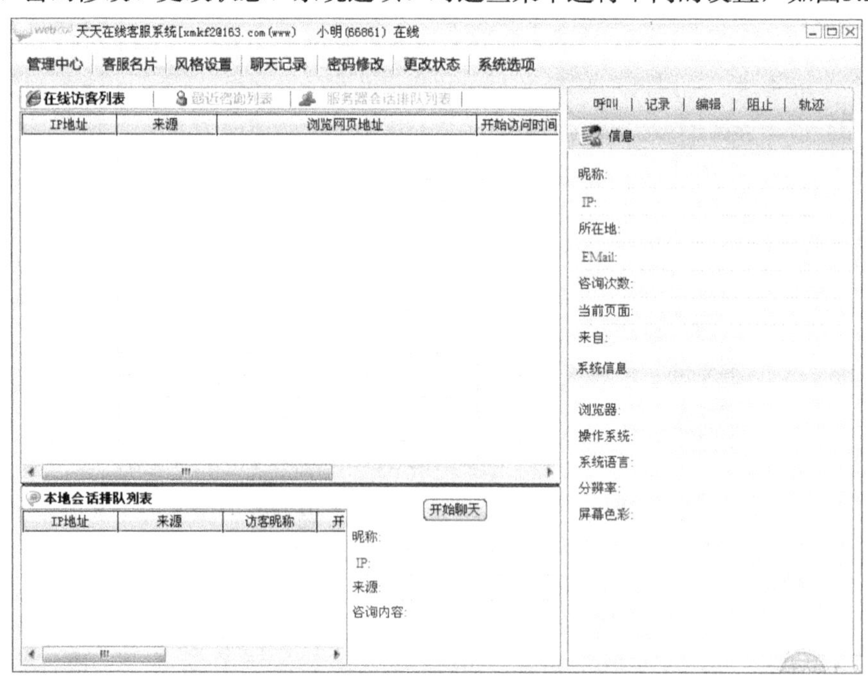

图3.5 365webcall天天在线客服平台管理菜单

步骤5 单击“管理中心”，查看页面菜单，如图3.6所示。

图3.6 365webcall天天在线客服管理中心菜单

步骤6　对系统进行设置，单击“风格设置”，设置不同的页面风格，如图3.7所示。

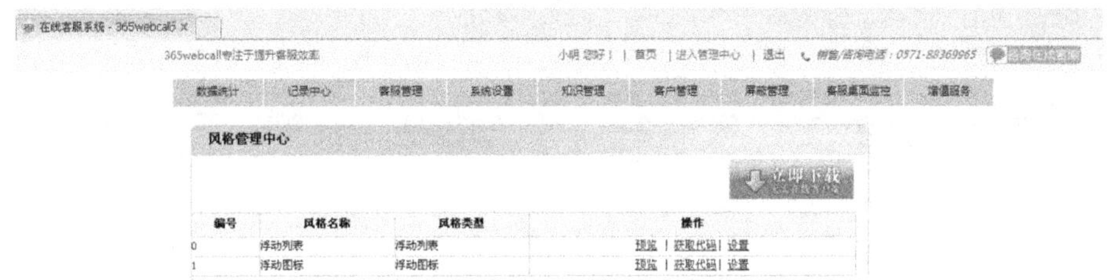

图3.7　365webcall天天在线客服风格管理中心菜单

步骤7　访问淘宝网：http://www.taobao.com，出现在线客服，效果如图3.8所示。

图3.8　淘宝网365webcall天天在线客服服务窗口

步骤8　利用交谈功能或客服在线就可以与客服进行实时沟通，还可以利用页面的QQ、旺旺、客服热线进行咨询，如图3.9所示。

图3.9　365webcall天天在线客服实时沟通窗口

步骤9 返回天天在线客服平台，就有显示登录记录，如图3.10 所示。

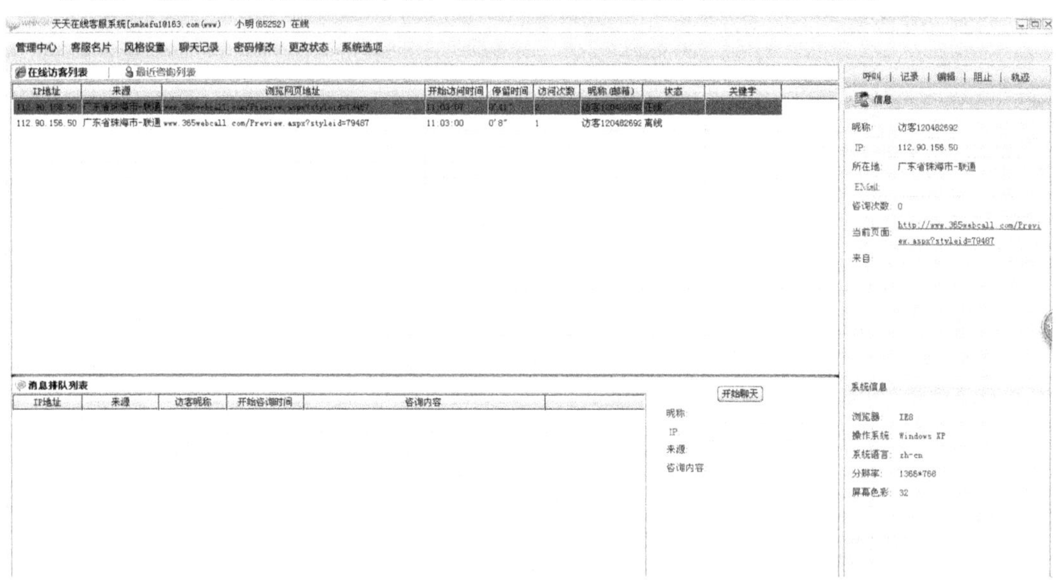

图3.10 365webcall天天在线客服管理平台

步骤10 单击任何一条登录记录，选择呼叫功能进行客服对话，如图3.11 所示。

图3.11 365webcall天天在线客服呼叫功能

步骤11 单击数据统计菜单，可以按咨询量和询问量进行统计，如图3.12所示是客户登录淘宝网（http://www.taobao.com）页面的统计量。

365webcall专注于提升客服效率　　小明 您好！ | 首页 | 进入管理中心 | 退出　销售/咨询电话：0571-88369965

数据统计　记录中心　客服管理　系统设置　知识管理　客户管理　屏蔽管理　客服桌面监控　增值服务

按时间统计

开始日期：20150201　结束日期：20150213　查 询　数据下载

日访问量分布

日期	唯一IP访问量	PV访问量	独立访客	咨询量
20150213	1	4	1	0
合计	1	4	1	0

显示1-15条(共2条) 1/1页　[1]　转到第 1 页 转到

24小时访问分布

小时段	独立IP		PV		独立访客		咨询量	
	数量	比例	数量	比例	数量	比例	数量	比例
0:00-1:00	0	0%	0	0%	0	0%	0	0%
1:00-2:00	0	0%	0	0%	0	0%	0	0%
2:00-3:00	0	0%	0	0%	0	0%	0	0%
3:00-4:00	0	0%	0	0%	0	0%	0	0%

图3.12　365webcall天天在线客服数据统计菜单

任务评价

对学生学习的评价从两方面入手，即过程性评价和结果性评价并重。在注重对科学知识的掌握和理解程度评价的同时，也要重视学生在活动中对科学探究过程与方法的体验，对学习态度、情感及价值观的发展进行评价，强化评价的诊断和发展功能。活动评价与学习结果评价各占50分，两次评价的总分即对学生学习评价的总成绩。

1. 学生学习活动的评价（分值50%）

每名学生对自己在整个学习过程中的表现进行自评，并请学习小组成员和教师对自己在本任务学习中的表现做出评价，从定性和定量两方面填写评价表，如表3.1所示。

表3.1　"在线客服"学习活动学生表现评价量化表

班级：　　　姓名：　　　学号：

序号	评价项目	描述性评价（文字）		量化评价（等级分值）			
		具体评价内容	填写具体事实	满分	自评	互评	师评
1	提出问题	① 什么是在线客服 ② 什么是FAQ		6			
2	做出假设	① 在线客服就是网站即时通信服务 ② FAQ就是常见问题自问自答		6			
3	设计实验方案	能否自行设计合理的实验步骤		10			
4	实验操作	能否小组分工合作完成实验，操作是否规范、有效		10			
5	实验角色扮演	小组组员分别进入不同的企业网页进行在线服务的体验，并在小组内叙述分享体验结果		6			

（续表）

序号	评价项目	描述性评价（文字）		量化评价（等级分值）			
		具体评价内容	填写具体事实	满分	自评	互评	师评
6	表达和交流	是否具有与他人合作、表达与交流的能力		6			
7	反思，提出新问题	① 不同的在线即时工具有何异同 ② 在线客服的工作媒体有哪些		6			
等级			总分	50			
评语（教师填写）							

评价表填写说明：

（1）单项表现等级分值的评价标准：优（6分或10分），良（5分或8分），中（3分或6分），需努力（2分或5分），特优（加2分）。

（2）等级评定标准：对表3.1进行等级分值汇总，将总分填写至学生表现评价结果表中，如表3.2所示。7项总分50分以上为特优，45～50分为优，40～44分为良，30～39分为中，30分以下需努力。

表3.2 “在线客服”学习活动学生表现评价结果表

班级：　　　　姓名：　　　　学号：

自评（×40%）	小组互评（×30%）	教师评价（×30%）	总　评

2. 学生学习结果的评价（分值50%）

对学生学习结果的评价，采用笔试测验或实操的方式进行。

任务二　淘宝网店客服

任务要求

教师构建班级的合作学习小组，合作学习小组的成员共同完成以下学习任务，解决以下学习问题。

（1）认识淘宝客服并了解淘宝客服常用的沟通工具。

（2）会使用千牛工作平台进行客户服务操作与管理。

（3）会利用阿里旺旺进行客户服务。

（4）会使用旺信进行客户服务。

（5）发现新问题：________________

任务准备

根据学习任务的要求和难易程度，准备相关的教学组织和设备设施。

（1）构建合作学习小组：将全班学生分为不同的学习小组，每个小组由2～4名学生组成，每个学习小组在课前先下载千牛、阿里旺旺、旺信等交流工具软件。

（2）教师指导：教师引导学生健康、正确地使用网络资源，使学生明确学习目标，端正学习态度，提示学习任务的完成步骤等。

（3）学习资源：能接入互联网的计算机，纸质、声音、电子、网络等多媒体构成的立体化教学资源库。

（4）实训场地：多媒体网络教室、客户服务实训室，建议与当地电信公司或电商企业合作，进行真实场景的模拟实训。

知识链接

导入案例

买家A在卖家B处购买了几样家居用品，因卖家商品店铺中正在开展满200元包邮的促销活动，买家为能参加此活动，精心挑选了几件商品，并已成功付款。买家成功付款后，卖家B在确认商品订单过程中，发现商品已严重超重，无法将货物发出，需买家A补几十元的邮费。买家A以店铺并未说明包邮只包首重为由，不愿补邮费。因双方协商未果，买家发起维权，淘宝店小二介入处理，处理结果是卖家B需承担超重部分的邮费。

请思考：我们可以从这个案例中得到什么启示？该卖家有没有触犯淘宝网规则？

一、淘宝网店客服的概念

1. 淘宝客服

淘宝客服是指在淘宝网上开设网店这种商业活动中，充分利用各种通信工具，并以网上即时通信工具（千牛、旺旺、旺信等软件）为主，为客户提供相关服务的人员。

2. 淘宝网店客服的职能

淘宝客服对网络有较高的依赖性，所提供的服务一般包括客户答疑、促成订单、店铺推广、完成销售、售后服务等几个大的方面。其具体职能如下。

（1）网店销售产品上架、分类，以及产品信息的及时调整，网店更新，网店促销策划及执行，独立操作店铺陈列，以增强店铺吸引力。

（2）在线客服及导购，通过在线聊天工具（千牛、旺旺等）与客户沟通，解答顾客对产品的疑问，能独立完成网上购物售前、售中、售后工作。

（3）处理淘宝网店日常事务，包括网络留言回复、订单管理、到货跟踪、评价管理、售后服务等工作。

（4）善于解决售后问题，知道如何解决客户的退换货要求。

（5）定期维护客户关系，促进互动与销售。

（6）推动团队业绩增长，完成店铺销售目标，提升公司品牌形象。

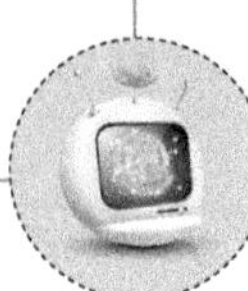

二、淘宝网店常用的客服工具

1. 千牛

（1）千牛概述。千牛卖家工作平台即阿里巴巴推出的千牛工作台，是一款卖家“一站式”平台。千牛卖家工作平台为卖家提供了完整的配套服务。如果有淘宝账号，并且是卖家，就可以直接用旺旺登录千牛；如果有旺旺号，但不是卖家，则登录不了。

千牛PC版的常用功能包括宝贝管理、店铺管理、货源中心、营销中心与其他五部分。其中，宝贝管理可以显示已被购买的宝贝，并能直接发布宝贝；店铺管理包括“我的店铺”、店铺装修、图片空间、子账号管理几个功能；货源中心则可以直达阿里供销平台和1688采购批发平台进行采购；营销中心集成了量子统计、数据中心和会员关系管理系统；其他则主要有支付宝、阿里学院、淘宝贷款三个入口。

（2）千牛的功能。

①和电脑端互相同步聊天记录。

②显示最近联系人。

③编辑快捷短语，支持导入电脑端的短语。

④发送商品，当买家询问宝贝时，可直接查询店铺内的商品，向买家推荐。

⑤发送订单和买家收货地址、姓名、联系方式等信息，推送过去进行核对。

⑥ 照片（拍摄），现场拍摄宝贝照片，供买家进一步确认购买意向。

更多客户信息展示：展现客户好评率、历史成交和优惠券，方便营销。可在快捷窗口直接搜索店内商品，热销商品搭配套餐及时推荐。

更多订单信息展示：订单状态一目了然，便捷操作；性能优化更稳定；插件中心功能丰富，可处理订单、查看店铺数据等。

2. 阿里旺旺

（1）阿里旺旺概述。阿里旺旺是将原先的淘宝旺旺与阿里巴巴贸易通整合在一起的一个新品牌。它是淘宝和阿里巴巴为商人量身定做的免费网上商务沟通软件，可以帮助用户轻松找客户，发布、管理商业信息，及时把握商机，随时洽谈生意，简洁方便。

这个品牌分为阿里旺旺淘宝版、阿里旺旺贸易通版和阿里旺旺口碑网版三个版本，这三个版本之间支持用户互通交流。但是，如果想同时使用与淘宝网站和阿里巴巴中文站相关的功能，需要同时启动淘宝版与贸易通版。贸易通账号需登录贸易通版本阿里旺旺，淘宝账号需登录淘宝版本阿里旺旺，口碑网账号则对应登录口碑网版的阿里旺旺。以前的贸易通升级为阿里旺旺贸易通版本后，在原来贸易通的基础上，新增了群以及和阿里旺旺口碑版、淘宝版用户互通聊天、发送动态表情、截屏发图等新功能，贸易通用户可用原来的用户名直接登录使用。

（2）阿里旺旺的特色功能。

①随时联系客户。每一条信息都标记着用户的在线状态，让商家随时联系用户。

②海量商机搜索。不登录网站，快速搜索阿里巴巴大市场获商机。

③巧发商机。一次性批量发布、重发信息，分类管理信息。商机，一触即发。

④丰富的系统功能。语音、视频、超大容量文件传输、文本聊天，一个都不少。

⑤多方商务洽谈。最多可容纳30人同时在线的商务洽谈室使空间不再是阻隔，轻松做生意。

⑥免费商务服务。订阅商机快递、行业资讯；随时把握天气、证券；在线翻译、商旅助理助交易。

（3）阿里旺旺的主要功能。

①广交好友。淘宝网、阿里巴巴及其他行业网站，有4800万位以上用户会交易。主要体现如下：即时文字交流，直接发送即时消息，就能立刻得到对方回答，了解买卖交易细节；免费语音聊天功能；免费视频影像功能，安安心心地买到心仪的宝贝；离线消息，即使不在线也不会错过任何消息，上线就能收到离线消息，确保询问“有问有答”。

②生动、酷炫表情，在商业交流时可随心选用，更贴切地表达心情，同时拉近彼此的距离，让谈生意变得更亲切、更容易。

③阿里旺旺群功能强大，就像朋友聚集的私人会所。它是一个多人交流空间，把有相同兴趣爱好的消费者集中在一起，共同完成以下活动：可以扩大关系圈，和爱好相同的朋友群聊；可以建立自己的店铺群，通过群公告及时推广最新宝贝信息等；倘若加入了卖家群，可以迅速获得感兴趣的宝贝信息；向群里的其他朋友取经，了解到更多好的店铺，买到价廉物美的宝贝；可以和群里的朋友一起发起团购；无论是买家还是卖家，还可以互相交流生活、工作的经验。

④文件传输快速、安全。可以传输超大文件，与大多数即时聊天工具相比，传输容量大，速度快得多。

3. 旺信

（1）旺信简介。旺信是阿里巴巴旗下的国内首款基于交易沟通的移动通信工具，支持安卓、iOS、Windows Phone三大平台，并将全面代替原阿里旺旺手机版，升级旺旺原有功能及服务，致力于为用户提供优质的购物体验和交友乐趣。

（2）主要功能。

①旺信已经全面支持淘宝账号登录，可以和PC旺旺同时在线，接收旺旺消息；卖家登录旺信后在淘宝店铺、旺旺状态上都显示店铺亮灯，可以随时随地地处理生意；在交易完成后用户还可以通过旺信及时了解交易后宝贝的重要动向（发货、收货、退货、评价等信息），实时接收淘宝网物流信息。

②与原阿里旺旺手机版相比，安卓、iOS、Windows Phone平台的一大特色就是增加了语音对讲功能，用语音聊天将更方便和快捷，而买卖双方在进行交易时也可以通过旺信来直接“讨价还价”；另外在买家收货、验货时，如果发现问题可以通过手机的拍照功能将商品的图片通过旺信直接发给卖家，协商售后服务问题，这也能更好地保障买卖双方的利益。

③除了帮助网购和移动淘宝用户提供便捷外，旺信还提供了类似微信的LBS移动交友功能，支持附近好友搜索、随手加（类似摇一摇）等功能；同时，新旺信还支持群聊服务，用户可以通过旺信集结有共同兴趣的淘友组团购物。不过，与微信相比，旺信更专注于服务购物人群，提升交易体验。

想一想

淘宝客服主要使用千牛、阿里旺旺、旺信网络工具进行服务工作具有哪些具体的优势？买卖双方如何利用聊天工具保护自己的合法权益？

任务实施与评价

任务实施

1. 千牛工作台体验

步骤1 访问千牛官网：http://work.taobao.com，如图3.13所示。选择电脑版或手机版下载，根据自己的需要下载。

步骤2 登录淘宝账号：用自己的淘宝账号直接登录千牛工作台，如图3.14所示，进行网店管理。

步骤3 单击千牛工作台的“网址”选项进入后台管理，可以对店铺的各项管理功能进行操作，如图3.15 所示。

图3.13　千牛官网下载页面

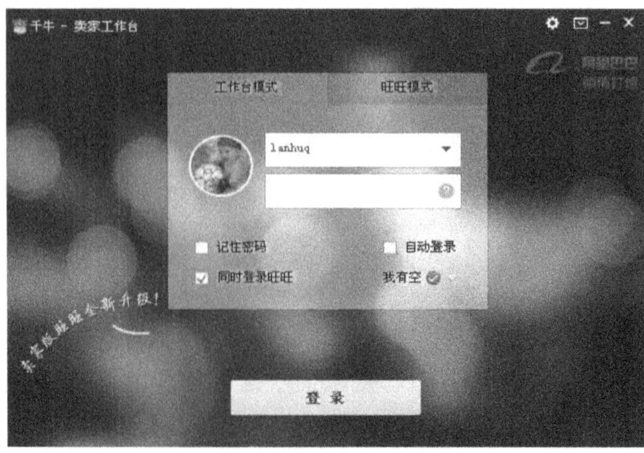

图3.14　千牛工作台登录

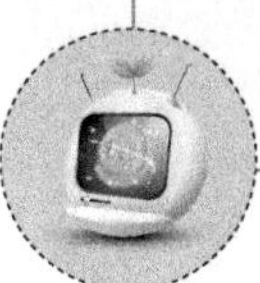

图3.15　千牛工作台后台管理

步骤4　查看“最近联系的客户”：如果想查看以前联系的客户信息，可以在“最近联系”里查看，如图3.16所示。

图3.16　千牛工作台的“最近联系”

步骤5 设置系统：设置千牛工作台的功能项，单击“功能盒子”，弹出“消息管理器”窗口，如图3.17所示。

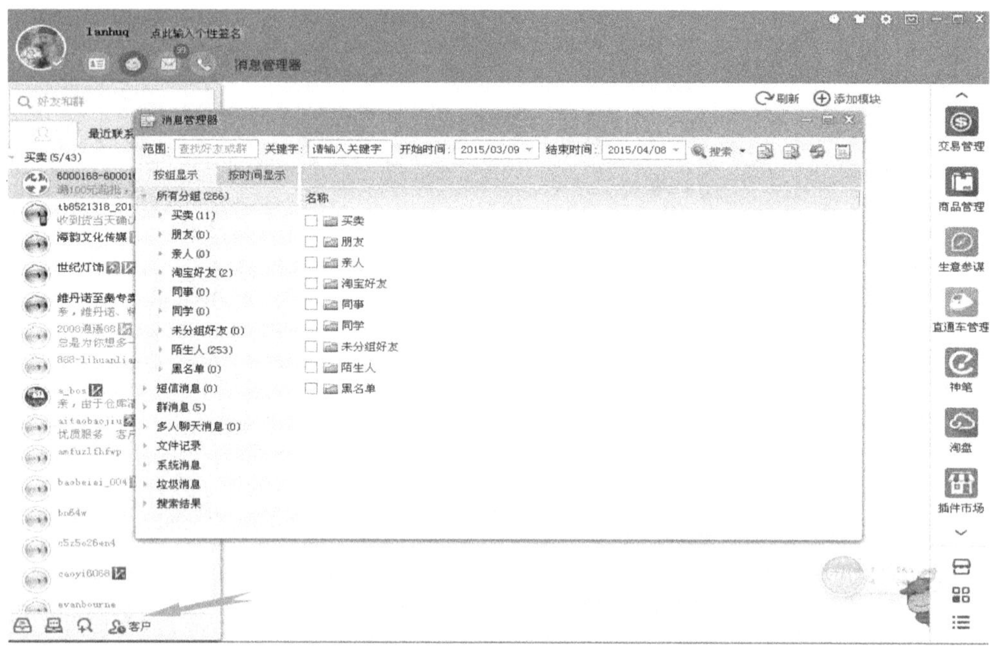

图3.17 千牛工作台的“消息管理器”

2. 阿里旺旺体验

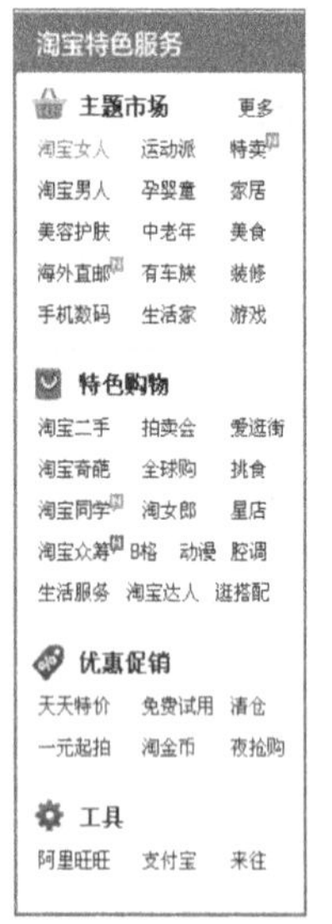

图3.18 淘宝特色服务

步骤1 登录淘宝网主页，单击右下角的网站导航，进入阿里旺旺官网：http://wangwang.taobao.com，选择“阿里旺旺”；或者访问淘宝网首页，在“淘宝特色服务”栏目中的工具选项中选择“阿里旺旺”，如图3.18所示。

步骤2 选择阿里旺旺买家版本，单击“买家用户入口”下载对应版本的软件，如图3.19所示。

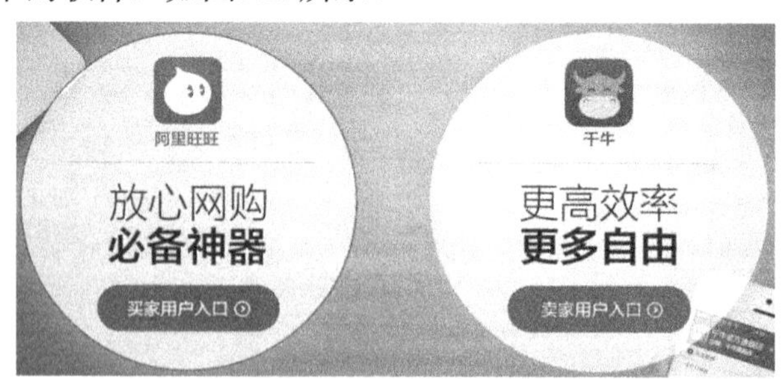

图3.19 阿里旺旺、千牛软件

步骤3 下载安装后运行软件，如图3.20所示，输入自己的淘宝账号、密码（如果没有，可以单击“注册”，免费注册淘宝账号）登录阿里旺旺。

步骤4 登录后如图3.21所示，可以聊天或用工具栏管理相应的应用。

步骤5 如图3.22所示，可以添加、删除相关应用。

步骤6 在客户端可以自由切换界面，比如最近会话、好友、群、应用等，如图3.23所示。

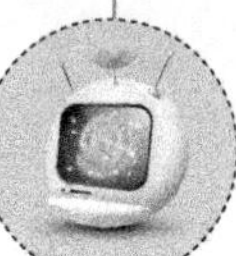

图3.20 登录窗口　　图3.21 成功登录　　图3.22 管理应用　　图3.23 自由切换界面

步骤7 单击图3.23左下角的“设置”按钮，可以进入客户端（旺旺）设置页面，设置安全信息、声音提示等。单击“消息管理中心”按钮，可通过“最近联系人”或“淘宝好友”查看消息记录，如图3.24所示。

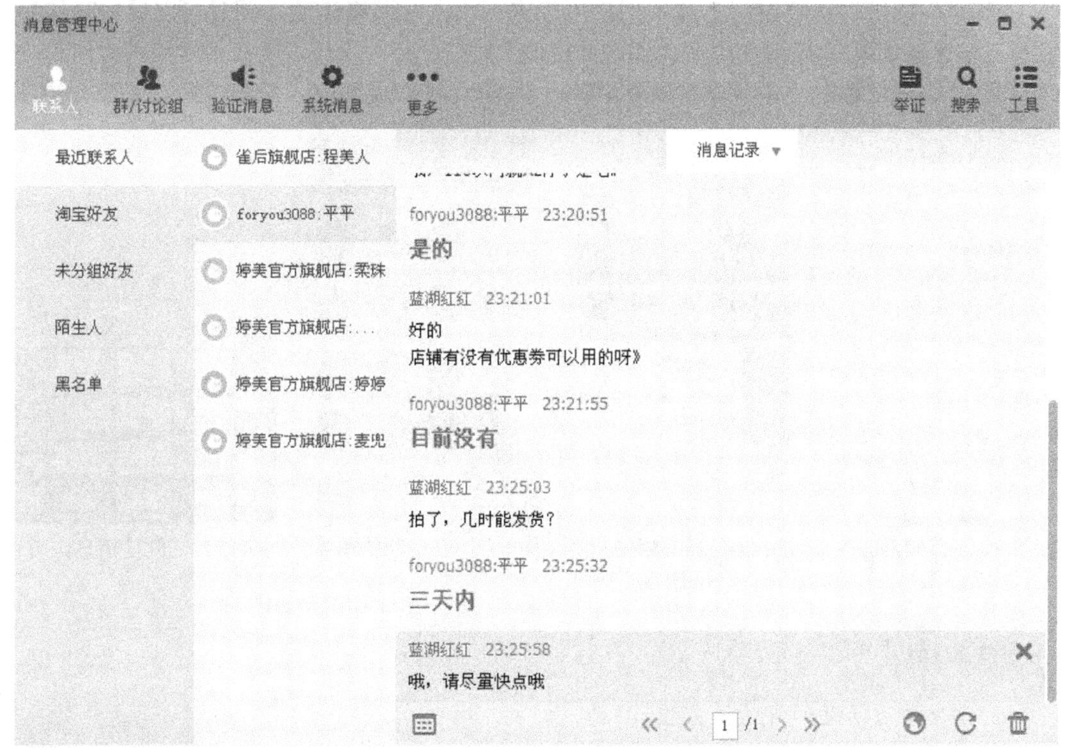

如图3.24 阿里旺旺的“消息管理中心”

3. 旺信体验

步骤1 利用手机下载旺信客户端，并安装软件，如图3.25和图3.26 所示。

步骤2 登录旺信客户端（建议利用淘宝账号登录），单击“消息”功能键可以接收

和发送消息，单击“更多”功能键可以发起聊天、利用听筒播放声音、设置电脑在线时不提醒消息、将全部消息标为已读、利用扫一扫工具寻找好友，如图3.27所示；同时可以利用好友工具及群组工具选择好友和群组进行信息沟通，如图3.28所示。

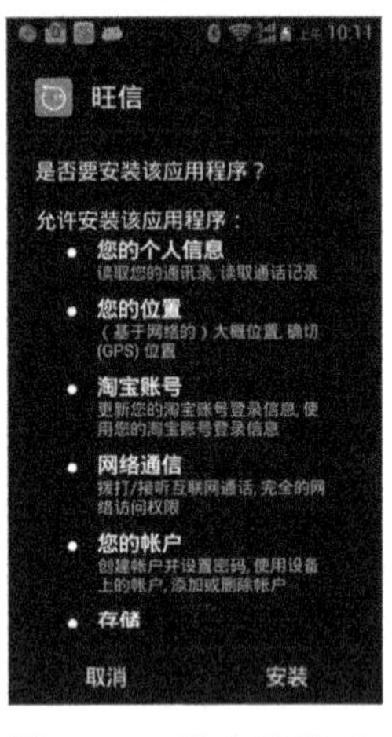

图3.25　旺信安装界面

图3.26　旺信街景

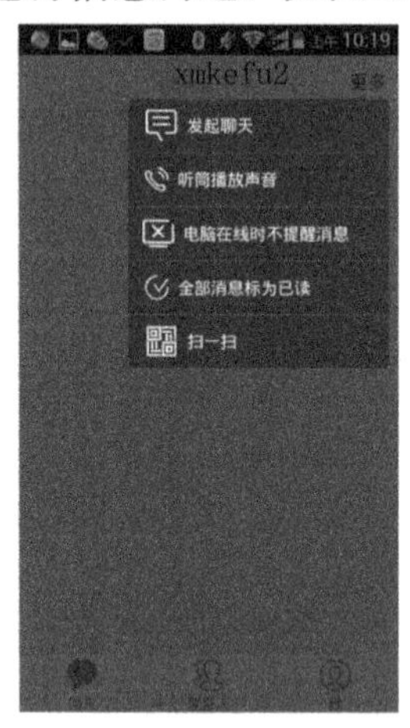

图3.27　登录旺信客户端

图3.28　旺信平台

步骤3　单击“体验网络生活”工具，用户即可体验相关不同的网络活动，如图3.29和图3.30所示。

步骤4　单击“购物圈”工具，用户可以进行不同的网络活动，同时可以单击旺信头像与旺信团队直接进行信息沟通，如图3.31和图3.32所示。

图3.29　“体验网络生活”工具　　图3.30　旺信相关网络活动体验　　图3.31　旺信购物圈体验　　图3.32　旺信信息沟通

任务评价

1. 学生学习活动的评价（分值50%）

每名学生对自己在整个学习过程中的表现进行自评，并请学习小组成员和教师对自己在本任务学习中的表现做出评价，从定性和定量两方面填写评价表，如表3.3和表3.4所示。

表3.3 “淘宝网店客服”学习活动学生表现评价量化表

班级： 姓名： 学号：

序号	评价项目	描述性评价（文字）		量化评价（等级分值）			
		具体评价内容	填写具体事实	满分	自评	互评	师评
1	提出问题	①淘宝客服需要做什么 ②网络客服需要什么条件		6			
2	做出假设	①淘宝客服就是客户交流 ②网络客服就是用网络工具进行销售		6			
3	设计实验方案	能否自行设计合理的实验操作步骤		10			
4	实验操作	能否小组分工合作完成实验操作，步骤是否规范、有效		10			
5	分析并得出结论	能否熟练地使用千牛、阿里旺旺、旺信等客服交流工具进行操作，能否分析淘宝客服工具的应用心得		6			
6	表达和交流	是否具有与他人合作、表达与交流的能力		6			
7	反思，提出新问题	①不同的网络客服工具有何特点 ②淘宝客服的工作职责有哪些		6			
等级			总 分	50			
评语（教师填写）							

表3.4 “淘宝网店客服”学习活动学生表现评价结果表

班级： 姓名： 学号：

自评（×40%）	小组互评（×30%）	教师评价（×30%）	总 评

2. 学生学习结果的评价（分值50%）

对学生学习结果的评价，采用笔试测验或实操的方式进行。

任务三 腾讯QQ客服

任务要求

教师构建班级的合作学习小组，合作学习小组的成员共同完成以下学习任务，解决以下学习问题。

（1）深入认识腾讯QQ客服。

（2）从不同的操作体验对QQ客服进行试验。

（3）什么是网页QQ？

（4）在电子商务的大环境下，如何利用腾讯QQ进行客户服务？

（5）发现新问题：________________

任务准备

根据学习任务的要求和难易程度，准备相关的教学组织和设备设施。

（1）构建合作学习小组：将全班学生分为不同的学习小组，每个小组由4名学生组成，每个学习小组要完成对软件QQ、WebQQ的操作步骤，并能编辑QQ客服的常用问题解答。组长负责全组的组织、分工、协调、合作等工作。

（2）教师指导：教师提供学习帮助，使学生明确学习目标，端正学习态度，提示学习任务的完成步骤等。

（3）学习资源：能接入互联网的计算机，纸质、声音、电子、网络等多媒体构成的立体化教学资源库。

（4）实训场地：多媒体网络教室、客户服务实训室，建议与当地电信公司或电商企业合作，进行真实场景的模拟实训。

知识链接

导入案例

广州健标安防设备有限公司有一名员工，离职后把客户资料全部带走了，其中有部分客户是没有付清货款的，这件事导致公司损失重大。因此公司老板想购买一款能管理企业客户和企业员工的工具，经了解，腾讯公司有个叫企业QQ的产品，企业QQ具有实时通讯录、账号安全、员工连号、延续QQ、企业邮箱等功能。这些功能对企业来说太重要了，不能删除客户、客户资料也带不走、员工离职后还可重置密码，使用企业QQ后，公司内部管理起来轻松许多，除了可以掌握员工平时的业务情况，还能确保客户资料安全。

请思考：我们可以从这个案例中得到什么启示？

一、腾讯QQ客服概述

1. QQ客服简介

QQ客服是一种网页式快捷版即时通信软件的总称。相比较其他即时通信软件（MSN、在线客服软件等），它能实现和网站的无缝结合，为网站提供和访客对话的平台；访客只需登录QQ即可在线沟通。所以QQ是很多客户选择的一种沟通工具，成为网站客户服务、辅助网站销售不可缺少的工具。

2. QQ客服的优点

（1）无限座席功能：可以登录多个客服，方便转接客户，使得沟通效率更好。

（2）主动发起功能：主动邀请客户，由原来的被动变为主动寻找客户沟通。

（3）咨询量分析功能：能实时查看当前网站访问的客户是通过搜索什么关键词进来的，看了哪个页面，以及停留了多长时间等。

（4）自定义Logo、旗帜广告：对于提升公司形象和企业理念都是不错的宣传方式。

（5）预置了常用语、促销语功能：常用语可自定义且可随时修改，方便交流；把促销语专门分开，便于及时促销推荐；常用语与促销语快速上屏技术使沟通更流畅，效率更好，更能服务客户。

二、WebQQ

1. WebQQ简介

WebQQ是腾讯公司推出的使用网页方式上QQ的服务，特点是无须下载和安装QQ软件，只要能打开WebQQ的网站就可以登录QQ与好友保持联系。

2. WebQQ的功能

WebQQ在功能设计上，与传统客户端相比，体现在使用更加灵活、便捷，无须下载、安装、升级，除了继续强化群组管理、文件传输等商务功能之外，还特别突出了好友印象和好友近况等SNS功能。具体表现为以下七大特色功能。

（1）支持跨平台聊天：同时支持IE、Firefox、傲游、Opera、Chrome、Safari等多种浏览器，不论在Windows还是在Linux系统下，都能满足用户随时随地地上QQ聊天。

（2）消息盒子：好友留言、群讨论、系统消息、邮件等让用户一目了然，轻松进行信息管理。

（3）好友近况：好友签名、好友印象、好友日志等最新变化，都可以第一时间知道。

（4）QQ音乐：清爽干净的QQ音乐无须安装，直接就可以边聊天边听歌，生活就是如此享受。

（5）浏览网页：推荐、收藏、自定义，可以随时浏览感兴趣的资讯。

（6）表情丰富：准备了传统的系列系统表情，同时也支持用户自己上传自定义表情，并且所有用WebQQ上传的表情都可以无限漫游，不用担心换计算机而没了自定义表情。

（7）记录全漫游：提供了聊天记录的全量漫游，不论走到哪里，都可以保存7天的WebQQ聊天消息，方便随时查阅，同时也可以保存到本地。

想一想

腾讯是如何运用QQ聊天工具进行客户服务的？WebQQ和QQ聊天软件有哪些具体的区别？

任务实施与评价

任务实施

1. 腾讯QQ群客服活动体验

腾讯QQ群客服活动是一个基于QQ群、客服以群主或管理员身份发起和参与活动的应用，客服人员可以根据需要组织群内私密活动或公开活动。

步骤1　打开QQ客户端群聊天窗口，在聊天窗口右侧找到“群活动”应用，如图3.33所示。

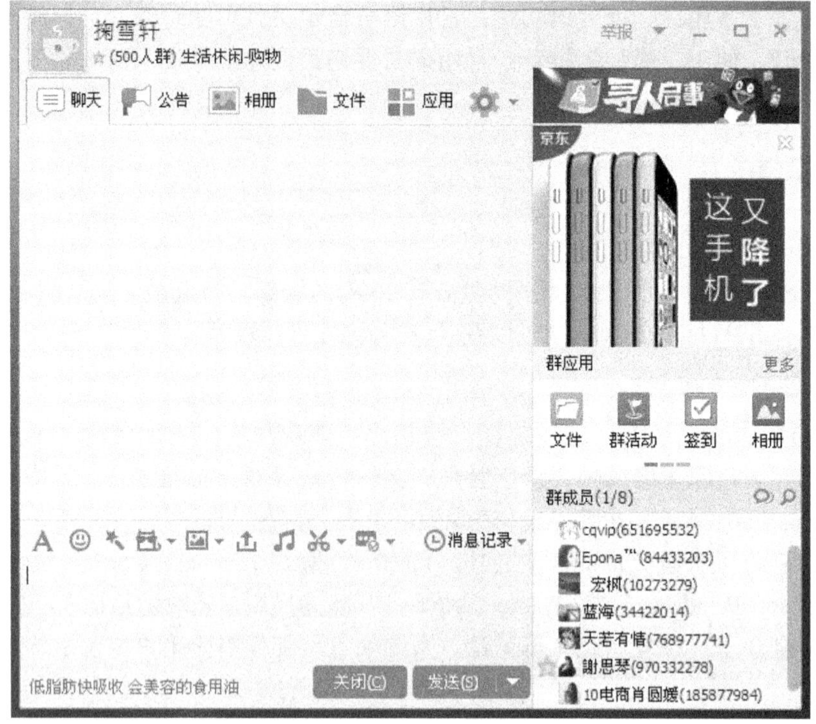

图3.33　QQ客户端群聊天窗口

步骤2　进入应用后单击右上角的“创建活动”，可以选择创建群内活动或同城活动，如图3.34所示。群内活动仅本群的群成员参加，同城活动是公开的，允许非本群成员查看和报名参加。

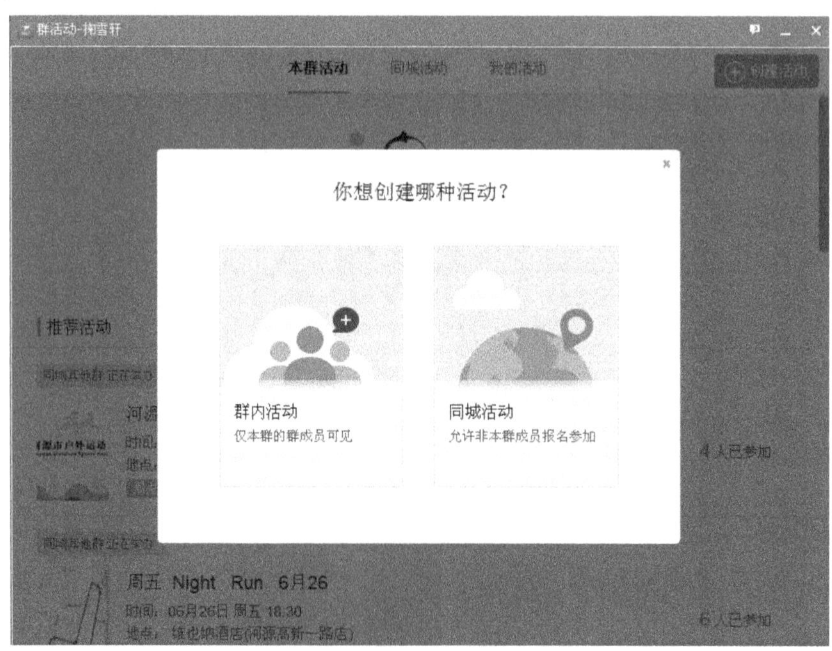

图3.34　创建群内活动或同城活动

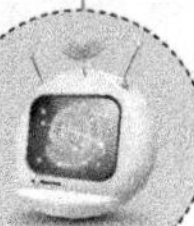

步骤3　根据页面提示填写活动名称、活动时间、活动地点、活动介绍等，最后单击“创建活动”按钮完成活动的创建，如图3.35所示。

群活动-掬雪轩

群内活动　　创建群内活动　河源

上传海报

名称　周末去桂山爬山

类别　户外旅行

时间　2015-06-24　23:30　-　2015-06-27　9:00

地点　桂山风景旅游区

提醒　提前24小时　参加活动的人会在活动前收到提醒

活动介绍

主办方介绍

填写活动主办方介绍

活动介绍

填写活动介绍

483

创建活动

图3.35　创建群内活动明细

2. WebQQ体验

步骤1　登录http://web2.qq.com/webqq.html页面，如图3.36所示。

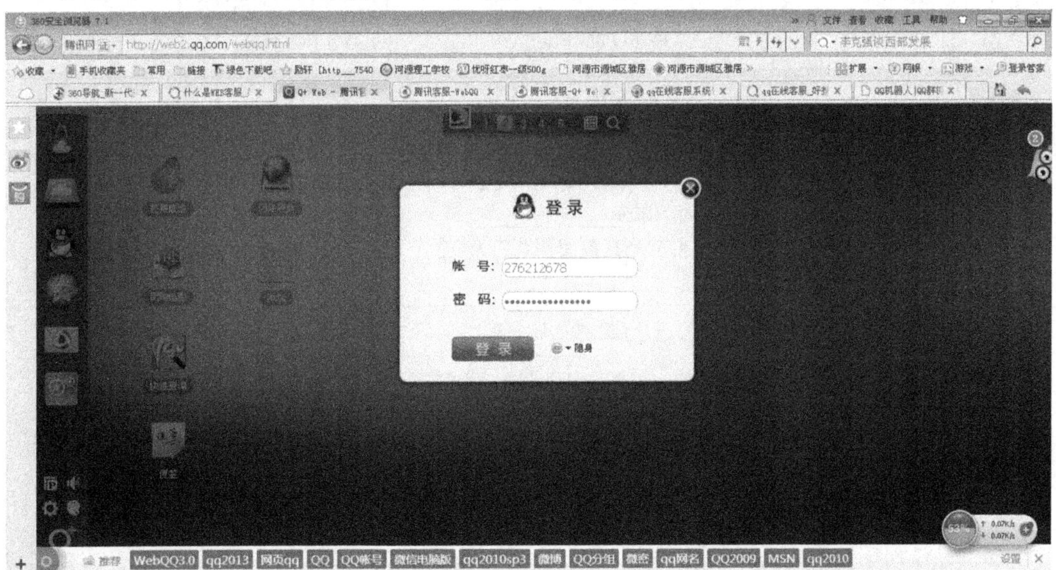

图3.36　WebQQ登录页面

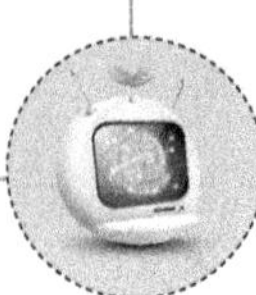

步骤2 选择不同的好友、讨论组、群组与客户进行信息沟通，如图3.37 所示。

图3.37 WebQQ联系人页面

任务评价

1. 学生学习活动的评价（分值50%）

每名学生对自己在整个学习过程中的表现进行自评，并请学习小组成员和教师对自己在本任务学习中的表现做出评价，从定性和定量两方面填写评价表，如表3.5和表3.6所示。

表3.5 “腾讯QQ客服”学习活动学生表现评价量化表

班级： 姓名： 学号：

序号	评价项目	描述性评价（文字）		量化评价（等级分值）			
		具体评价内容	填写具体事实	满分	自评	互评	师评
1	提出问题	①什么是腾讯QQ客服 ②什么是WebQQ		6			
2	做出假设	①QQ客服是客服人员利用QQ软件对顾客进行的服务 ②WebQQ就是直接用网页打开QQ的各项功能		6			
3	设计实验方案	能否自行设计合理的实验方案		10			
4	实验操作	能否小组分工合作完成实验，操作是否规范、有效		10			
5	实验角色扮演	小组组员分别以QQ软件和WebQQ进入不同的在线服务体验，并在小组内叙述分享体验结果		6			
6	表达和交流	是否具有与他人合作、表达与交流的能力		6			

（续表）

序号	评价项目	描述性评价（文字）		量化评价（等级分值）			
		具体评价内容	填写具体事实	满分	自评	互评	师评
7	反思，提出新问题	QQ与其他的即时聊天工具相比有何特点		6			
等级			总 分	50			
评语（教师填写）							

表3.6 “腾讯QQ客服”学习活动学生表现评价结果表

班级：　　姓名：　　学号：

自评（×40%）	小组互评（×30%）	教师评价（×30%）	总　评

2. 学生学习结果的评价（分值50%）

对学生学习结果的评价，采用笔试测验或实操的方式进行。

任务四　邮件客服

任务要求

教师构建班级的合作学习小组，合作学习小组的成员共同完成以下学习任务，解决以下学习问题。

（1）认识Webmail，深入学习国内主要电子邮件系统服务商与电子邮件系统。

（2）对Foxmail、Outlook邮件客户端进行操作体验。

（3）在电子商务的大环境下，如何利用邮件客户端为客户服务？

（4）发现新问题：________________

任务准备

根据学习任务的要求和难易程度，准备相关的教学组织和设备设施。

（1）构建合作学习小组：将全班学生分为不同的学习小组，每个小组由2～6名学生组成，每个学习小组要完成对新浪邮箱、网易邮箱的注册，熟悉邮件操作步骤，并试着为客户编写相关服务邮件，组长负责全组的组织、分工、协调、合作等工作。

（2）教师指导：教师提供学习帮助，使学生明确学习目标，端正学习态度，提示学习任务的完成步骤等。

（3）学习资源：能接入互联网的计算机，纸质、声音、电子、网络等多媒体构成的立体化教学资源库。

（4）实训场地：多媒体网络教室、客户服务实训室，建议与当地电信公司或电商企业合作，进行真实场景的模拟实训。

知识链接

导入案例

优之良品企业使用了邮件营销服务，定期给老客户做推广，使优之良品的天猫店直接访问量增加，有效地提升了品牌黏性。通过多次发送，邮件送达率平均高达98.59%，邮件打开率平均达到11.87%，天猫店浏览量增加12.73%，访客数和收藏量也有较大幅度的提高。另外，因邮件营销的服务质量很好，每次遇到的问题都能得到及时、正确的解决；邮件营销人员的专业素养也得到了提高。

请思考：我们可以从这个案例中得到什么启示？

客户服务人员会经常使用基于互联网的Web邮箱和邮件客户端软件，与客户交流沟通，接收客户的咨询，给客户发送广告信息和反馈信息。

一、Web邮件服务

1. Webmail简介

Webmail（基于万维网的电子邮件服务）是互联网上的一种主要使用网页浏览器来阅读或发送电子邮件的服务，如Google、雅虎、新浪、网易等，都提供Webmail服务。用户可以在任何连接至互联网且拥有网页浏览器的地方读取和发送电子邮件，而不必使用特定的客户端软件。

2. 国内主要电子邮件系统服务商与电子邮件系统

（1）网易电子邮件服务。163邮箱地址：http://mail.163.com；126邮箱地址：http://www.126.com；188财富邮箱地址：http://www.188.com。

（2）新浪电子邮件服务。新浪网免费邮箱地址：http://mail.sina.com.cn；VIP收费邮箱地址：http://vip.sina.com.cn。

（3）腾讯电子邮件服务。QQVIP邮箱需要通过付费开通QQ会员服务才可以注册获得，@vip.qq.com是QQ邮箱提供的新的邮件地址，即在现有QQ邮箱内，追加一个新的地址。连同@qq.com的域名，使一个QQ邮箱可以拥有两个域名。

二、Foxmail、Outlook邮件客户端

1. Foxmail 邮件客户端

Foxmail是由中国湖南人张小龙开发的一款电子邮件客户端，具有电子邮件管理功能和邮件服务器功能。

新的Foxmail具备强大的反垃圾邮件功能，垃圾邮件会被自动分拣到垃圾邮件箱中，有效地降低了垃圾邮件对用户的干扰，最大限度地减少了用户因为处理垃圾邮件而浪费的时间。数字签名和加密功能在Foxmail中得到支持，可以确保电子邮件的真实性和保密

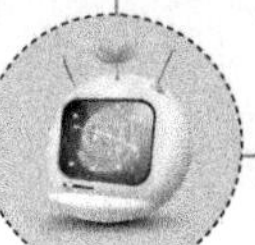

性。通过安全套接层（SSL）协议收发邮件使得在邮件接收和发送过程中，传输的数据都经过严格的加密，有效防止黑客窃听，保证数据安全。

2. Outlook邮件客户端

Outlook邮件客户端和Foxmail邮件客户端相似，同样具有强大的收发邮件功能和安全设置功能，客服不需要登录Web邮箱即可在互联网环境下快速收发客户的邮件。

想一想

使用邮件进行客户服务时应该注意什么？ Foxmail邮件客户端和Outlook邮件客户端有何区别？

任务实施与评价

任务实施

1. 163免费邮箱申请与使用

步骤1　登录163邮件服务系统首页：进入www.163.com首页，单击页面上部的“免费邮”链接，或直接输入mail.163.com进入。

步骤2　注册163免费邮箱：填写用户注册信息及相关资料，如图3.38所示，单击“立即注册”按钮。

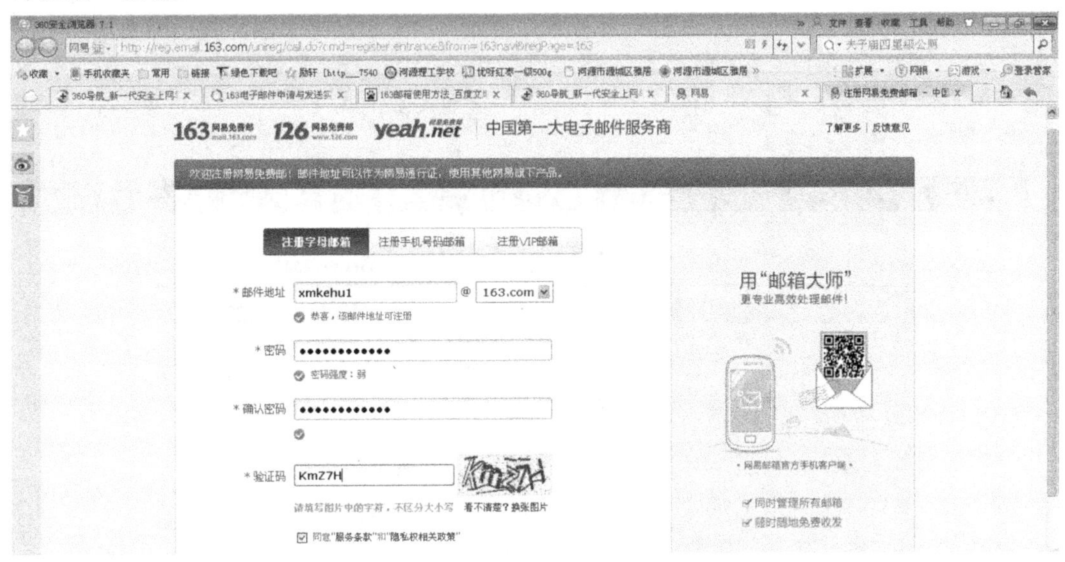

图3.38　免费注册163邮箱

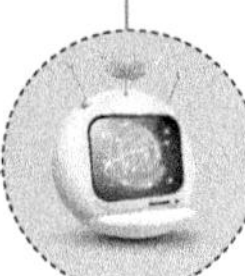

步骤3 完成注册，如图3.39所示。

图3.39 成功注册163邮箱

步骤4 登录邮箱系统：在www.163.com首页顶端输入邮箱账号及密码，如图3.40所示，选择“163邮箱”后单击“登录”按钮。

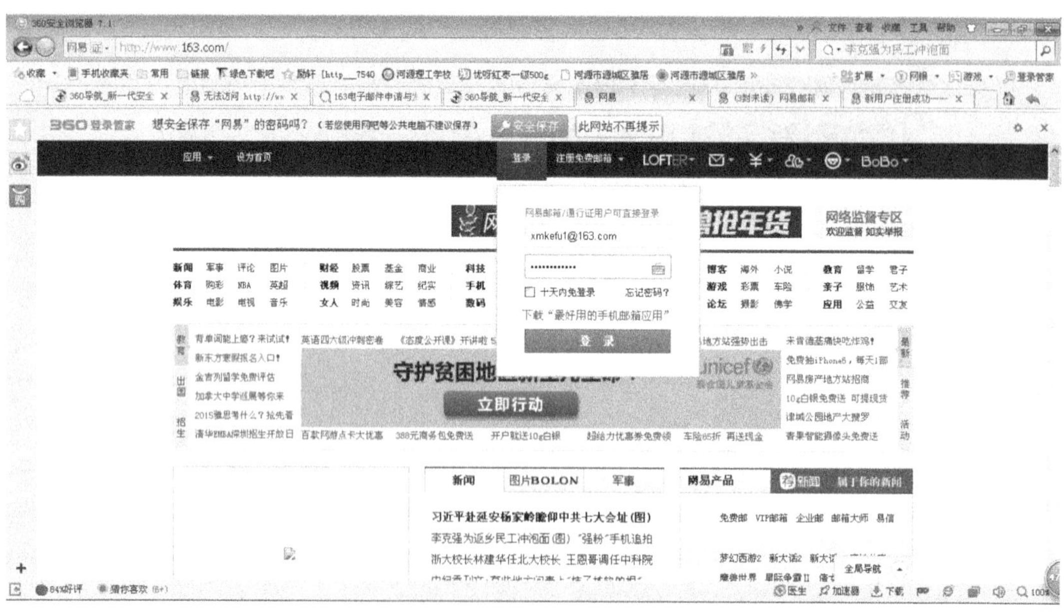

图3.40 登录163邮箱系统

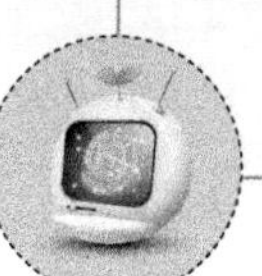

步骤5　单击写信按钮，编写主题为“客户服务与管理”的邮件，如图3.41所示。

图3.41　在163邮箱里写邮件

步骤6　用户登录个人邮箱，接收邮件，如图3.42 所示。

图3.42　登录个人邮箱接收邮件

步骤7 用户回复主题为“已收到客户服务与管理”的邮件，如图3.43 所示。

图3.43 在163邮箱里回复信息

步骤8 邮件发送成功，如图3.44 所示。

图3.44 在163邮箱里发送邮件

步骤9　查看用户发来的主题为“已收到客户服务与管理”的邮件，如图3.45所示。

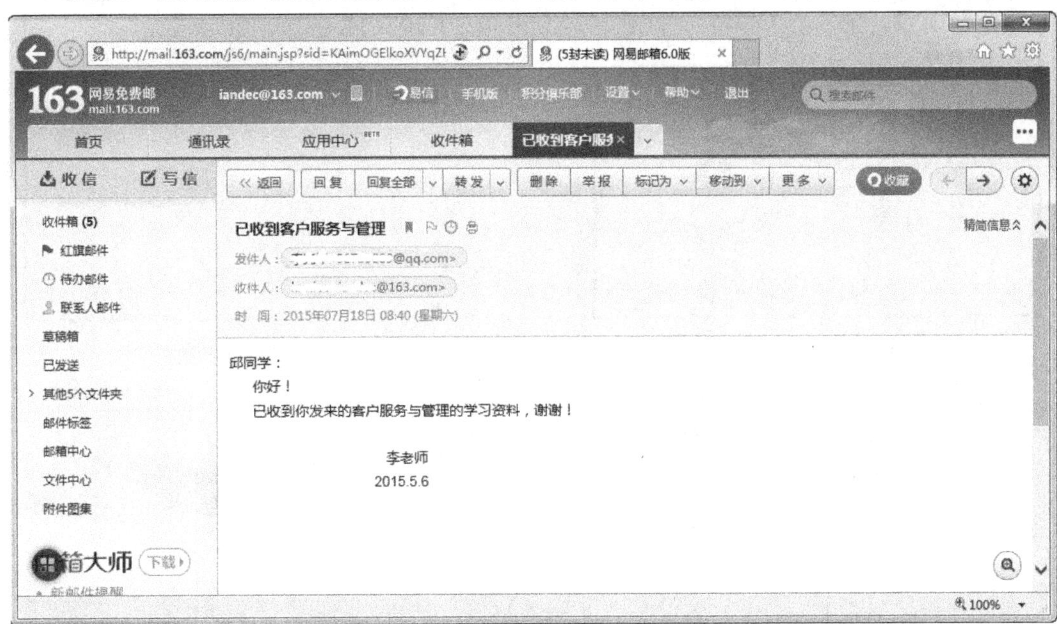

图3.45　查看163网易邮箱的邮件

2. Foxmail邮件客户端的应用

步骤1　下载并安装Foxmail软件，登录Foxmail邮件客户端时可以选择“Outlook Express账号”方式或者选择“新建账号”方式，如图3.46所示。

步骤2　单击“新建账号”按钮，输入用户邮箱地址及密码，使用其个人邮箱账号进行登录，如图3.47所示。

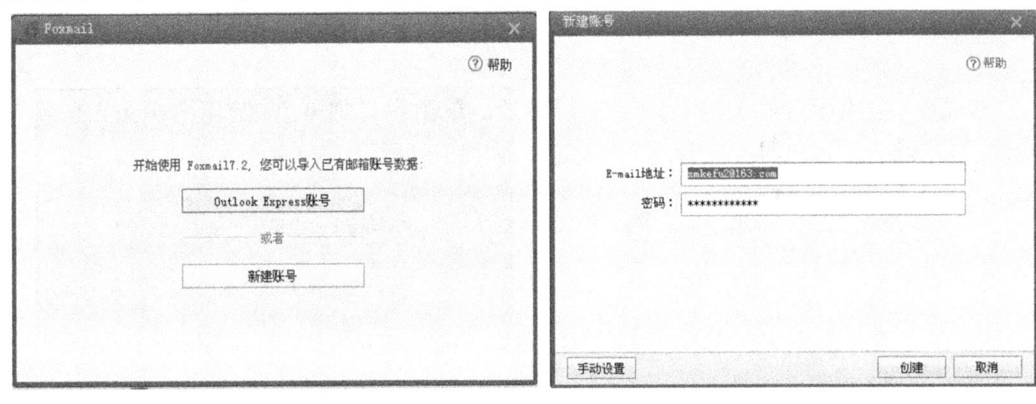

图3.46　登录Foxmail邮件客户端　　　图3.47　在Foxmail邮件客户端新建账号

步骤3　对邮箱进行相关信息的设置，单击“创建”按钮，在弹出的页面中进行邮箱设置，如图3.48所示。

步骤4　完成Foxmail客户端的邮箱创建，如图3.49所示。

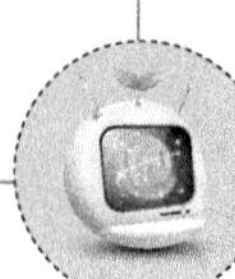

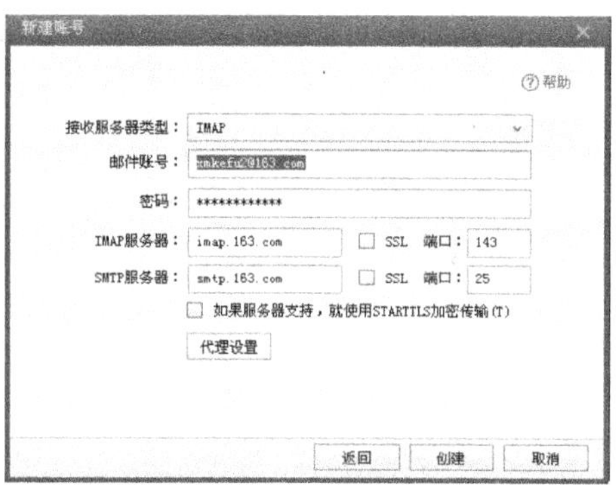

图3.48　进行邮箱设置

图3.49　完成邮箱创建

步骤5　登录Foxmail邮件客户端。客户端有收取、写邮件、回复、回复全部、转发、删除、打印预览等菜单，如图3.50所示。

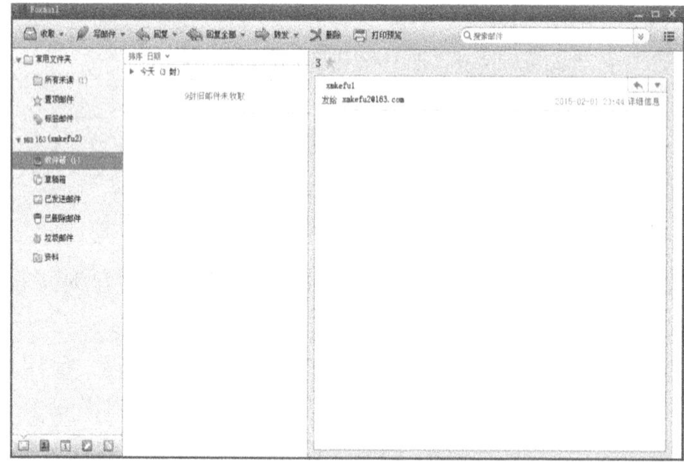

图3.50　客户端邮箱功能

步骤6　利用设置好的邮箱账号进行登录，单击“写邮件”，给用户xmkefu1@163.com发送主题为“客户服务与管理”的邮件，如图3.51所示。

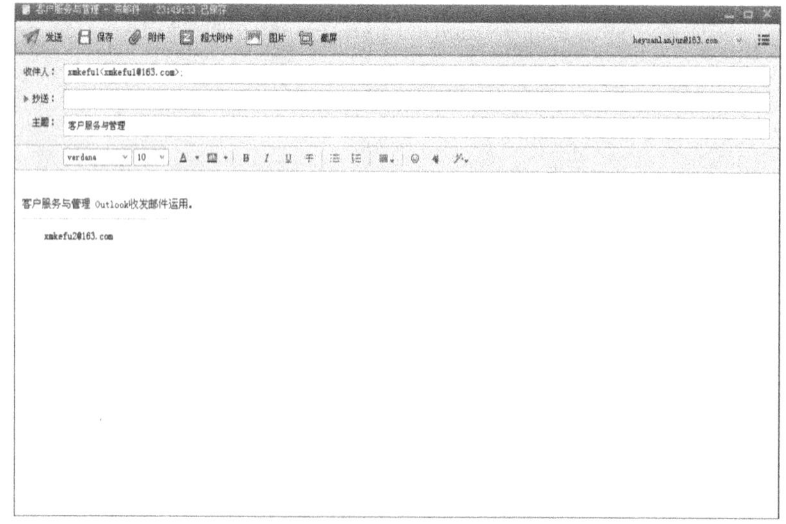

图3.51　在Foxmail客户端发送邮件

步骤7　用户登录个人邮箱，接收邮件，如图3.52所示。

图3.52　在Foxmail客户端接收邮件

步骤8　用户回复主题为“已收到客户服务与管理”的邮件，如图3.53所示。

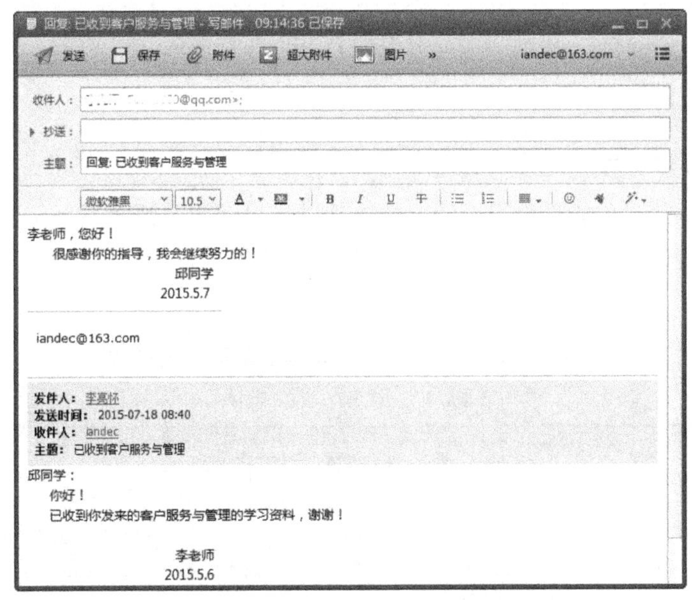

图3.53　在Foxmail客户端回复邮件

步骤9　邮件发送成功，如图3.54所示。

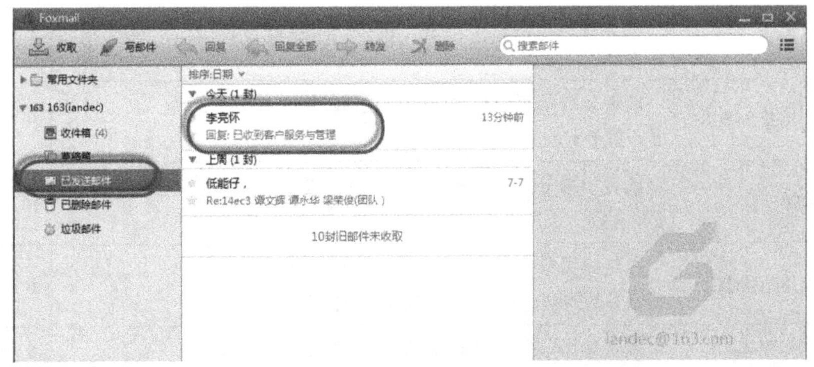

图3.54　在Foxmail客户端成功发送邮件

步骤10 查看邮件，如图3.55所示。

图3.55 在Foxmail客户端查看邮件

任务评价

1. 学生学习活动的评价（分值50%）

每名学生对自己在整个学习过程中的表现进行自评，并请学习小组成员和教师对自己在本任务学习中的表现做出评价，从定性和定量两方面填写评价表，如表3.7和表3.8所示。

表3.7 “邮件客服”学习活动学生表现评价量化表

班级： 姓名： 学号：

序号	评价项目	描述性评价（文字）		量化评价（等级分值）			
		具体评价内容	填写具体事实	满分	自评	互评	师评
1	提出问题	①什么是邮件客服 ②有哪些常用的邮箱		6			
2	做出假设	①邮件客服就是利用邮箱给客户发邮件 ②常用的邮箱有163邮箱、126邮箱、QQ邮箱等		6			
3	设计实验方案	能否自行撰写合理的邮件并使用邮箱完成客户服务实验方案		10			
4	实验操作	能否小组分工合作完成实验，操作是否规范、有效		10			
5	实验角色扮演	小组组员分别进入不同的企业网页进行在线服务的体验，并在小组内叙述分享体验结果		6			
6	表达和交流	是否具有与他人合作、表达与交流的能力		6			

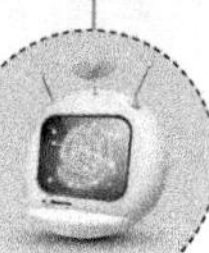

（续表）

序号	评价项目	描述性评价（文字）		量化评价（等级分值）			
		具体评价内容	填写具体事实	满分	自评	互评	师评
7	反思，提出新问题	①不同的邮箱有何特点 ②邮件客服的功能有哪些		6			
等级			总 分	50			
评语（教师填写）							

表3.8 "邮件客服"学习活动学生表现评价结果表

班级：　　姓名：　　学号：

自评（×40%）	小组互评（×30%）	教师评价（×30%）	总　评

2.学生学习结果的评价（分值50%）

对学生学习结果的评价，采用笔试测验或实操的方式进行。

项目小结

本项目主要介绍了网络客户服务的主要工具及典型网络工具的任务实施。要在理解网络客户服务概念的基础上，应用不同的网络工具进行客户服务的分析。要求熟练掌握在线人工客服软件、FAQ智能软件、千牛、阿里旺旺、旺信、腾讯QQ、163邮箱、Foxmail与Outlook客户端等工具软件的操作。

练习与自测

总分：50分

哇，我得了______分！

一、快乐小补丁（每空1分，共10分）

1. 网店客服的内容有________、________、________、_________ 。

2. 淘宝常用的客服工具有________、________、________ 。

3. ________是以网页为载体，运用最新网络技术为网站访客提供与网站客服即时通信的高科技手段。

4. QQ在线客服是很多客户选择的一种沟通工具，成为________、________不可缺少的工具。

二、剪刀、石头、布（每题2分，共10分）

对于下面这些问题，你准备出剪刀（A）、石头（B），还是布（C）呢？

1. 下列（　　）不是在线客服的功能。

A. 即时聊天　　B. 报表统计　　C. 售后服务

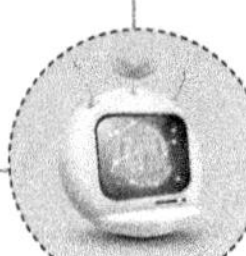

2. 网店客服人员主要是通过（　　）为客户服务的。

A. 网站　　　B. 电话　　　C. 拜访

3. 以下关于邮件的说法中错误的是（　　）。

A. Outlook邮箱是微软推出的一种付费的、基于网络的电子邮件门户服务

B. Foxmail是由中国湖南人张小龙开发的一款电子邮件客户端，具有电子邮件管理功能和邮件服务器功能

C.网易是邮箱领域的霸主，在竞争激烈的邮箱市场“一直被跟随，从未被超越”

4. 下列（　　）属于阿里旺旺的特色功能。

A. 巧发商机　　　B. 广交好友　　　C. 群功能强大

5. 对于任何淘宝店来说，网店客服人员都必须（　　）工作。

A. 朝九晚五　　　B. 全天候　　　C. 合理安排

三、识别红绿灯（每题2分，共10分）

红灯停，绿灯行！对于下面这些说法，你觉得正确的，请打“√”，并继续前行；错误的请打“×”，写出正确答案后再前进。

1. 千牛PC版的常用功能包括宝贝管理、店铺管理、货源中心、营销中心、其他五部分。（　　）________

2. 与原阿里旺旺手机版相比，安卓、iOS、Windows Phone平台的一大特色就是增加了语音对讲功能，用语音聊天将更方便和快捷，而买卖双方在进行交易时也可以通过旺信来直接“讨价还价”。（　　）________

3. 网上客户服务包括客户自动服务和在线服务两种形式。（　　）________

4. Outlook邮箱凭借多种最佳保护工具，能够提供业内最佳的垃圾邮件防护，可快速清理与新闻通信、社交动态和每日最新优惠信息相关的灰色邮件，但是访问有用的电子邮件速度缓慢。（　　）________

5. 阿里旺旺是阿里巴巴旗下的国内首款基于交易沟通的移动通信工具，支持安卓、iOS、Windows Phone三大平台。（　　）________

四、动动小脑筋（5分）

1. 请简述网络客户服务的特点。

2. 谈谈阿里旺旺、旺信的操作流程，分享网络客服的使用技巧。

五、拍脑筋猛想（15分）

1. 复述在线客服和淘宝客服的含义。（5分）

2. 实训任务：熟悉网络客服的岗位要求。（10分）

任务要求：在互联网上查找几则最新的网店客服招聘信息，对比岗位要求和职位描述的异同。用图文方式将结果记录保存成Word文档，并将此文档发邮件提交给教师。

项目四

微 客 服

项目情景

小明的淘宝店铺逐渐步入正轨。随着业务量的不断扩大，小明意识到除了在淘宝网开设店铺之外，还需要开拓更多的宣传、销售途径。这样，形式多样的销售平台才能吸引更多的买家，提供更细致周到的服务。而在当前最流行的莫过于微信、新浪微博及来往，于是小明马上注册了微信公众号、新浪微博账号及来往账号，并招聘了数位客服人员对这三个平台进行管理。

思考： 小明要在微信、新浪微博及来往平台上成功地进行营销，为众多顾客提供细致的服务，应该从何处入手呢？

____

____

学习目标

- 学会使用微信手机版、网页版和Windows版。
- 学会使用微信公众平台与顾客沟通。
- 学会使用新浪微博与顾客进行沟通，以及发微博进行产品宣传。
- 学会使用来往与顾客进行沟通，以及发帖进行产品宣传。

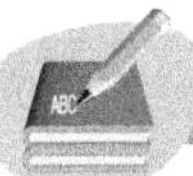

学习任务

- 任务一　微信客服
- 任务二　微博客服
- 任务三　来往客服

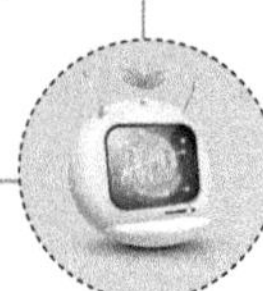

任务一 微信客服

任务要求

教师构建班级的合作学习小组，合作学习小组的成员共同完成以下学习任务，解决以下学习问题。

（1）对“微信”进行深入认识。

（2）微信客服可以发送什么类型的消息给客户？

（3）微信公众平台不同账号的功能对比。

（4）发现新问题：________________

任务准备

根据学习任务的要求和难易程度，准备相关的教学组织和设备设施。

（1）构建合作学习小组：将全班学生分为不同的学习小组，每个小组由2～6名学生组成，每个学习小组的组员分配上，要有领导者、创造者、分析者和执行者的角色。选举小组长，起一个响亮的组名，设计小组标志（Logo）和座右铭（口号），组长负责全组的组织、分工、协调、合作等工作。

（2）教师指导：教师提供学习帮助，使学生明确学习目标，端正学习态度，提示学习任务的完成步骤等。

（3）学习资源：能接入互联网的计算机、手机，纸质、声音、电子、网络等多媒体构成的立体化教学资源库。

（4）实训场地：多媒体网络教室。

知识链接

导入案例

微信官方推出了最受欢迎的7个微信公众账号，排在首位的就是“招商银行信用卡中心”。招行信用卡中心的微信平台被定义为持卡人服务平台，为持卡人提供更好的用户体验，能直观地解决用户的一些功能、服务需求。按照这个理念，招行信用卡微信公众账号的功能分成了三层：简单的查询功能都在微信框里完成，比如查询余额、用卡常识等；复杂功能通过微信引导至WAP页面操作，保证整个交易的安全性，比如查询明细、修改密码、调整额度等；而以上无法解决的持卡人需求则会转接到微信人工客服解答。

请思考：你觉得微信的生活圈可以应用在哪些方面呢？

一、微信手机版的安装与使用

微信是腾讯公司在2011年1月21日推出的一款多平台的即时通信软件。通过微信手机版可以给顾客分享文字与图片，并支持分组聊天和语音、视频对讲功能，广播（一对多）消息，照片和视频共享，位置共享等。 微信手机版有iOS版、Android版，对应计算机桌面系统还有Windows版、网页版、Mac版。如图4.1所示为微信手机版登录界面。

1. 微信的安装

使用手机的App市场软件或直接到微信官网主页（http://weixin.qq.com）下载并安装一个微信手机版客户端，安装完成后打开微信软件，如图4.2所示。

2. 微信的使用

这里以Android版为例，介绍如何使用微信。运行微信后，若已有账号可直接登录，没有则需注册一个新的微信账号。注册需使用手机号进行注册，如图4.3所示。按软件提示步骤完成注册后，即可登录微信，如图4.4所示。

图4.1　微信手机版登录界面

图4.2　安装微信

图4.3　注册微信

图4.4　微信登录后的界面

单击“通讯录”可看到自己添加的顾客，在此界面可查看顾客信息、与顾客聊天、添加顾客、发起群聊等，如图4.5所示。

在顾客咨询产品信息的时候（见图4.6），微信客服可以提供文字、图片、语音、视频等与顾客进行沟通，如图4.7所示。例如，在某些不方便用文字表达的情况下，可以使用语音或视频聊天与顾客进行沟通，如图4.8所示，可以更清晰地解答顾客所要了解的产品各项信息。

图4.5　微信客服通讯录

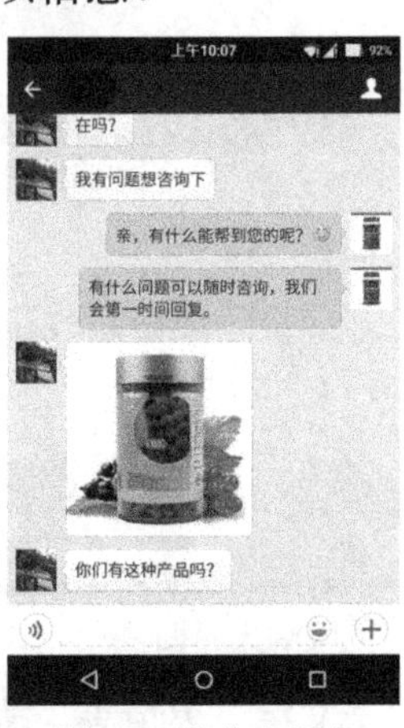

图4.6　微信客服与顾客沟通

图4.7　微信客服提供多种沟通方式

图4.8　微信客服语音/视频聊天

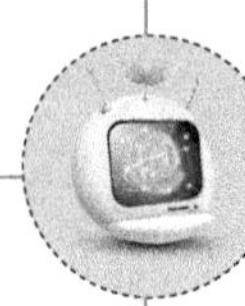

3. 微信客服的基本功能

聊天：支持发送文字、图片（表情）、语音和视频，支持多人群聊。

添加好友：微信支持查找微信号（具体步骤：单击微信界面下方的“通讯录”→添加朋友→搜号码，输入想搜索的微信号码，单击“查找”即可）；查看QQ好友添加好友；查看手机通讯录和分享微信号添加好友；摇一摇添加好友；二维码查找添加好友。

实时对讲机：用户可以通过语音聊天室和一群人语音对讲，但与在群里发语音不同的是，这个聊天室的消息几乎是实时的，而且不会留下任何记录，在手机屏幕关闭的情况下也仍可进行实时聊天。

朋友圈：用户可以通过朋友圈发表文字、图片和小视频，同时可通过其他软件将文章或者音乐分享到朋友圈。用户可以对好友新发的言论或照片进行“评论”或点“赞”，但只能看相同好友的“评论”或“赞”。

群发助手：通过群发助手把消息发给多个人。

以上为微信的基本功能，随着微信版本的不断升级，微信的更多功能也将不断呈现。

二、微信客服网页版及Windows版的安装与使用

1. 微信客服网页版

微信客服网页版是指通过微信手机版的二维码识别功能在网页上登录微信。微信客服网页版能实现和顾客聊天、传输文件等功能，但不支持查看附近的人及摇一摇等功能。

打开微信官网主页（http://weixin.qq.com），单击右上角的“微信网页版”，即可看到一个二维码。使用微信手机版的“扫一扫”功能，对准该二维码进行扫描，待手机成功扫描完成后，在手机上单击“确认”按钮即可登录到微信客服网页版，如图4.9所示。

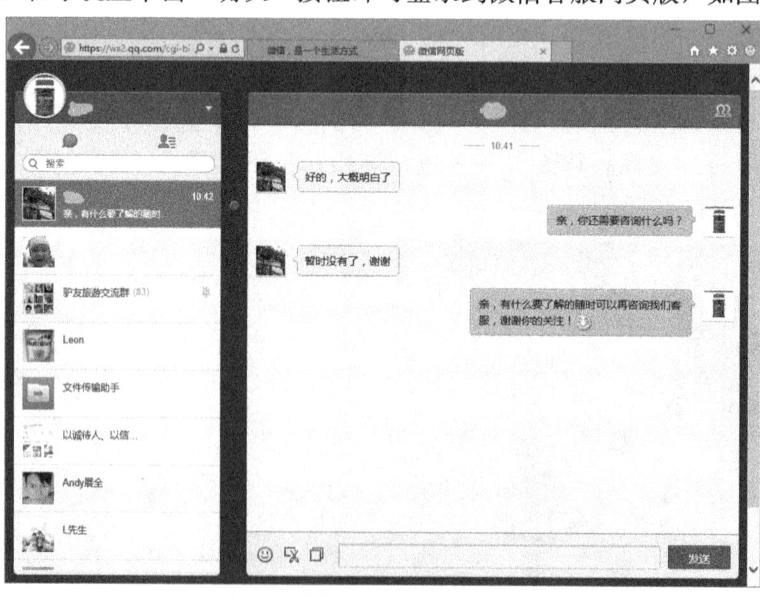

图4.9　微信客服网页版聊天界面

微信客服网页版的功能比较简单，只能发送文字、表情等，截取图片需安装插件。

通过微信客服网页版，在需要输入大量文字等情况下，可以保持与顾客的良好沟

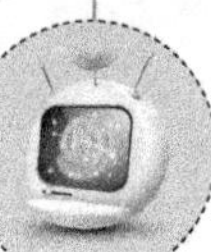

通，以免因为手机输入慢而影响顾客对公司的评价。

微信客服网页版的聊天记录能够同步到手机端，以便于在更换登录设备后继续保持与顾客的沟通，如图4.10所示。

2. 微信客服Windows版

打开微信官网主页（http://weixin.qq.com），单击“微信Windows版”即可打开新页面，如图4.11所示，下载并按提示安装微信Windows版。安装完成后单击“开始使用”，登录方法和网页版基本一致，使用手机版微信扫描后确认，即可登录到Windows版。

微信客服Windows版与网页版可以查看通讯录内顾客的名称，单击顾客名字即可与顾客沟通，但只能发送文字、表情、截取的图片和文件等，如图4.12所示。

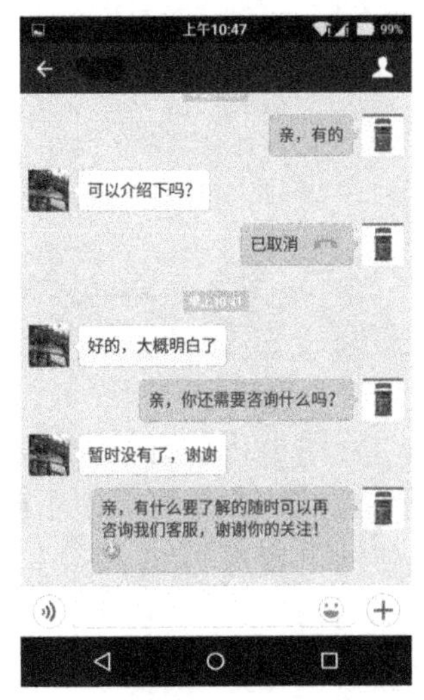

图4.10 聊天记录同步到手机上

图4.11 微信Windows版下载

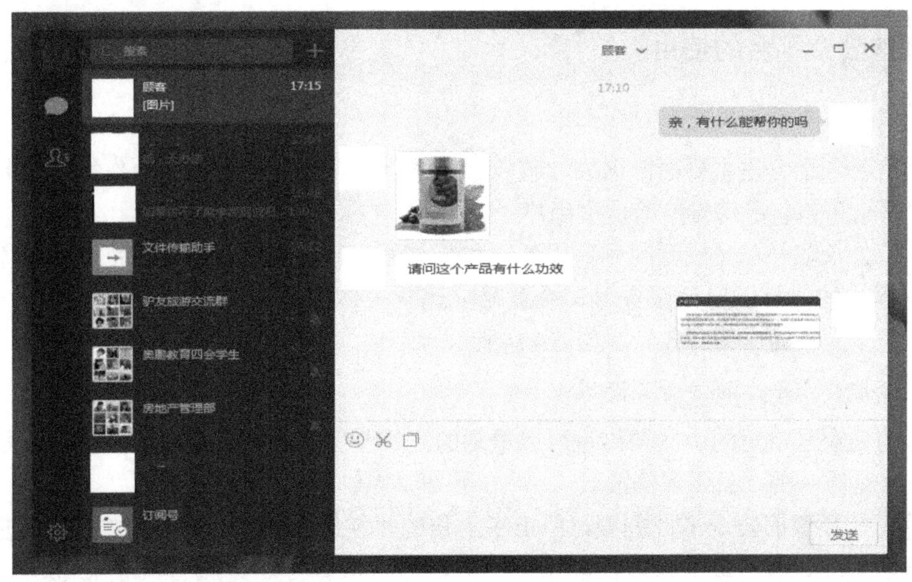

图4.12 微信Windows版聊天窗口

有顾客咨询到具体问题需要截图的话，可以单击“剪刀”图标进行截图；或者单击“发送文件”图标，在弹出的选择窗口中发送图片或文件给顾客，如图4.13所示。

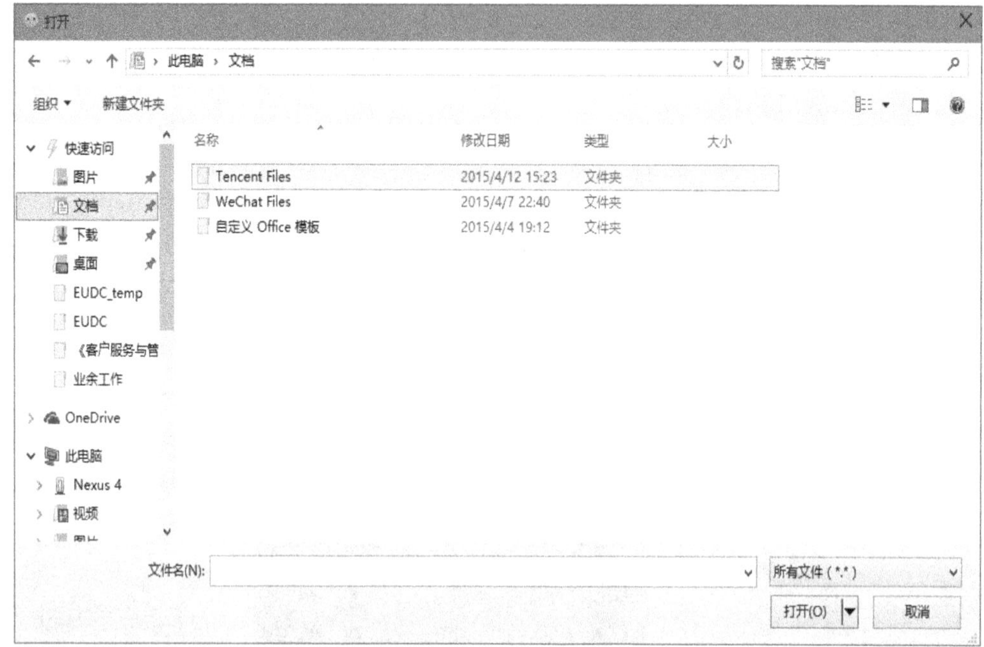

图4.13　微信Windows版发送文件窗口

与网页版不同的是，微信客服Windows版是一个独立程序，程序小巧、简单快捷，不用启动浏览器，更不会占用整个浏览器页面，但它与网页版共同的特点是可以使用键盘进行输入，可以同时与多名顾客沟通，比手机输入文字更加快捷，发送图片、截图等也比在手机上操作更简单快捷。

单击微信Windows版左下角的齿轮图标还可以对软件进行简单设置，如设置声音等，还可以备份聊天记录。

三、微信公众平台的使用

1. 微信公众平台简介

微信公众平台是主要面向名人、政府、媒体、企业等机构推出的合作推广业务。通过这个平台可以将品牌推广给众多用户。

微信公众账号被分成订阅号、服务号和企业号。运营主体是组织（企业、媒体、公益组织等）的，可以申请服务号、企业号；运营主体是组织和个人的，可以申请订阅号，但是个人不能申请服务号，如图4.14所示。

2. 微信公众平台的注册及使用

微信公众号申请的中文名称是可以重复的，不需要担心有人抢注了微信公众号，但是微信号是唯一的，且不可修改。

首先打开微信公众平台主页，单击右上角的“立即注册”，需使用电子邮件进行注册，如图4.15所示，每个邮箱仅能申请一种账号：服务号、订阅号或企业号，一旦成功建立账号，类型不可更改。根据页面提示输入公众号信息登记后，将完成注册，登录公众号。

图4.14　微信公众号不同账号的区别

图4.15　微信公众号的注册

登录公众号后，首页会提示新增的关注人数及发来的新消息条数，还可以看到腾讯推送的系统公告，界面左侧是菜单栏，可以对公众号进行管理，如图4.16所示。

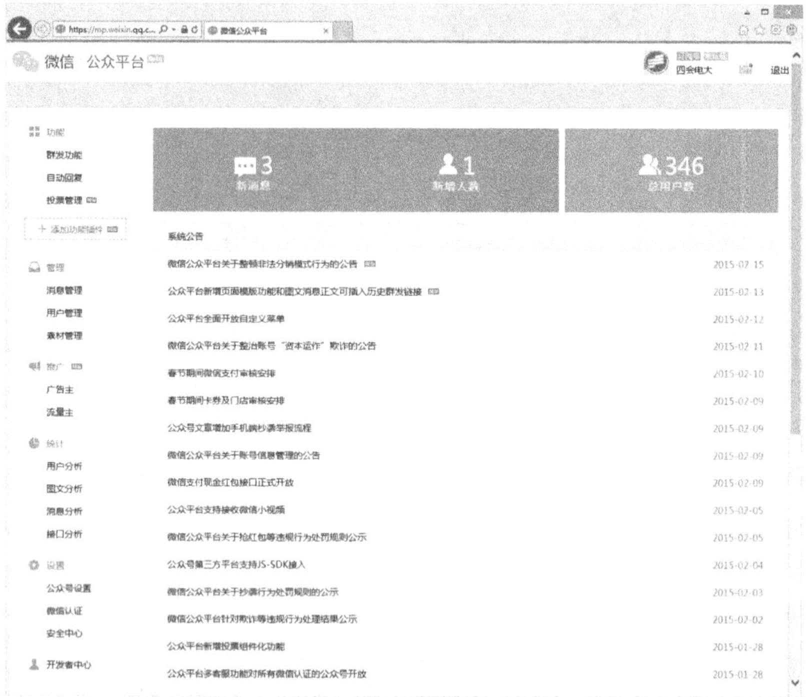

图4.16 微信公众号界面

下面对微信公众平台的主要功能作简单的介绍。

第一个主要功能是群发功能：公众号主动向顾客推送重要通知或内容，如图4.17所示。在编辑栏中，可以选择群发的对象、性别、地区等，可以输入文字、图片及语音/视频等信息。

图4.17 公众平台群发功能

第二个主要功能是自动回复：顾客关注公众号后，系统会自动发送一条欢迎信息给顾客，如图4.18所示，顾客可以根据指定关键字，主动向公众号提取常规消息，如图4.19所示。在微信公众平台设置关键词自动回复，可以通过添加规则来进行，订阅顾客发送的消息内如果有已设置的关键字，即可把已设置在此规则中回复的内容自动发送给订阅顾客，如图4.20所示。

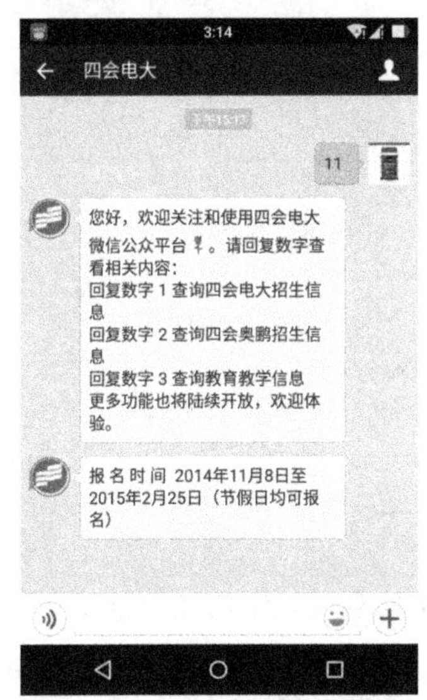

图4.18 顾客关注后自动发送信息

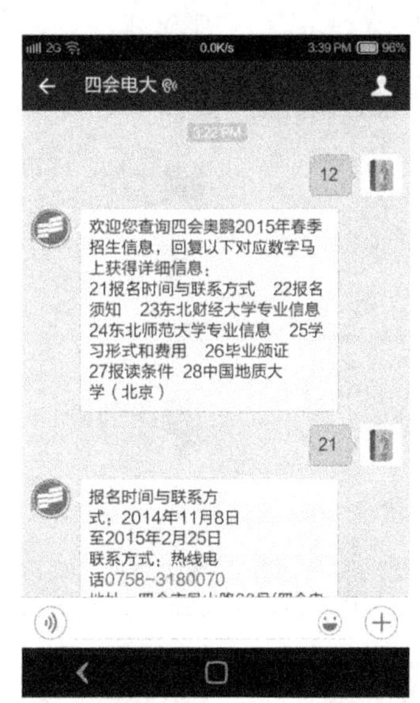

图4.19 关键字自动回复获取信息

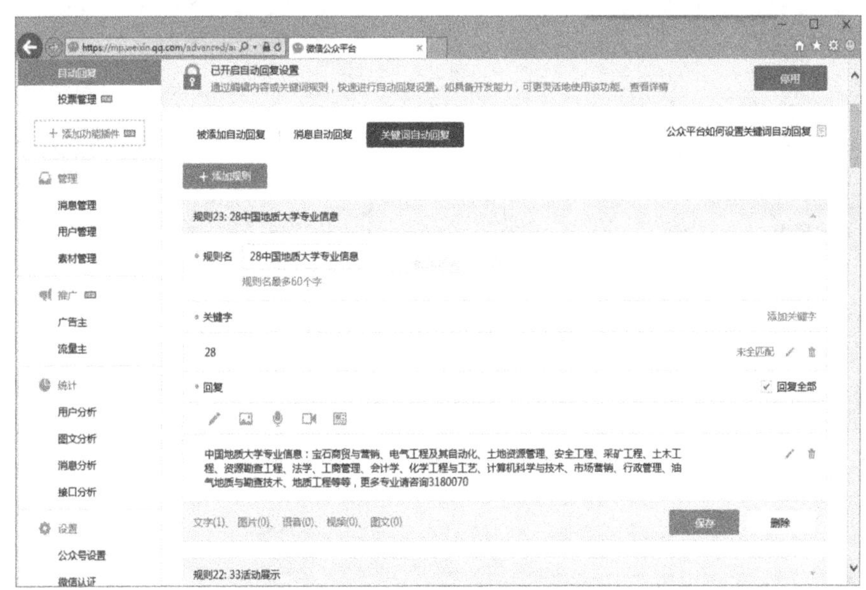

图4.20 公众平台自动回复功能

第三个主要功能是消息管理：查看订阅顾客发来的信息及对信息进行回复，还可以进行一对一的交流，客服针对顾客的特殊疑问，为顾客提供一对一的对话解答服务，如图4.21所示。单击其中一位顾客的名称后，弹出聊天对话框，即可查看到顾客发送过来的信息及系统自动回复的信息，通过此对话框可以向顾客发送文字、图片、语音、视频等进行交流，如图4.22所示。

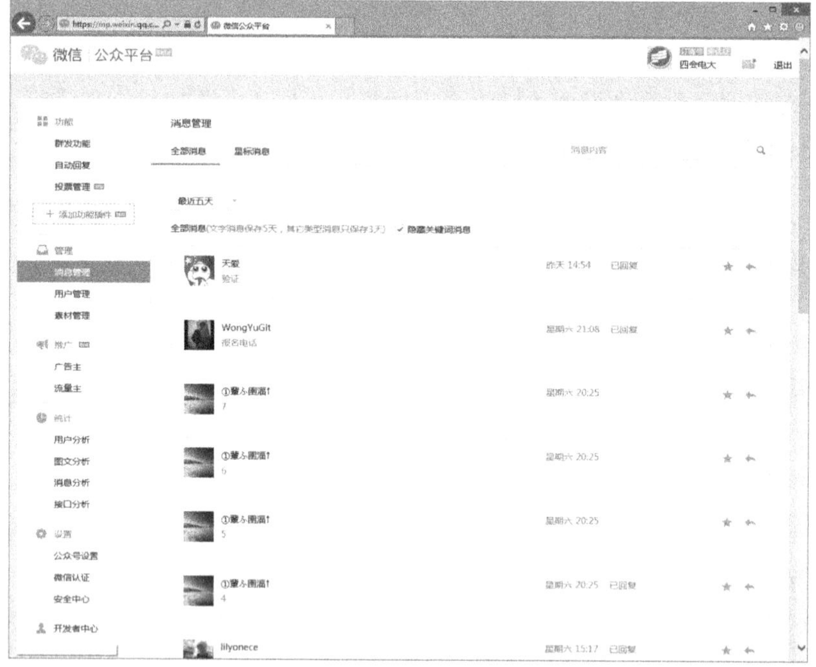

图4.21　公众平台消息管理

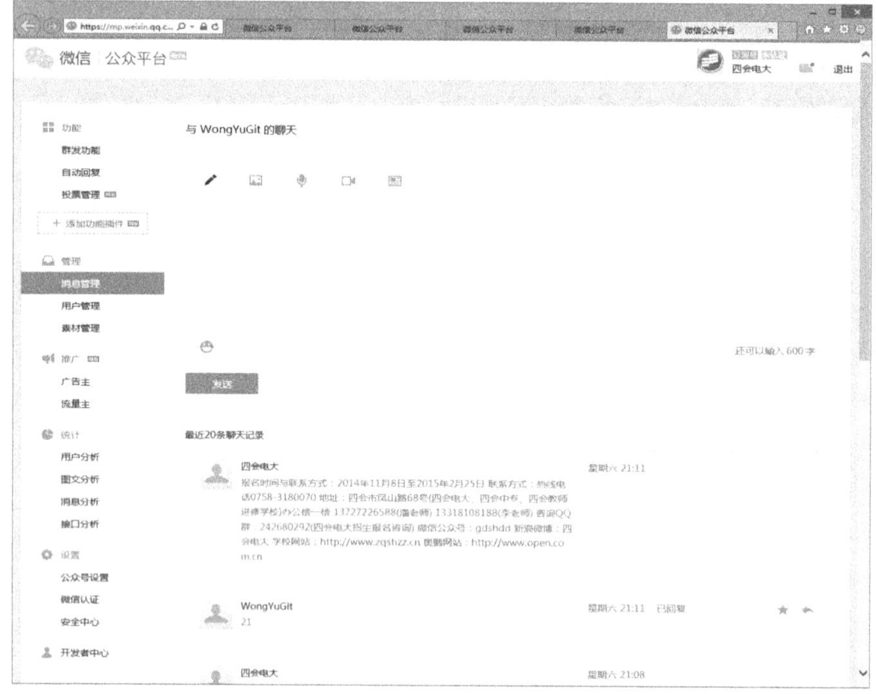

图4.22　公众平台聊天界面

第四个主要功能是用户管理：可以对已关注的顾客进行分组、修改备注等操作，如图4.23所示。

微信公众平台有很强大的功能，普通用户使用自带的接口就可为顾客提供基础的服务。如果想进一步提升公众号的品牌与质量，可以使用开发者中心，通过第三方服务器与微信提供的接口进行链接，以提高公众号的品牌形象，提供更好的服务。

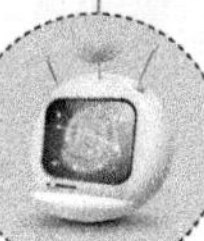

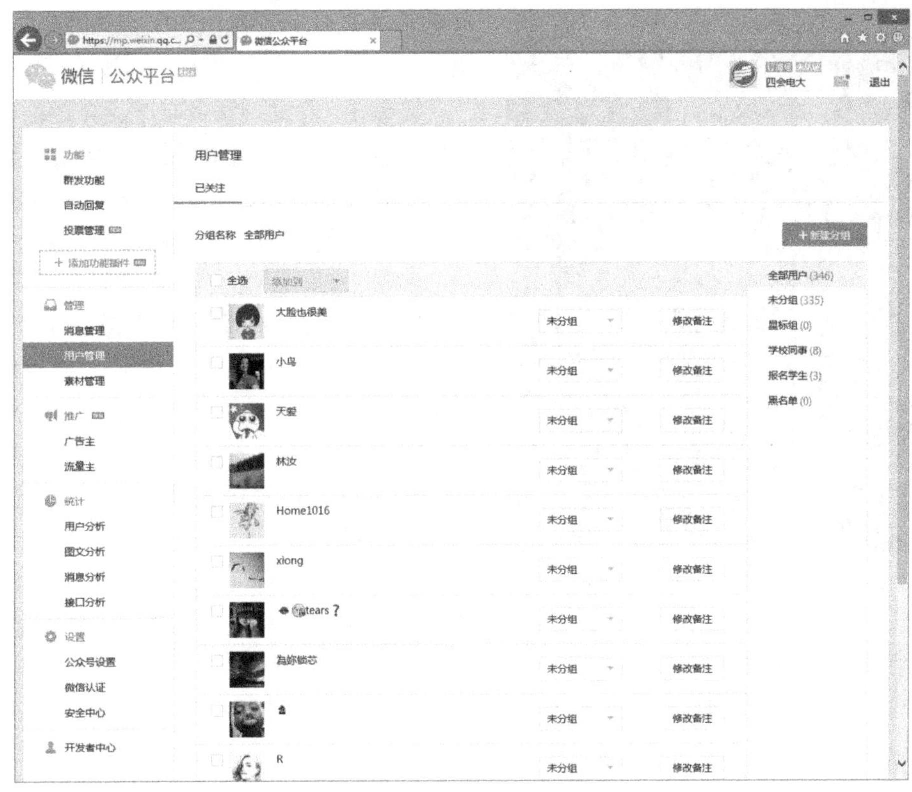

图4.23 公众平台用户管理

想一想

作为客服，微信朋友圈分享什么内容、什么时候发布效果比较好？

任务实施与评价

任务实施

1. 微信安装、注册与添加好友

步骤1 通过软件市场安装微信，注册并登录微信。具体操作步骤可参考图4.2和图4.3。

步骤2 添加身边的同学为好友，以同学为对象，模拟与顾客沟通的场景。单击“添加朋友”，可以通过微信号/QQ号/手机号、雷达加朋友或者扫一扫等方式，添加同学为朋友。

步骤3 向顾客发送产品图片，介绍产品的功能及使用方法。具体操作步骤可参考图4.6和图4.7。单击图4.6右下角的“+”符号，选择“图片”，即可在手机上选择需要发布的产品图片，单击右上角的“发送”即可成功发给顾客。

步骤4 在朋友圈发送一条带有产品图片的宣传信息，并对顾客发送的朋友圈信息进行点“赞”或“评论”。进入朋友圈后单击右上角的照相机，即可在手机上选择需要

图4.24　微信网页版二维码登录界面

发布的产品图片，输入相应文字即可成功发出。

步骤5　群发一条带有产品介绍的图片和文字信息给通讯录上的顾客。单击“我→设置→通用→功能→群发助手→开始群发”。

2. 微信客服网页版和Windows版的使用

步骤1　登录微信客服网页版，下载并安装微信Windows版。打开微信官网主页（http://weixin.qq.com），单击右上角微信网页版即可看到一个二维码，如图4.24所示，使用微信手机版的“扫一扫”功能，对该二维码扫描一下，在手机上单击“确认”即可登录到微信网页版。

步骤2　分别使用微信客服网页版和Windows版与顾客进行沟通。具体操作步骤可参考图4.9和图4.12。

步骤3　使用微信客服Windows版发送一张保存在计算机中的图片给顾客。具体操作步骤可参考图4.13。

任务评价

对学生学习的评价从两方面入手，即过程性评价和结果性评价并重。在注重对科学知识的掌握和理解程度评价的同时，也要重视学生在活动中对科学探究过程与方法的体验，对学习态度、情感及价值观的发展进行评价，强化评价的诊断和发展功能。活动评价与学习结果评价各占50分，两次评价的总分即对学生学习评价的总成绩。

1. 学生学习活动的评价（分值50%）

每名学生对自己在整个学习过程中的表现进行自评，并请学习小组成员和教师对自己在本任务学习中的表现做出评价，从定性和定量两方面填写评价表，如表4.1所示。

表4.1　“微信客服”学习活动学生表现评价量化表

班级：　　　　姓名：　　　　学号：

序号	评价项目	描述性评价（文字）		量化评价（等级分值）			
		具体评价内容	填写具体事实	满分	自评	互评	师评
1	提出问题	①什么是微信 ②微信公众平台分哪几种类型		6			
2	做出假设	微信公众平台个人不能申请		6			
3	设计实验方案	能否自行设计合理的实验方案		10			
4	实验操作	不同类型公众号的功能对比及群发一条公众号信息		10			

（续表）

序号	评价项目	描述性评价（文字）		量化评价（等级分值）			
		具体评价内容	填写具体事实	满分	自评	互评	师评
5	分析并得出结论	了解微信公众号的功能		6			
6	表达和交流	是否具有与他人合作、表达与交流的能力		6			
7	反思，提出新问题	①微信能发送什么类型的信息 ②微信添加好友有哪些方式		6			
等级			总 分	50			
评语（教师填写）							

评价表填写说明：

（1）单项表现等级分值的评价标准：优（6分或10分），良（5分或8分），中（3分或6分），需努力（2分或5分），特优（加2分）。

（2）等级评定标准：对表4.1进行等级分值汇总，将总分填写至学生学习活动评价结果表中，如表4.2所示。7项总分50分以上为特优，45 ～ 50分为优，40 ～ 44分为良，30 ～ 39分为中，30分以下需努力。

表4.2 “微信客服”学习活动学生表现评价结果表

班级： 姓名： 学号：

自评（×40%）	小组互评（×30%）	教师评价（×30%）	总 评

2. 学生学习结果的评价（分值50%）

对学生学习结果的评价，采用笔试测验或实操的方式进行。

任务二 微博客服

任务要求

教师构建班级的合作学习小组，合作学习小组的成员共同完成以下学习任务，解决以下学习问题。

（1）学习“新浪微博”的注册及使用。

（2）新浪微博可以在什么平台登录？

（3）新浪微博的私信记录保存在哪里？

（4）发现新问题：________________

任务准备

根据学习任务的要求和难易程度，准备相关的教学组织和设备设施。

（1）构建合作学习小组：将全班学生分为不同的学习小组，每个小组由2～6名学生组成，每个学习小组的组员分配上，要有领导者、创造者、分析者和执行者的角色。选举小组长，起一个响亮的组名，设计小组标志（Logo）和座右铭（口号），组长负责全组的组织、分工、协调、合作等工作。

（2）教师指导：教师提供学习帮助，使学生明确学习目标，端正学习态度，提示学习任务的完成步骤等。

（3）学习资源：能接入互联网的计算机、手机，纸质、声音、电子、网络等多媒体构成的立体化教学资源库。

（4）实训场地：多媒体网络教室。

知识链接

导入案例

51信用卡管家最开始的名字是51账单。这个应用在短短的50个小时之内，只花了150元钱就获得了500万次曝光，App排名Top40，这是如何做到的呢？

“看了闺蜜的手机，瞬间想嫁人了。这是他老公出差前帮她设置的……”——出自于51账单的CEO孙海涛之手。他之所以策划得如此成功，是因为艺术创作源自生活。

创意结束以后，他找到了一名叫“最风尚的一个小编”的编辑，他看了说：“想省钱的话让下面的小号转发看看效果，如果有60多条转发就不错了。”结果发布出去几分钟后，就有200多条转发量了。于是孙海涛立刻开始造势投入，号召全公司同事都来转发。孙海涛向QQ上500个好友一个个发转发邀请和链接。一直到草根大号“冷笑话精选”转发，瞬间就有2000多条转发，引爆点终于来了。

请思考：你发现引爆点是怎样来的了吗？

一、新浪微博的概念

新浪微博（http://www.weibo.com）是由新浪网推出，提供微型博客服务类的社交网站。用户可以通过网页、WAP页面、手机客户端、手机短信、彩信发布消息或上传图片。

二、新浪微博的主要功能

（1）发布功能：客服可以像博客、聊天工具一样发布产品的文字、图片和视频信息。

（2）转发功能：客服可以把自己喜欢的内容一键转发到自己的微博，转发时还可以加上自己的评论。

（3）关注功能：客服可以对自己喜欢的顾客进行关注，成为这个顾客的关注者（“粉丝”）。

（4）评论功能：客服可以对任何一条微博进行评论，也可以对顾客所提出的问题进行回复。

（5）私信功能：客服可以与顾客进行私信交流，这条私信将只被对方看到，实现私密的交流，私信会被保存在服务器上，在任意客户端都能看到。

三、新浪微博的注册及使用

访问新浪微博的主页（http://www.weibo.com），如图4.25所示，单击“立即注册”按钮，弹出“个人注册”（适合个人用户）和“官方注册”（适合组织用户）页面，如图4.26所示，根据提示输入手机号码或邮箱进行注册。

图4.25 新浪微博主页

图4.26 新浪微博注册页面

注册成功后即可登录，首页可看到关注的顾客或公众账号所发的微博。

在首页下方有“<”符号，单击即可弹出账号信息，以及部分推荐关注的微博用户，如图4.27所示。

在首页的上方，有一块空白位置，输入所需发送的微博内容即可发送出一条微博，微博内可插入文字、表情、图片、视频等内容。通过这个可以发布产品的各种介绍文字、图片、视频等资料，如图4.28所示。

图4.27　新浪微博账号信息

图4.28　发布新浪微博

四、新浪微博客服与顾客沟通

单击顾客头像即可与顾客进行私信沟通，可以发送文字、图片等资料，聊天的内容将保存在新浪微博的服务器上，在其他任何客户端登录都能查看聊天记录，如图4.29所示。

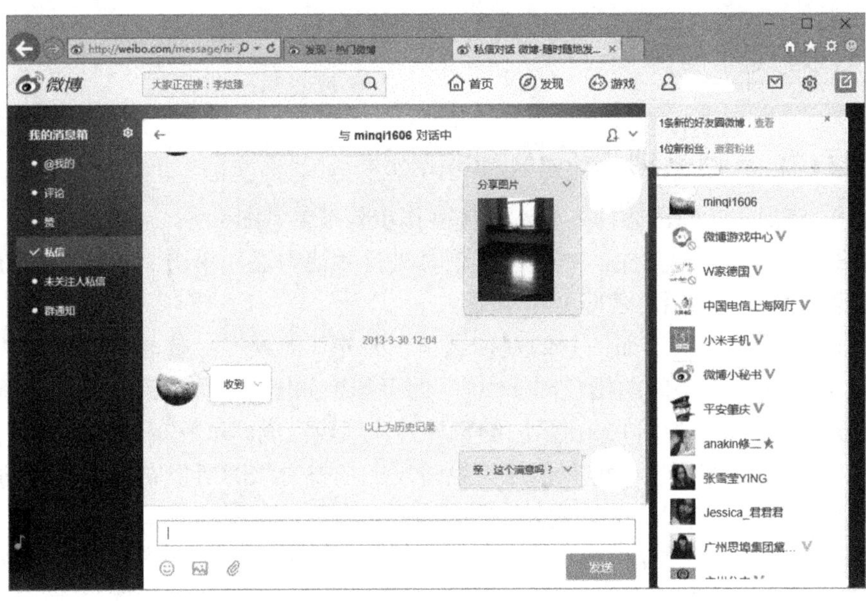

图4.29　新浪微博网页版私信聊天界面

新浪微博可以在手机登录，只需要在软件市场下载和安装，就可以登录到新浪微博了，登录后单击“消息”即可与顾客进行私信沟通，如图4.30所示。

新浪微博的私信不同于微信，它的所有聊天记录都保存在服务器上，所以即使更换了登录设备，聊天记录也会自动加载到当前设备上，如图4.31所示，私信已经自动加载到新浪微博手机版，这样能更方便地与顾客进行良好的沟通。新浪微博手机版与顾客沟通的方式有很多种，可以发送语音信息、图片和定位地理位置等。

图4.30　在新浪微博上查看消息

图4.31　新浪微博私信聊天

想一想：

微信与新浪微博发布的公开信息有什么不同？为什么新浪微博能实现爆炸式传播？

任务实施与评价

任务实施　新浪微博的注册及使用

步骤1　注册一个新浪微博账号。具体操作步骤可参考图4.26。

步骤2　同学间互相关注，并模拟与顾客进行微博沟通。单击“发现”按钮，在搜索框中搜索新浪微博的用户名即可互相关注。

步骤3　发送一条带产品图片的宣传微博，并@其他顾客，邀请他们进行“评论”和点“赞”。单击首页中间的橙色图标“+”即可弹出如图4.32所示的图标，选择所需发送的信息类型即可进入如图4.33所示的编辑界面，编辑完成即可发布出去。

步骤4　查看顾客所发微博并作评论及转发。在查看顾客所发布的微博的同时，单击该微博左下角的“转发”即可进入如图4.34所示界面，可对该微博进行转发，并把左下角的“同时评论”的“√”打上即可实现同时评论并转发顾客的微博，转发成功后即可在首页看到该条微博，如图4.35所示。

图4.32　发布微博可选类型

图4.33　编辑微博并@其他微博用户

图4.34　转发并评论新浪微博

图4.35　新浪微博转发后首页

任务评价

1.学生学习活动的评价（分值50%）

每名学生对自己在整个学习过程中的表现进行自评，并请学习小组成员和教师对自己在本任务学习中的表现做出评价，从定性和定量两方面填写评价表，如表4.3和表4.4所示。

表4.3　“微博客服”学习活动学生表现评价量化表

班级：　　　　姓名：　　　　学号：

序号	评价项目	描述性评价（文字）		量化评价（等级分值）			
		具体评价内容	填写具体事实	满分	自评	互评	师评
1	提出问题	①什么是微博 ②微博有哪几种客户端		6			

（续表）

序号	评价项目	描述性评价（文字）		量化评价（等级分值）			
		具体评价内容	填写具体事实	满分	自评	互评	师评
2	做出假设	①微博就是聊天软件 ②微博只能发送文字		6			
3	设计实验方案	能否自行注册、登录微博并发送微博信息		10			
4	实验操作	小组分工合作能否完成添加好友、发送微博、点赞、转发、评论等任务		10			
5	分析并得出结论	了解微博的发展历程，简述微博的功能及使用方法		6			
6	表达和交流	是否具有与他人合作、表达与交流的能力		6			
7	反思，提出新问题	①微博能发送什么类型的信息 ②微博的@有什么作用		6			
等级			总 分	50			
评语（教师填写）							

表4.4 “微博客服”学习活动学生表现评价结果表

班级： 姓名： 学号：

自评（×40%）	小组互评（×30%）	教师评价（×30%）	总 评

2. 学生学习结果的评价（分值50%）

对学生学习结果的评价，采用笔试测验或实操的方式进行。

任务三 来往客服

任务要求

教师构建班级的合作学习小组，合作学习小组的成员共同完成以下学习任务，解决以下学习问题。

（1）学习来往的注册及使用。

（2）来往可以发送的文件类型有哪些？

（3）来往的特色功能是什么？

（4）发现新问题：________________

任务准备

根据学习任务的要求和难易程度，准备相关的教学组织和设备设施。

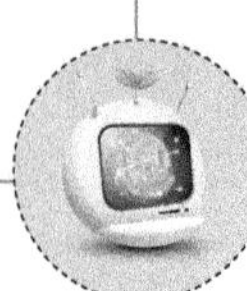

（1）构建合作学习小组：将全班学生分为不同的学习小组，每个小组由2～6名学生组成，每个学习小组的组员分配上，要有领导者、创造者、分析者和执行者的角色。选举小组长，起一个响亮的组名，设计小组标志（Logo）和座右铭（口号），组长负责全组的组织、分工、协调、合作等工作。

（2）教师指导：教师提供学习帮助，使学生明确学习目标，端正学习态度，提示学习任务的完成步骤等。

（3）学习资源：能接入互联网的计算机、手机，纸质、声音、电子、网络等多媒体构成的立体化教学资源库。

（4）实训场地：多媒体网络教室。

知识链接

导入案例

小明在使用多个社交平台进行产品宣传及和顾客沟通后，网店销售量有了明显提高，与此同时，他发现宣传应该是多渠道的，不单单要在QQ、微信和微博上，还要扩展到其他用户群体上去，那就是阿里巴巴公司旗下的来往。

请思考：我们可以从这个案例中得到什么启示？

来往是阿里巴巴公司推出的即时通信软件，如图4.36所示，也是阿里巴巴第一款独立于电商业务之外的社交产品，其核心功能是实现熟人之间的社交。除了语音、文字等基本的通信功能之外，来往的特色功能是支持“阅后即焚”。

图4.36　来往首页

一、来往客服手机版

来往客服手机Android版本可以在来往官方网站下载，或在各大软件市场和应用中心下载，iOS用户可在App Store或使用iTunes下载。

下载安装后，已有账户可直接登录，如图4.37所示，如有淘宝用户，直接选择使用淘宝账户登录即可；如没有淘宝账户，可在来往客服首页注册，根据提示完成即可。

创建完成后即可登录来往客服，登录来往客服之后的界面如图4.38所示，可以添加顾客到通讯录，这样便可以与顾客进行沟通。来往客服支持以文字、图片、语音、视频等方式进行聊天，如图4.39所示。

来往客服和微信客服一样可以发布公开信息，这样就可以让顾客看到所发布的产品信息，如图4.40所示。

图4.37 来往客服注册/登录界面　图4.38 登录来往客服后的消息界面　图4.39 来往客服支持多种方式进行交流　图4.40 来往客服发布产品信息

二、来往客服网页版

和微信客服一样，来往客服也有网页版。访问来往主页（http://www.laiwang.com），单击“网页版”，然后使用手机的“扫一扫”功能即可扫描登录，如图4.41所示。

图4.41 来往客服网页版

登录后，默认打开到好友的动态消息界面，单击好友及客户名字后即可弹出聊天对话框，可以与客户进行沟通，如图4.42所示。

图4.42 来往客服网页版登录后首页

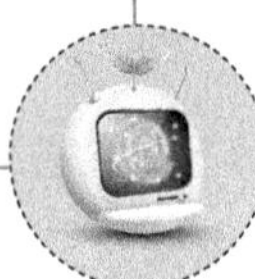

来往客服网页版支持给顾客发送文字、表情、图片等信息，如图4.43所示。

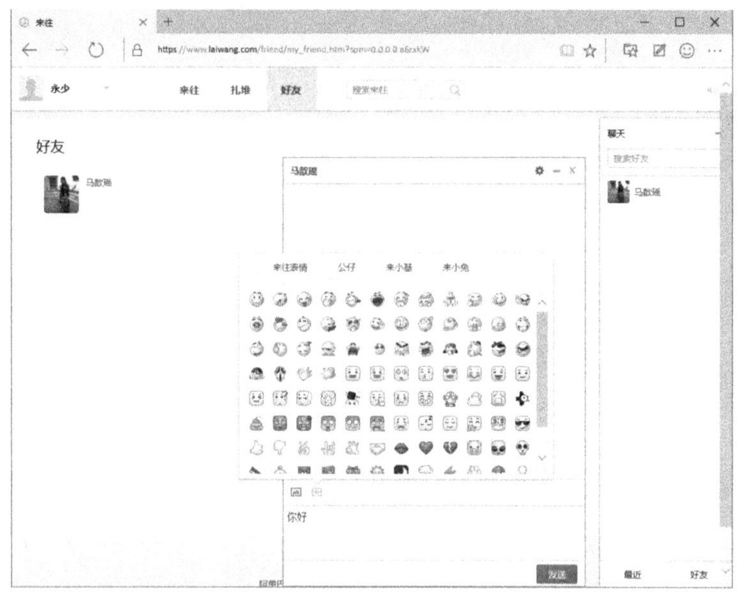

图4.43　来往客服支持文字、表情、图片等信息

总体来说，来往客服的使用与微信客服是类似的，掌握微信平台的使用便很容易上手来往平台。

想一想：

来往客服有什么特色功能呢？

任务实施与评价

任务实施

来往的注册及使用

步骤1　注册一个来往账号。在来往首页进行注册，单击“创建新账号”→“输入手机号”→“获取验证码”，根据提示完成注册。

步骤2　同学间互相关注，并模拟与顾客进行来往沟通。单击首页右上角的“通讯录”→“添加好友”→“通过手机号/淘宝账号添加”，成功添加后即可与顾客对话。

步骤3　发送一条带产品图片的宣传帖子，邀请他们进行浏览并评论。单击“我的”→“好友动态”→“发帖”即可发布如图4.40所示的公开帖子信息。

任务评价

1. 学生学习活动的评价（分值50%）

每名学生对自己在整个学习过程中的表现进行自评，并请学习小组成员和教师对自己在本任务学习中的表现做出评价，从定性和定量两方面填写评价表，如表4.5和表4.6所示。

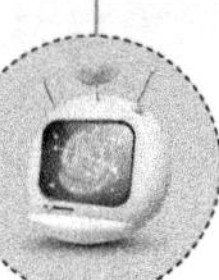

表4.5 “来往客服”学习活动学生表现评价量化表

班级：　　　　　姓名：　　　　　学号：

序号	评价项目	描述性评价（文字）		量化评价（等级分值）			
		具体评价内容	填写具体事实	满分	自评	互评	师评
1	提出问题	①什么是来往 ②来往是哪个公司开发的		6			
2	做出假设	①来往和微信一模一样 ②来往和淘宝没什么关系		6			
3	设计实验方案	能否自行注册、登录来往，并发送来往信息		10			
4	实验操作	小组分工合作能否完成添加好友、发送来往帖子等任务		10			
5	分析并得出结论	了解来往的发展历程，简述来往的功能及使用方法		6			
6	表达和交流	是否具有与他人合作、表达与交流的能力		6			
7	反思，提出新问题	①来往能发送什么类型的信息 ②来往有Windows的客户端吗		6			
等级			总 分	50			
评语（教师填写）							

表4.6 “来往客服”学习活动学生表现评价结果表

班级：　　　　　姓名：　　　　　学号：

自评（×40%）	小组互评（×30%）	教师评价（×30%）	总 评

2. 学生学习结果的评价（分值50%）

对学生学习结果的评价，采用笔试测验或实操的方式进行。

项目小结

本项目主要学习了微信公众平台、新浪微博，以及来往平台的注册及使用。这三个平台作为时下最热门的社交信息平台，也是移动端的一大入口，正在演变成一大商业交易平台，其对营销行业带来的颠覆性变化开始显现。充分利用这三个平台即可实现产品信息及时发布、产品宣传营销等，并使客服与顾客的沟通更快捷和方便。

在当今信息爆炸的时代，无论从个人就业、创业角度出发，还是从为企业创造品牌和树立形象出发，都必须学习各种最新的通信工具、营销模式、交易方式等，并熟练掌握各种平台，及时回答顾客咨询。这样，才能在21世纪有一席之地，发挥个人才能。

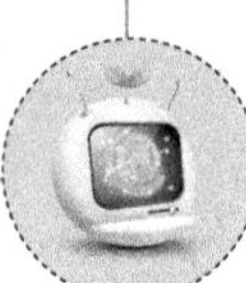

练习与自测

总分：50分
哇，我得了______分！

一、快乐小补丁（每空1分，共10分）

1. 微信的版本有________、________、________。
2. 新浪微博可发布的微博类型有________、________、________、________。
3. 微信公众平台账号的类型有________、________、________。

二、剪刀、石头、布（每题2分，共10分）

对于下面这些问题，你准备出剪刀（A）、石头（B），还是布（C）呢？

1. 来往是（　　）公司推出的一款支持多平台的即时通信软件。
   A. 阿里巴巴　　B. 腾讯　　C. 微软
2. 微信可以在（　　）分享相片给好友。
   A. 实时对讲机　　B. 摇一摇　　C. 朋友圈
3. 微信账号注册必须通过（　　）进行注册。
   A. 手机版　　B. Windows版　　C. 网页版
4. 微信可以通过（　　）接收QQ发来的信息。
   A. QQ离线助手　　B. 通讯录安全助手　　C. 附近的人
5. 来往账号除了通过手机号注册外，还能通过（　　）账号直接登录。
   A. 银行　　B. QQ　　C. 淘宝

三、识别红绿灯（每题1分，共5分）

红灯停，绿灯行！对于下面这些说法，你觉得正确的，请打“√”，并继续前行；错误的请打“×”，写出正确答案后再前进。

1. 微信手机版主要有Windows版、网页版等。（　　）________
2. 微信Windows版可以保存聊天记录。（　　）________
3. 新浪微博使用手机客户端发送的私信在网页版上登录后看不到。（　　）________
4. 来往支持淘宝账户直接登录。（　　）________
5. 个人用户可以申请微信公众平台账号。（　　）________

四、动动小脑筋（10分）

请将下面的字句用线段连起来。

微信手机版　　组织和个人可以申请
微信Windows版　　iOS版和Android版
微信公众平台　　可以备份聊天记录

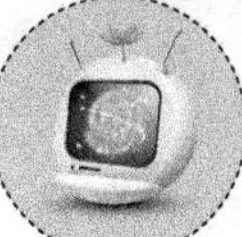

五、拍脑筋猛想（15分）

1.简述微信和新浪微博的共同点与不同点。（5分）

2.实训任务：在微信和新浪微博上各发布一条完整的产品宣传，邀请其他人进行评论并进行回复。（10分）

任务要求：上网查阅相关产品资料，或参考课本知识把产品描述清楚，用图文方式将结果记录保存成Word文档，并将此文档发邮件提交给老师。

项目五 售前客服

项目情景

经过一年半的努力，小明的创业已经取得了可喜的成绩，淘宝店铺做得风生水起，还开设了一家天猫店铺，主营产品也成了小有名气的“淘品牌”。小明有个想法，想要增开一个O2O线下体验店。原有的客服人员已经无法满足业务扩大的经营需求，小明决定招聘3 ~ 5名客服人员，并且对原有客服部老员工进行全员培训，因为部分老员工缺乏对售前工作重要性的认知，另外也期待他们对售前客服职责和技巧有更深的认识和体会。

思考：小明要对客服部进行升级改造，应该从何处入手呢？

学习目标

- 复述售前客服的概念，领会售前客服的服务理念。
- 复述售前客服需要掌握的商品知识。
- 明确售前客服的岗位职责，总结售前客服的工作技能标准。
- 描述售前客服必须掌握的沟通要领。
- 模拟网络客服的接待流程和沟通技巧。
- 模拟门店客服的沟通技巧和话术。

学习任务

- 任务一　售前客服认知
- 任务二　售前客服职责
- 任务三　售前客服技巧

任务一 售前客服认知

任务要求

教师构建班级的合作学习小组，合作学习小组的成员共同完成以下学习任务，解决以下学习问题。

（1）售前客服是什么？

（2）在新的经济形势下，售前客服的意义是什么？

（3）售前客服岗位的服务理念是什么？

（4）售前客服的心理素质要求有哪些？

（5）企业的组织结构是什么样的？

（6）售前客服需要掌握商品的哪些知识？

（7）必要的电话礼仪有哪些？

（8）优雅的形体语言表达有什么好处？

（9）发现新问题：________________________________

任务准备

根据学习任务的要求和难易程度，准备相关的教学组织和设备设施。

（1）构建合作学习小组：将全班学生分为不同的学习小组，每个小组由3～5名学生组成，每个学习小组的组员轮流担任客服主管和售前客服的角色，由客服主管对售前客服进行培训，售前客服接听客户电话和应对突发情况，售前客服向客户进行产品介绍。选举小组长，起一个响亮的组名，设计小组标志（Logo）和座右铭（口号），组长负责全组的组织、分工、协调、合作等工作。

（2）教师指导：教师提供学习帮助，使学生明确学习目标，端正学习态度，提示学习任务的完成步骤等。

（3）学习资源：能接入互联网的计算机，纸质、声音、电子、网络等多媒体构成的立体化教学资源库。

（4）实训场地：多媒体网络教室、客户服务实训室，建议与当地电信公司或电商企业合作，进行真实场景的模拟实训。

知识链接

导入案例

2012年9月4日，一位乘客乘坐春秋航空公司的9C8996飞机从重庆飞往上海，起飞后一段时间，突然发病了，幸好被在客舱服务的空姐及时扶住。后来，一名空少对其进行了专业及时的救护措施，乘客很快有了好转，乘务人员还不时地蹲在她身边嘘寒问暖地关心。专业的救助保护了乘客的生命和安危。其他旅客看到后非常感动，在春秋航空公司网页留言表示感谢。

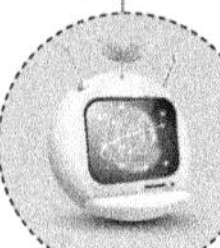

春秋客户服务中心回复：服务的真谛就是做到的始终比客人想到的多那么一点，对于特殊旅客多关心，嘘寒问暖多观察。乘务员用所学的基本机上急救知识，通过密切的配合，让旅客转危为安，这就是春航人的使命和责任！

把客户的困难当作自己的困难，把客户的快乐化为自己的快乐。

请思考：我们可以从这个案例中得到什么启示？

一、售前客户服务的概念

一个完整的销售流程应当至少包括售前服务、售中服务和售后服务三个部分。售前服务是营销和销售之间的纽带，在整个营销和销售系统链条中，作用至关重要、不可忽视。

售前客户服务是企业在顾客未接触产品之前所开展的一系列刺激顾客购买欲望的服务工作。

售前客户服务的内容多种多样，主要是提供信息、市场调查预测、产品定制、加工整理、提供咨询、接受电话订货及邮购、提供多种方便和财务服务等。

售前客户服务的主要目的是协助客户做好采购需求分析，使得企业的产品能够最大限度地满足用户的需要，同时也使客户的投资产生最大的回报。

二、售前客户服务的意义

现在的市场是买方市场，产品供大于求，市场的竞争非常激烈，消费者有便捷的筛选方式和充分的选择余地。如果没有好的售前服务和高质量的产品，消费者根本就不会考虑购买，就算是购买了，在使用产品时也会麻烦不断，产生大量的售后问题和中差评投诉，最终导致人们不会再购买该产品。因此，优质的售前服务是产品销售的前提和基础。

1. 挖掘消费信息，服务企业决策

如果没有售前服务，企业就会相对缺乏消费者信息，造成市场信息不完全，从而影响经营决策。企业通过售前服务，可以获取顾客的相关产品需求信息，也可以了解竞争对手的情况，为企业开发新产品、开拓新市场打下良好的基础，从而设计出符合消费者的产品，制定出适当的促销策略，选款和测款就会有事半功倍的效果。

2. 突出产品卖点，树立品牌形象

在同类产品或服务竞争比较激烈的情况下，许多企业提供的产品或服务只有细微的差别，消费者往往不易察觉。企业通过一系列售前服务工作，可以使自己的产品与竞争者的产品区别开来，树立自己产品或服务的独特形象。在广告宣传上要做到互不雷同，表现自己的特色，就要正确地把握和表现产品的不同特点，深入了解并针对消费者的需求心理进行广告策划。

企业通过一系列的公关活动，如宣传企业经营宗旨，举办社会性赞助活动等，来树立企业的良好形象，以求得公众的理解和赞誉，赢得顾客。

3. 满足消费者诉求，引发消费需求

企业要在剧烈的竞争中，不断地开拓新的市场，吸引更多的顾客，就要解除顾客的后顾之忧，一般的顾客在决定购买某一种产品而尚未决定购买某种品牌之前，在很大程度上取决于顾客对某种品牌熟悉的程度。因此，顾客在购买决策之前，就要收集该品牌产品的性能、结构、技术、功能等情报，甚至要求掌握产品的操作使用规则或技巧。只有满足了顾客的这些供其决策之用的信息需要，才能使他们从潜在顾客转化成真正顾客。

4. 扩大产品销售，增加企业效益

售前服务是决定产品销售与企业效益的最基本因素和关键。企业通过开展售前服务，加强与顾客的了解，不仅可以为顾客创造购买产品的条件，也可以为顾客提供有关产品或服务的信息，让顾客更好地了解企业的产品或服务，使顾客认识到本企业产品带来的特殊利益，顾客也就信任该企业及产品，从而也就愿意购买；赢得顾客的支持，就能创造经营机会，占领和保持更多的市场，提高企业的竞争能力。

三、售前客服岗位的服务意识和心理素质要求

1. 树立“以客户为中心”的服务意识

中国企业的营销观念经过几十年的考验，历经了四个主要阶段。从最开始“皇帝女儿不愁嫁”的生产观念，过渡到“酒香不怕巷子深”的产品观念，再发展到“好货还要勤吆喝”的推销观念，之后进入了“以客户为中心、以需求为导向”的服务营销观念。

企业开始深入研究客户的需求，关注客户的购买成本，注重与客户的交流，考虑客户购买的便利性。传统的营销通过销售来获利，而服务营销通过满足客户诉求，赢得客户满意来获利，企业真正的盈利模式就是不断地去为客户创造价值。

企业的客户服务意识越来越强，也越来越主动。售前客服是企业的服务窗口，树立售前客服的客户服务理念很关键。

售前客服要树立“以客户为中心”的服务意识，积极热情地对待客户，主动了解客户需求并迅速响应，提供客户所需信息，积极协助解决客户的实际问题。只有赢得客户的满意，获取客户的信任，才能实现盈利，并与客户建立长期合作的关系。

2. 售前客服岗位的心理素质要求

（1）不怕挫折，拥有积极进取、永不言败的良好心态。客户对企业的初始印象和服务意识的判断，直接决定接下来的购买行为。其中最直接、最直观的感受是通过一线客服的态度和技巧来传递的。售前客服以热情、礼貌的态度，再配合亲切的语气、适宜的表情能迅速拉近与顾客的心理距离。

客户服务人员在自己的工作岗位上，需要不断地去调整自己的心态。遇到困难及各种挫折都不能轻言放弃。例如，24小时呼叫中心的呼叫座席会经常收到一些骚扰性电话。有的客户服务人员就打退堂鼓了，觉得干不下去了。此时，就需要客户服务人员有一个积极进取、永不言败的良好心态。

（2）缓解压力，具备掌控情绪、自我调节的支持能力。客户服务人员需要对所有客户都提供最好、最周到的服务，不能有所保留。而且，对待第一个客户和对待最后一个客户，同样需要付出非常饱满的热情。这需要客服有满负荷情感付出的支持能力。

客服需要对每一个客户都保持同样的热情度，面临工作压力能够使用适当方法加以缓解，并维持应有的工作表现与人际关系，善于情绪掌控及自我调节。

（3）思维敏捷，富有洞察内心、引导说服的影响能力。思维要敏捷，要具备对客户的洞察力，洞察顾客的心理活动，这是对客户服务人员技能素质的起码要求，也是做好售前客服工作的关键所在。

售前客服人员的语言表达要条理清晰，这样才能确保客户能专注聆听并充分理解，客服还需要正确解读、响应、理清客户所传达的信息。在取得共识的基础上，判断客户关注的细节和疑虑，能找出说服的关键或重要对象，对客户进行引导和说服，运用适当方式使对方接受自己的意见或想法。

（4）换位思考，具有紧密协作、勇于担责的团队精神。要学会站在团队的角度来考虑问题，多换位思考，团队内部多互相鼓励与肯定。售前客服要做好早晚班交接工作，如果前一名客服答应过客户特殊条件，核实后应直接给客户兑现承诺。每位客服均应按照标准化流程操作并严格遵守公司政策，对外保持统一口径。接班客服还需注意与售中、售后客服，以及公司其他部门人员做好工作对接。

客户服务人员需要经常承担各种各样的责任和失误。出现问题的时候，同事之间有时会相互推卸责任。客服部门需要勇于承担责任，应该去努力降低企业给客户带来的所有损失。如果客户出现不满，无论之前是哪位同事的失误所致，接待客服也需以最真诚的态度第一时间安抚好客户并为客户解决问题。

（5）处变不惊，要有冷静机智、处事果断的应变能力。客户服务人员，每天都面对着不同的客户，要有对一些突发事件的有效处理能力。在宾馆、零售店、呼叫中心工作的客户服务人员，都有可能遇到一些具有挑战性的情况。例如，遇到一些蛮不讲理的客户，有些客服人员可能处理不了。如果情绪过分激动或紧张，只会抑制自己的思维活动，使自己陷入不利的境地。

而一些有经验的客服人员就能处变不惊，表现出高度的冷静和强烈的自信，在冷静中产生机智，发挥自己敏捷的思维能力和语言应变能力，摆脱困境、化险为夷、化拙为巧，收到理想的意外效果。

四、了解企业组织结构

每一个企业都有自己的组织结构，上岗之前，客服需要了解企业的组织结构、部门和岗位设置，明确自己今后的工作会跟哪些部门和岗位的同事进行业务上的配合。如图5.1所示为某企业组织结构。

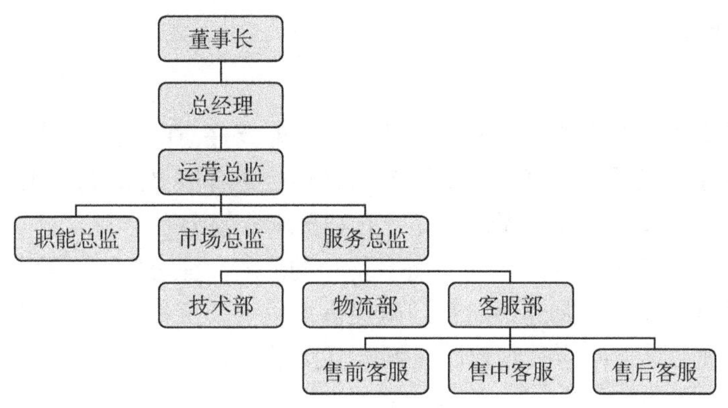

图5.1 某企业组织结构

五、掌握销售商品的相关知识

一个合格的客服，必须对销售的商品了如指掌，这样才能做到胸有成竹，解释起来才更有说服力，也可有效避免退货或中差评。

1. 商品的专业知识

售前客服必须熟练掌握商品的专业知识，如商品种类、材质、尺寸、颜色、属性、规格、型号、参数、尺码、货号、配件、卖点、功能、用途、特性、注意事项、库存、价格等。另外，客服还需了解商品的使用、洗涤、保养、修理等方面的知识。

公司还需开展定期的新款培训，让客服结合实物和网页产品介绍对产品有更深层次的了解，进而更好地为客户解决问题。

2. 商品的背景知识

丰富的行业知识及经验是解决客户问题的必备武器。售前客服需要学习多方面的专业技能，了解商品相关的背景知识，成为业内人士，才能解释客户提出的相关问题，更好地为客户服务。

不同的商品可能有特定的受众，例如，化妆品，不同的肤质在选择化妆品上会有很大的差别；内衣，不同的年龄、生活习惯及不同的需要，适合于不同的内衣款式；玩具，不同年龄层次的儿童适合不同的玩具；服装，不同的年龄、性格及穿着场合，适合不同的搭配建议。对同类商品的禁用词语也需要有一定了解，售前客服在回复客户关于商品差异的咨询时，可以更好地回复和解答。

六、熟悉商务活动和礼仪

售前客服要了解必要的商务活动流程、商务礼仪及促销活动等。电子商务售前客服还需掌握淘宝买家购物流程、淘宝规则、淘宝后台操作方法、淘宝客服注意事项等内容。

1. 优雅的形体语言表达

客服人员需要注意服装搭配、妆容修饰、仪表仪态，有工装、工卡的需要佩戴穿着，公众场合需要注重站姿、坐姿、走姿，不同的商务场合有特定的礼仪要求。售前客服还需要掌握形体语言表达，优雅的形体语言表达能体现出客户服务人员的专业素质。一个人的内在气质会通过外在形象表现出来，举手投足、说话方式、笑容都能表现出来是不是一个专业的客服。

2. 基本的电话礼仪

有时客服需要主动与客户电话联系，拨打电话时要注意时间，不宜太早或太晚，也不宜在午休时间去打扰顾客。必要的电话沟通技巧也是客服必须掌握的，打电话时一定要态度友善、语调温和、讲究礼貌，这样才有利于双方的沟通。

通话之前要做好充分准备，在通话途中要吐词清晰，注意倾听顾客的要求，不要随意打断顾客，同时要注意控制通话时长，避免占用太多的工作时间；如果是客户来电，则要耐心回复，通话结束时应礼貌地回复顾客再挂断电话。

想一想

你认为售前客服是一个怎样的工作岗位呢？

任务实施与评价

任务实施

1. 认识售前客户服务

步骤1 查阅资料，解决“售前客户服务的内容”、“售前客户服务的意义”和“售前客服岗位的服务理念”这3个问题，可以使用百度、Google等搜索引擎，并将查找到的资料整理归纳后记录到学习笔记本中。

步骤2 结合任务要求和成员的心得体会，合作学习小组初步探讨售前客服和售中客服、售后客服的区别，由扮演客服主管的学生进行“售前客户服务的意义”和“售前客服岗位的服务理念”培训，并将小组讨论结果和培训内容填写在学习笔记本中。

步骤3 学习小组派代表上台分享本组的学习成果，其他小组针对汇报小组所陈述的内容展开讨论，并将修改意见填写到学习笔记本中。

步骤4 每个学习小组根据其他小组提出的修改意见，对本小组的学习任务进行再次讨论与完善，形成最终学习成果，并记录到学习笔记本中。

2. 了解售前客户服务的心理素质要求

步骤1 查阅资料，深入领会“售前客户服务的心理素质要求”这一问题，设计售前客户服务岗位遇到的突发情况和解决方案，归纳后记录到学习笔记本中。

步骤2 结合任务要求及客户、售前客服和客服主管的模拟展示，合作学习小组场景演示“售前客户服务的突发情况处理”的学习内容，小组讨论后展示结果，将好的处理方式和解决方案记录在学习笔记本中。

步骤3 学习小组派代表上台分享本组的学习成果，其他小组针对汇报小组所陈述的内容展开讨论，并将修改意见填写到学习笔记本中。

步骤4 每个学习小组根据其他小组提出的修改意见，对本小组的学习任务进行再次讨论与完善，形成最终学习成果，并记录到学习笔记本中。

3. 了解企业的组织结构和商品认知

步骤1　教师准备一件产品，要求学生仔细观看产品的包装，说出产品名称。可以使用百度、Google等搜索引擎，收集“企业的组织结构”和“商品知识”的有关资料，并将查找到的资料整理归纳后记录到学习笔记本中。

步骤2　结合任务要求和成员的心得体会，合作学习小组讨论“企业的组织结构”的学习内容；分析商品种类、材质、尺寸、颜色、属性、规格、型号、参数、尺码、货号、配件、卖点、功能、用途、特性、注意事项、库存、价格等商品知识。由扮演售前客服的学生描述产品，讨论结果和展示成果记录在学习笔记本中。

步骤3　学习小组派代表上台分享本组的学习成果，其他小组针对汇报小组所陈述的内容展开讨论，并将修改意见填写到学习笔记本中。

步骤4　每个学习小组根据其他小组提出的修改意见，对本小组的学习任务进行再次讨论与完善，形成最终学习成果，并记录到学习笔记本中。

任务评价

对学生学习的评价从两方面入手，即过程性评价和结果性评价并重。在注重对科学知识的掌握和理解程度评价的同时，也要重视学生在活动中对科学探究过程与方法的体验，对学习态度、情感及价值观的发展进行评价，强化评价的诊断和发展功能。活动评价与学习结果评价各占50分，两次评价的总分即对学生学习评价的总成绩。

1. 学生学习活动的评价（分值50%）

每名学生对自己在整个学习过程中的表现进行自评，并请学习小组成员和教师对自己在本任务学习中的表现做出评价，从定性和定量两方面填写评价表，如表5.1～表5.3所示。

表5.1 “售前客服认知”学习活动学生表现评价量化表

班级：　　　姓名：　　　学号：

序号	评价项目	描述性评价（文字）		量化评价（等级分值）			
		具体评价内容	填写具体事实	满分	自评	互评	师评
1	提出问题	①什么是售前客服？ ②售前客户服务的意义如何体现 ③售前客服岗位的服务理念是什么		6			
2	做出假设	①售前客户服务就是服务人员交易前的准备工作 ②售前客户服务的意义是对企业和客户都有利 ③售前客服岗位的服务理念是以客户为出发点		6			
3	设计实验方案	能否自行设计合理的实验方案		10			
4	实验操作	能否小组分工合作完成实验，操作是否规范、有效		10			
5	分析并得出结论	分析理解售前客户服务的内容、目的、服务意义、服务理念，能复述售前客户服务的概念		6			
6	表达和交流	是否具有与他人合作、表达与交流的能力		6			

（续表）

序号	评价项目	描述性评价（文字）		量化评价（等级分值）			
		具体评价内容	填写具体事实	满分	自评	互评	师评
7	反思，提出新问题	① 回复客户询价是否属于售前客服 ② 售前客户服务对员工有什么意义 ③“以客户为中心”的服务理念是不是没有原则		6			
等级			总 分	50			
评语（组长填写）							

表5.2 “售前客户服务的心理素质要求”学习活动学生表现评价量化表

班级：　　　　姓名：　　　　学号：

序号	评价项目	描述性评价（文字）		量化评价（等级分值）			
		具体评价内容	填写具体事实	满分	自评	组评	师评
1	提出问题	①售前客户服务的心理素质要求有哪些 ②售前客户服务如何应对突发事件		6			
2	做出假设	售前客服能承受压力、应对突变事件		6			
3	设计实验方案	能否自行设计合理的实验方案		10			
4	实验操作	能否小组分工合作完成实验，操作是否规范、有效		10			
5	分析并得出结论	领会售前客服的心理素质要求		6			
6	表达和交流	是否具有与他人合作、表达与交流的能力		6			
7	反思，提出新问题	如何培养售前客服的心理素质		6			
等级			总 分	50			
评语（教师填写）							

表5.3 “企业的组织结构和商品知识”学习活动学生表现评价量化表

班级：　　　　姓名：　　　　学号：

序号	评价项目	描述性评价（文字）		量化评价（等级分值）			
		具体评价内容	填写具体事实	满分	自评	组员评	组间评
1	提出问题	①企业的组织结构是什么样的 ②售前客服需要掌握哪些商品知识		6			
2	做出假设	① 组织结构与企业部门设置相关 ②商品知识主要有商品种类、材质、尺寸、颜色、属性、规格、型号、参数、货号、配件、卖点、功能、用途、特性、注意事项、库存、价格等		6			
3	设计实验方案	能否自行设计合理的实验方案		10			

（续表）

序号	评价项目	描述性评价（文字）		量化评价（等级分值）			
		具体评价内容	填写具体事实	满分	自评	组员评	组间评
4	实验操作	能否小组分工合作完成实验，操作是否规范、有效		10			
5	分析并得出结论	描述企业的组织结构，复述售前客服需要掌握的商品知识		6			
6	表达和交流	是否具有与他人合作、表达与交流的能力		6			
7	反思，提出新问题	①如果企业规模大，组织结构是不是更复杂 ②售前客户服务需要掌握哪些行业知识		6			
等级			总分	50			
评语（组长填写）							

评价表填写说明：

（1）单项表现等级分值的评价标准：优（6分或10分），良（5分或8分），中（3分或6分），需努力（2分或5分），特优（加2分）。

（2）等级评定标准：对表5.1～表5.3进行等级分值汇总，将总分填写至学生学习活动评价结果表中，如表5.4～表5.6所示。7项总分50分以上为特优，45～50分为优，40～44分为良，30～39分为中，30分以下需努力。

表5.4　“售前客服认知”学习活动学生表现评价结果表

班级：　　　　姓名：　　　　学号：

自评（×40%）	小组互评（×30%）	教师评价（×30%）	总　评

表5.5　“售前客户服务的心理素质要求”学习活动学生表现评价结果表

班级：　　　　姓名：　　　　学号：

自评（×40%）	学生互评（×30%）	教师评价（×30%）	总　评

表5.6　“企业的组织结构和商品知识”学习活动学生表现评价结果表

班级：　　　　姓名：　　　　学号：

自评（×40%）	组内互评（×30%）	组间互评（×30%）	总　评

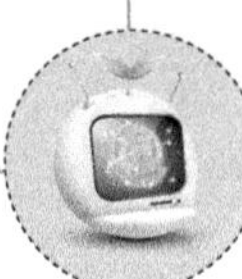

2. 学生学习结果的评价（分值50%）

对学生学习结果的评价，采用笔试测验或实操的方式进行。

任务二　售前客服职责

任务要求

教师构建班级的合作学习小组，合作学习小组的成员共同完成以下学习任务，解决以下学习问题。

（1）售前客服的工作内容包括什么？

（2）售前客服的工作技能包括什么？

（3）客服相关规章制度有哪些？

（4）发现新问题：________________________________

任务准备

根据学习任务的要求和难易程度，准备相关的教学组织和设备设施。

（1）构建合作学习小组：将全班学生分为不同的学习小组，每个小组由3～5名学生组成，每个学习小组的组员轮流担任客服主管和售前客服的角色，由客服主管对售前客服进行培训、考核和检验售前客服是否称职。选举小组长，起一个响亮的组名，设计小组标志（Logo）和座右铭（口号），组长负责全组的组织、分工、协调、合作等工作。

（2）教师指导：教师提供学习帮助，使学生明确学习目标，端正学习态度，提示学习任务的完成步骤等。

（3）学习资源：能接入互联网的计算机，纸质、声音、电子、网络等多媒体构成的立体化教学资源库。

（4）实训场地：多媒体网络教室、客户服务实训室，建议与当地电信公司或电商企业合作，进行真实场景的模拟实训。

知识链接

导入案例

有一天，有位顾客访问某网络服装店铺，在各类服装中浏览了半个小时后，挑选了几件衣服放入购物车，然后离开店铺。第二天，这位顾客开始向客服详细询问衣服的尺码、细节设计、颜色、配饰等问题，咨询了大概半小时后，从购物车删除部分商品，但迟迟不下单。第三天，顾客要求客服赠送小礼品，几经商议，最后谈妥赠品后，顾客终于下单了，但是并未支付。到了第四天，顾客在详细询问客服有关发货物流问题后，终于付款。

请思考：我们可以从这个案例中得到什么启示？

一、售前客服工作职责

1. 工作内容

（1）负责网上或热线电话客户咨询。负责在线客户销售咨询、信息查询及疑难问题的解答工作，执行呼入电话业务的处理工作，能够按照知识库及时准确地回答客户，为客户提供标准服务；了解客户需求，解答客户关于产品型号、价格、尺寸计算、功能参数、物流配送等问题。

（2）协助、引导客服完成产品筛选。站在客户的立场，尽量为客户争取更多的优惠与权益，做到事先温馨提醒。为客户提供方便，询问是否需要开票，优惠活动提醒，加急产品备注优先发货。

对缺货、无吊牌、有瑕疵的订单，向客户说明情况，协助客户进行订单登记工作。

根据顾客的需求推荐合适的产品，打消顾客疑虑，促使客户产生使用公司产品的意愿，记录有意向客户的相关信息。

（3）记录整理客户传递的意见。负责对客户传递的意见进行记录、分类并整理，对客户提出的相关意见给予答复，如果遇到自己没法解决的问题要及时咨询同事或向直属上级汇报，并做好记录。要及时准确地收集客户需求信息、建议与意见，对服务工作提出改进意见。

（4）做好交接班工作。阅读交接班记录本，解决当天需要处理的遗留问题。认真填写交班日记，向下一班交清未完成和待解决的问题。客户提出的特殊要求或特殊情况，一定要在备注中注明。

如果发现客户有什么不满，一定要及时安抚客户，并提醒售中、售后人员做好客户的后续工作。对没办法及时处理完的问题要做好记录，交接反馈。

（5）其他工作。定时参加公司培训，了解新产品、新政策和新业务，提高综合素质；协助整理部门培训资料，协助辅导新的客服人员；完成客服主管安排的其他事宜，与各部门保持良好的联系沟通；参加各种团队活动，支持团队建设；检查办公设备运行情况，及时报修排除故障。

2. 工作职权

（1）跟进并维护客户，做相应的信息反馈。

（2）商品及店铺问题信息反馈。

（3）客服制度完善。

3. 工作关系

（1）及时向部门主管汇报情况。

（2）督促审单人员处理订单修改、客户退/换货等，了解仓库发货情况。

（3）做好与客服部和公司其他部门的协调工作。

4. 工作技能

（1）熟悉产品知识、客户服务体制流程。

（2）遵守企业各项规章制度，恪守公司机密。

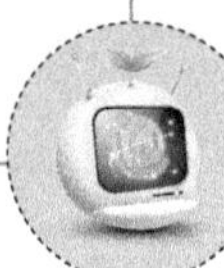

（3）掌握不同网络平台的销售流程，对淘宝操作熟悉。

（4）能够盲打输入，打字速度50字/分以上。

（5）熟练使用各种网络即时聊天工具。

（6）具备良好的语言表达能力，掌握电话沟通技巧。

（7）对计算机有基本的认识。

（8）会使用常用的办公软件和邮件工具。

（9）有较强的协调、沟通能力及人际交往能力。

（10）具备一定的销售能力。

（11）树立“以客户为本”的服务意识。

（12）反应敏捷，有良好的判断力和敏锐的洞察力。

（13）有较强的应变能力，能够承受一定的工作压力。

（14）对待客户热情礼貌、积极主动。

（15）服务态度贴心、细心、耐心。

（16）热爱本职工作，乐观豁达，责任心强。

（17）有强烈的进取心，善于学习。

二、售前客服相关规章制度和考核指标

完善客服管理制度和绩效考核制度非常重要，直接影响到客服的积极性与工作效率，间接影响企业的效益。

1. 客服制度的形成与完善

（1）售前客服的服务总则。

①服务宗旨：“以客户为中心”。

②站在客户的角度替客户争取利益。

③第一时间主动地为客户处理问题。

④勇于承担责任，维护企业形象。

（2）售前客服的注意事项。

①售前客服严格按照售前标准化作业流程执行。

②客户通过网页、即时聊天工具提出的所有问题，都要在30秒钟以内正面回答。

③上洗手间、吃饭或中途离开，无人顶替时，要设置旺旺离开自动回复消息；正常接待时不能挂自动回复。

④电话客服需在客户电话接通后3秒钟以内回复。

⑤填写客户资料表及一些后续处理跟踪表，与相关同事反馈。

⑥遇到疑难问题无法解决时，要向同事或主管求助，第一时间为客户解决问题。

⑦配合组长完成各项工作，并严格执行。

（3）轮班制度。为了更好地安排好每个客服的作息时间，提高客服的服务质量，企业一般会安排售前客服两班制工作，早晚班各司其职，更好地为客户服务。白班客服一般是早上9点到下午6点，晚班客服一般是下午5点到凌晨2点，无论白班或者晚班都必须安排售前售后客服，保证每个时段都有客服在线，休息时间可以错开，防止客户流失。

公司可以定时考核客服，检查工作情况和服务质量。

2. 售前客服绩效考核指标

网络售前客服考核主要包括询盘转化率、平均响应时间、打字速度、低评数及客单价等。指标评价一般以月为单位进行，评估结果直接影响客服当月的工资和奖金。

（1）询盘转化率。询盘转化率是指当日咨询到此旺旺，并在当日或者次日下单，且最终付款成功百分比。优秀客服询盘转化率的评估指标为60%以上。

（2）平均响应时间。平均响应时间是指客服接待过程中，顾客咨询到客服回应的每一次的时间差的均值。优秀客服平均响应时间的评估指标为30秒钟以内。

（3）打字速度。客服每月统一测试一次打字速度，一般以每分钟字数计算。优秀客服打字速度的评估指标为100字/分以上，且正确率达95%以上。

（4）低评数。低评数是指评价中提到的客服服务态度不好、推荐尺码明显错误，以及其他在接待中所犯的错误。网络投诉、电话投诉都列入低评。优秀客服的评估指标为当月无低评，并且拥有20个以上的评价点名好评。

?想一想

美国著名营销专家特德·莱维特说：“没有商品这样的东西。客户真正购买的不是商品，而是解决问题的办法。”现代商务中，客户越来越多地需要企业量身定做解决方案。你认为定制化解决方案的核心是什么？

任务实施与评价

任务实施　售前客服的工作职责认知

步骤1　查阅资料，解决“售前客服的工作职责认知”这一问题，可以使用百度、Google等搜索引擎，并将查找到的资料整理归纳后记录到学习笔记本中。

步骤2　结合任务要求，合作学习小组讨论“售前客服工作内容”和“售前客服工作技能要求”的学习内容，由客服主管对售前客服进行培训。讨论结果和培训内容记录在学习笔记本中。

步骤3　学习小组派代表上台分享本组的学习成果，其他小组针对汇报小组所陈述的内容展开讨论，并将修改意见填写到学习笔记本中。

步骤4　每个学习小组根据其他小组提出的修改意见，对本小组的学习任务进行再次讨论与完善，形成最终学习成果，并记录到学习笔记本中。

任务评价

1. 学生学习活动评价（分值50%）

每名学生对自己在整个学习过程中的表现进行自评，并请学习小组成员和教师对自己在本任务学习中的表现做出评价，从定性和定量两方面填写评价表，如表5.7和表5.8所示。

表5.7 “售前客服的工作职责认知”学习活动学生表现评价量化表

班级：　　　　姓名：　　　　学号：

序号	评价项目	描述性评价（文字）		量化评价（等级分值）			
		具体评价内容	填写具体事实	满分	自评	互评	师评
1	提出问题	①售前客服工作内容是什么 ②售前客服工作技能要求有哪些		6			
2	做出假设	①售前客服工作内容主要是回复咨询、解答疑问、协助引导、收集意见 ②售前客服工作技能主要体现在商务技能、实操技能、综合能力等方面		6			
3	设计实验方案	能否自行设计合理的实验方案		10			
4	实验操作	能否小组分工合作完成实验，操作是否规范、有效		10			
5	分析并得出结论	明确售前客服的岗位职责，概括售前客服的工作内容。总结售前客服的工作技能，树立正确的工作态度		6			
6	表达和交流	是否具有合作、表达与交流的能力		6			
7	反思，提出新问题	①网络售前客服和实体店售前客服工作内容是否相同 ②不同行业的工作技能是否相同		6			
等级			总　分	50			
评语（教师填写）							

表5.8 “售前客服职责”学习活动学生表现评价结果表

班级：　　　　姓名：　　　　学号：

自评（×40%）	小组互评（×30%）	教师评价（×30%）	总　评

2. 学生学习结果的评价（分值50%）

对学生学习结果的评价，采用笔试测验或实操的方式进行。

任务三　售前客服技巧

任务要求

教师构建班级的合作学习小组，合作学习小组的成员共同完成以下学习任务，解决以下学习问题。

（1）对“售前客服的沟通技巧”的深入认识。

（2）售前客服必须掌握的沟通要领是什么？

（3）电话客服的语言规范有哪些？

（4）网络客服岗位的注意事项和不允许的行为有哪些？

（5）网络客服的接待流程中有什么语言技巧？

（6）门店客服服务规范有哪些？

（7）门店客服的沟通禁语有哪些？

（8）门店客服的沟通话术有哪些？

（9）发现新问题：________________________________

任务准备

根据学习任务的要求和难易程度，准备相关的教学组织和设备设施。

（1）构建合作学习小组：将全班学生分为不同的学习小组，每个小组由2～6名学生组成，每个学习小组的组员轮流扮演客服主管、售前客服和客户的角色，自行设计工作流程，进行场景模拟。选举小组长，起一个响亮的组名，设计小组标志（Logo）和座右铭（口号），组长负责全组的组织、分工、协调、合作等工作。

（2）教师指导：教师提供学习帮助，使学生明确学习目标，端正学习态度，提示学习任务的完成步骤等。

（3）学习资源：能接入互联网的计算机，纸质、声音、电子、网络等多媒体构成的立体化教学资源库。

（4）实训场地：多媒体网络教室、客户服务实训室，建议与当地电信公司或电商企业合作，进行真实场景的模拟实训。

知识链接

导入案例

某君同友人去日本有名的鸣门大桥游览。天不作美，细雨蒙蒙，某君一行看见有两位穿着日本和服的男女，仔细一看才知是塑像，头部是空的，游人可以伸进头去拍照。正当他们因不知怎么收费而犹豫不决时，店主人走过来，和蔼地说这塑像是他们店的，请客人随便使用。一行人得知免费，自然高高兴兴地留了影。店主还热情地邀请几位客人品尝当地的特产——纯金茶，同时还绘声绘色地介绍起纯金茶来。由于主人的殷勤，再加上茶的香味及合理的价格，临走时他们每人买了一盒纯金茶。

顾客后还有顾客，服务的开始才是销售的开始。

请思考：我们可以从这个案例中得到什么启示？

一个合格的客服必须具备良好的语言组织能力和表达能力，掌握必要的工作要领。电话客服和网络客服的语言规范和沟通技巧尤为重要。

一、售前客服必须掌握的沟通要领

（1）以热情乐观的态度面对客户，给客户留下深刻的印象。

（2）灵活运用肢体语言或即时聊天工具的表情，营造良好的沟通氛围。

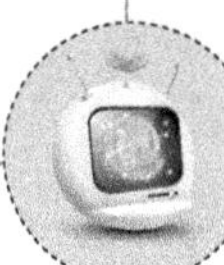

（3）熟悉产品知识及顾问式应答，树立专业的服务形象。

（4）熟悉促销和优惠活动，学会应用关联营销。

（5）注重沟通技巧，学会根据客户的需求进行产品的导购。

（6）换位思考，分析买家疑虑，攻破买家壁垒。

（7）把握议价原则，学会灵活处理各种议价问题。

（8）把握好追单时机，坚定买家信心，引导买家下单。

二、售前客服岗位的语言规范与沟通技巧

（一）电话客服的语言规范与沟通技巧

1. 问候语

客服话术：“您好，欢迎致电××客户服务热线，客服代表××很高兴为您服务，请问有什么可以帮助您？”

客户问候客服代表时，客服代表应礼貌回应：“您好，请问有什么可以帮助您？”当已经了解了客户的姓名的时候，客服代表应在以下的通话过程中，用客户的姓加上“先生/女士”保持礼貌回应称呼：“某先生/女士，请问有什么可以帮助您？”

2. 遇到无声电话时

遇到无声电话时，客服代表应说：“您好！请问有什么可以帮助您？”稍停5秒钟还是无声，“您好，请问有什么可以帮助您？”再稍停5秒钟，对方无反应，则说：“对不起，您的电话没有声音，请您换一部电话再次打来，好吗？再见！”再稍停5秒钟挂机。

3. 用户使用免提时

当用户使用免提而无法听清楚时，客服代表应说：“对不起，您的声音太小，请您拿起话筒说话好吗？”

4. 客户声音小时

遇到客户声音小听不清楚时，客服代表应在保持自己的音量不变的情况下说：“对不起！请您大声一点，好吗？”若仍听不清楚，客服代表则说：“对不起！您的电话声音太小，请您换一部电话打来，好吗？”然后过5秒钟挂机。

5. 电话杂音大时

遇到电话杂音太大听不清楚时，不可以直接挂机。客服代表应说：“对不起，您的电话杂音太大，听不清，请您换一部电话再次打来好吗？再见！”稍停5秒钟挂机。

6. 需要客户等待时

如果客户需要客服查询内容，客服代表可以先对客户说：“请稍等。”

7. 客户讲方言时

遇到客户讲方言客服代表听不懂的情况时，客服代表应说：“对不起，请您讲普通话，好吗？谢谢！”当客户继续讲方言，不讲普通话时，客服代表则说：“对不起，请您找一个可以讲普通话的人来，好吗？谢谢！”

8. 双方都可以讲方言时

遇到客户讲方言，客户能听懂客服代表的普通话的情况时，客服代表即使可以听懂客户所用的方言，也要继续保持普通话的表达。

9. 客户抱怨听不清楚时

遇到客户抱怨客服代表声音小或听不清楚时，客服代表应说："对不起（稍微提高音量），请问有什么可以帮助您？"

（二）网络客服的语言规范与沟通技巧

1. 网络客服语言规范的要求

语言能力是一个客服应该具备的最基本的能力，也是最重要的能力。淘宝是一个虚拟的网购平台，网络购物平台的所有交易过程都需要通过即时聊天工具进行沟通。这种非谋面的交流方式增加了沟通难度。网络客服主要通过文字来展示商品信息、服务态度和服务水平。一次愉快的交易从售前咨询到售中协商、售后服务，都离不开良好的沟通。

2. 网络客服的语言技巧

（1）网络客服岗位的注意事项和不允许的行为。

①网络客服岗位的注意事项。

● 规范标准。保持话术的统一性，便于培训新客服，突出店铺品牌形象。

● 注意场景。什么场景说什么样的话，注意不要使用一些可能引起歧义的词汇。

● 注意会话。避免重复使用过多的快捷回复，防止过多的"短语+亲"，容易产生疲劳感，如好的亲、包邮亲。

● 最后发言。永远做最后一个说话的人，不要让客户留下被放空的感觉。

②不允许的行为。

● 基础关怀。不能不回复客户问题直接关闭聊天窗口；严禁客户生气后不但不道歉反而与客户争辩。

● 库存咨询。严禁不查询库存，直接告诉客户有货；严禁不与客户核对等货情况，也不备注等货情况。

● 推荐。客户要求推荐时，客服不能拒绝推荐，并让客户自己去看；不能为了销售额，推荐客户明显穿不了的尺码、明显无需求的产品。

任何一个环节都不能留给买家不好的印象，任何情况下都不能出现激怒买家的言语，甚至骂脏话。客服的语言和行为直接影响了成交及售后评价，有一些行为是不允许的。

（2）网络客服的接待流程与话术。

①欢迎用语。打招呼的技巧是礼貌热情、及时回复。当接收到顾客发送的第一条消息时，首先要做到的是快速反应，不能让顾客等待超过10秒钟。客服要在客户咨询时快速回复，因为客户买东西都会货比三家，可能同时和多家店铺联系，这时候谁第一时间回复，谁就占了先机。回复时一定要避免一两个字的回答，如在、没、没有。这样的简单回答会让客户觉得客服人员很忙，没空搭理他，客户都喜欢被重视的感觉！适当加一些旺旺表情效果会更好。

如果客户未提出咨询问题，例如，"你好，在吗？"客服用通用型首语跟顾客打招

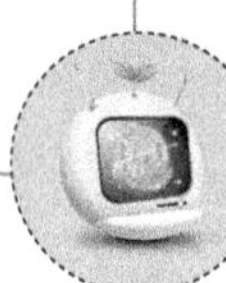

呼并介绍当前店铺活动即可。例如，“亲，您好，我是××生活用品店的1号客服，很高兴为您服务，有什么可以帮到您的呢？店铺正在举行‘全场包邮’的活动，在本店任意购买1件即可包邮，有喜欢的可以拍下哦！”

当买家询问客服是否在线时，客服可以作答：“亲，在的，正等您呢！很高兴为您服务！”如果客户已经提出咨询问题，例如：“您好，××这款有货吗？”客服可用针对型首语跟客户打招呼后，直接回答顾客咨询的问题。例如，“您好，欢迎光临××内衣旗舰店，客服××竭诚为您服务（+笑脸），稍等我查询下库存回复您！”

②客户接待。客户接待的技巧是细致缜密、认真倾听、热心引导。这个环节是顾客对产品了解的一个过程，客服在解答客户对产品的疑问时，可以适当引用一些专业性术语、权威性数字等。但在介绍产品的时候，语言要求通俗易懂，便于客户理解。

● 客户等待。如果需要查询比较久才能答复客户，应先告知客户。

客服话术1：亲，真的很抱歉，因为咨询的MM比较多，回复稍微慢了点，我会尽快回复您哦，谢谢您的谅解！

客服话术2：亲，不好意思，刚才接了个电话，让您久等了！

如果当前咨询量比较大，不能及时回复，可以将新接入的客户转给其他不忙的客服，转出之前应先发快捷语。

客服话术：亲，十分抱歉，由于我这边咨询人数过多，影响了回复速度，现帮您转接其他客服，稍后会有客服主动与您联系，请您留意下别的旺旺消息哦，感谢您的配合！

● 询问库存。当客服询问商品是否有货时，如果库存有货，客服就跟客户介绍商品的卖点、优势等；如果没货，不可以直接回复没有，要注意回答的技巧。

客服话术：真是不好意思，这款宝贝销售火爆，暂时缺货，不过这几天上新的几款宝贝也很热销，给您看一下吧。

● 询问质量。当客户询问产品质量时，在不夸大商品实情的基础上，客服要对商品进行适当的宣传和推荐。客服要给客户一个非常肯定的答复，消除客户的忧虑，让客户感受到热心和专心。

客服话术1：本店销售的产品均是厂家直接供货的，质量绝对保证。保证正品，假一罚十。

客服话术2：旗舰店是需要公司营业执照、注册商标、税务登记证、产品质检报告等手续证明才能开张的。所以这个问题您大可放心，不仅确保正品，而且确保实惠。

● 客户无响应。如果发了首语以后客户一直没有响应，客服应该主动询问客户的需求。

客服话术：亲，您还在吗，请问有什么可以帮您的呢？

③ 推荐引导。推荐引导的技巧是认真倾听、精准推荐、专业引导。当客户主动要求客服进行产品推荐时，客服要对客户负责，通过引导的方式，询问客户的真实需求，用心挑选客户需要的商品，而不是单纯为了商业利益。同时，也要在作答时，展现客服人员的专业性。

客服话术1：好的，我帮您推荐最合适的，请稍后。几分钟后，回复：让您久等了，这两款风格简洁、时尚，很受年轻人喜欢哦，这是链接地址：……您可以参考一下。

客服话术2：亲，久等了，您女朋友的皮肤爱长痘痘，说明皮肤偏油性，毛孔堵塞才会引起长痘痘的。首先要清洁毛孔和调油，我帮您推荐了这款茶树精油，调油、消炎、杀菌，特别适合她，下面是产品链接：……您去看看吧！

④ 议价环节。客服议价过程的核心思想就是告知客户产品质量是有保证的，销售价格是公司制定的最低价，无法优惠了。通常到这一步，部分顾客不会再在价格上纠缠。如果还有客户说产品贵的话，客服可以顺着买家的意思，承认客户的说法。但是委婉地告知客户物有所值，引导买家综合考虑商品的包装、品质、品牌、售后等，大部分买家都会比较满意的。如果客户继续议价的话，适当给予一些赠品或者运费优惠的方式，一般都能达成交易。

客服话术1：您好，页面显示的价格就是我们实际的卖价哦，按公司规定，我们不能随便修改哦。

客服话术2：亲，非常抱歉，我们不议价的，现在是活动期间，您拍下的价格已经非常优惠了。

客服话术3：您好，我们的活动是“满100减10元”，而且包邮的，价格方面请您放心，我们线上线下都是统一定价的，这个活动是我们线上独享的活动，线下是没有这个优惠活动的，所以您已经享受最大的实惠啦！

客服话术4：亲，已经给您优惠价格了哦，这个价格是老顾客的价格待遇，一般人都是原价购买的，看亲是真心想购买，又跟我聊得这么投机，特意向领导为您申请的价格，希望亲能理解一下。

⑤ 支付环节。支付环节的技巧是流程操作、不能催促、适时帮助。

● 指导付款。如客户已经拍下，却迟迟未见付款，有可能客户是新手买家，在支付操作过程中遇到一些问题，无法及时达成支付。这时客服需要主动联系客户，以关心的口吻了解客户碰到的问题，并给予指导，直到顾客完成付款。

客服话术：亲，您好，是支付上遇到问题了吗？有不清楚的地方，可以告诉我，或许我能帮到您（+表情笑脸）！

● 修改邮费。部分需要优惠运费的订单，在跟客户达成一致后，需要等客户拍下订单，然后修改价格，买家再进行支付。

客服话术：您好，您拍下来后，先不要进入支付页面，我修改好运费后，您再支付。

● 完成支付。当客户已经完成支付时，客服要及时为客户备货并发货。

客服话术1：您好，已经看到您支付成功了，我们会及时为您发货，感谢您购买我们的商品，有任何问题，可以随时联系店内售后客服。

客服话术2：嗯，好的！您的订单已受理。我们会在24小时内为您发货。快递一般为江浙沪内1～2天，江浙沪外3～6天，邮政为5～7天。超过时间未收到，请联系本店在线客服为您查件。亲收货的时候记得检查外包装，包装破损的请拒收，当面清点数量。收到后有任何不满意请及时联系我们，O（∩_∩）O谢谢。

● 快递问题。告诉客户正常几天可以到货后，有些客户会询问具体时间或者运费问题，要委婉地回答。

客服话术1：您好，由于快递不受我们控制，我们无法保证具体到货时间，只能保证今天一定给您安排发货，希望您能理解。

客服话术2：如果您很急的话，建议您使用顺丰快递，就是运费稍微贵了些，江浙

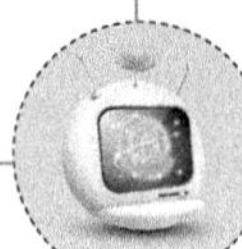

沪1千克内是14元，其他地区1千克内22元。

关于超重和体积庞大的商品，要结合商品重量、体积及顾客收货所在地，计算出运费后，告知顾客。

⑥ 核实信息。核实信息的技巧是及时核实，买家确认。买家付款后，在买家下线前，把订单中的买家信息发给买家，让买家确认，避免出错，这样就会减少纠纷，也给客户留下认真负责的印象。

客服话术：亲，您好，请核实一下您要的茶树精油，赠送精美包装。您的地址是：××××××××××××，邮编：××××××，电话：×××××××××××，麻烦您确认一下，谢谢。

⑦ 跟进技巧。跟进的技巧是视为成交，及时沟通。如果客户下了订单但是还没有付款，客服不能直接催促，可以根据旺旺或订单信息联系买家，及时跟进。

客服话术：您好！谢谢您选购我们的产品，现已经为您做好了一切发货的准备，请您核实地址，快递5点前就来取货了，请您尽快付款哦！

⑧ 欢送用语。欢送用语的技巧是宽容大度，欢迎再来。不管是否成交，对待客户的态度要保持始终如一，为下次销售铺好路。

● 未达成订单欢送语。

客服话术：亲，非常感谢您的光临，很遗憾没能跟您完成这次交易，希望您可以收藏下本店，以后本店会不定期地有促销活动哦，欢迎随时关注我们，再次感谢您的光临！

● 达成订单欢送语。

客服话术1：谢谢您对本店的支持，希望您对我们的服务满意。亲，可以收藏下我们店铺，关注店内优惠活动，欢迎亲下次再来！

客服话术2：亲，感谢您对××××的支持和关注，期待您的再次光临，祝您购物愉快！

客服话术3：沟通从心开始，交流创造价值；您提出的问题我们一定会尽快为您处理，请不要直接给予中差评哦。

客服话术4：谢谢您的惠顾，您就等着收货吧，合作愉快，就不打扰您了。

（三）门店客服的服务规范与沟通技巧

1. 门店客服服务规范的要求

门店客服的服务规范主要包括服饰规范、仪容规范、仪态规范和语言规范。

（1）得体整洁的服饰规范。客服人员得体整洁的着装可以满足客户在视觉和心理方面的要求，着装是一门艺术，它能够传达出语言无法替代的情感和意蕴。

一般门店客服都需要穿制服，统一着装已经不再是单纯的个体形象，更体现出企业形象和企业文化。

客服人员的着装应以整洁、大方、得体为基本要求，同时结合年龄、职位、体型、场合。在工作时间，客服人员不宜佩戴过多的饰品，以免给客户留下不好的印象。

（2）大方端庄的仪容规范。大方得体的仪容仪表，不仅可以增强客服的自信，还可以赢得客户的好感和信任。保持端庄的仪容，对客服自身的气质有要求，而掌握必要的化妆技巧更是锦上添花。

适度得体的化妆可以让客服人员的仪容更加引人注目。化妆应以洁净、健康、自然为基准，忌讳浓妆艳抹，过于妖艳。得体的工作妆简约、清丽、素雅，具有鲜明的立体感，既要给人以深刻的印象，又不要显得脂粉气十足。

男士工作妆包括美发定型，清洁面部与手部，并使用护肤品进行保护；使用无色唇膏与无色指甲油，保护嘴唇与手指甲，适当地使用香水等。

正确使用香水的方法：

第一种，将少量香水喷在离脉搏比较近的皮肤上，如手腕、耳根、颈侧、膝部、踝部等处；

第二种，将少量香水喷在容易扩散出香味的服装隐秘部位，如内衣、衣领、口袋、裙摆的内侧，以及西装上所用的插袋巾的下端；

第三种是喷雾法，在穿外衣前，让喷雾器距身体约10～20厘米，喷出雾状香水，喷洒范围越广越好，随后立于香雾中。或者将香水向空中大范围喷洒，然后慢慢走过香雾。这样都可以让香水均匀地落在身体上，留下淡淡的清香。

女士工作妆在男士工作妆的基础上，还需要使用相应的化妆品略施粉黛、淡扫蛾眉、轻点红唇，充分展现女性光彩与魅力的面颊、眉眼与唇部。

（3）优雅风度的仪态规范。客服人员良好的外在形象和举止表现可以给客户留下较好的第一印象，举止优雅的客服人员往往能够赢得客户的更多尊重和信任。

形体语言包括人的动作和表情，能在很大程度上反映一个人的素质、受教育程度及能够被别人信任的程度。眼神与表情是传递情感、展示教养、表达真诚最自然、最直接的方式。

形体语言往往是一种动态中的美，包括手势、站姿、坐姿、走姿等，是风度的具体体现。拥有这种风度，是客服人员赢得客户好感和亲近的重要因素，需要客服人员持续不断地进行自我修炼。

（4）热情诚恳的语言规范。优质的服务沟通离不开礼貌热情、诚恳友善的语言规范。客服人员的语言要礼貌热情，有良好的语音、和缓的语气、准确的语感、适中的语速，要注意语言节奏的安排，配合适当的肢体语言，体现客服人员的亲和力和专业度。

根据客户的认知程度、理解程度、语速语调和情绪变化，来调整客服人员的说话风格。客服人员必须用妥善的措辞与客户交谈，能够灵活地应对客户的不满情绪，坦然承认自己的错误，耐心听取意见、虚心接受批评、诚恳感谢建议。

聆听也是一种“无声的语言”，可以让客户感受到被尊重和认可的感觉。倾听的艺术，不仅体现在用耳朵倾听，也体现在肢体倾听，让客户感觉到客服人员正在认真倾听。

2. 塑造门店客服诚信可靠的职业形象

（1）心理专家。门店客服必须会揣测客户的心理活动，从具体的细节动作、穿着、举止、眼神、表情等，感知客户的消费习惯，感知客户的需求层次。

（2）表演家。门店客服每天要和客户、商场人员、其他品牌的人打交道，表演能力强、交际能力强的人总能左右逢源，使困难迎刃而解。

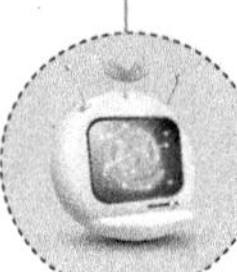

每个人都喜欢和积极主动、热情大方的人打交道，客服人员的热情和积极总能感染着周围的人群或客户，得到意想不到的收获。

（3）产品专家。要给客户推荐，首先要懂得产品的独特卖点、技术含量、生产流程，以及竞争品牌的产品，了解得越专业，越容易使客户信服。

（4）快乐使者。售前客服要把推荐工作变成一种乐趣，变成发自内心的一种快乐的销售行为，怀着感恩、愉快的心情去经营客户。

客服不要因为客户的责难而对客户不礼貌，这样会影响品牌的形象。售前客服要记住：好心好意好心情也是促销力。

（5）品牌大使。在实际生活中，一个优秀的客服会综合运用这些“卖点”，抓住客户心理需求，再重点突出产品在某方面的介绍。好客服不仅自己为自己建立了品牌，而且为企业的品牌和形象宣传扩大了影响。

（6）情报员。售前客服是卖场工作的责任人，直接和卖场管理者、客户、产品打交道，是信息来源的切入口。售前客服在日常工作中所收集的市场信息，是企业掌握市场发展变化的最佳资料。

（7）装点师。第一印象很重要，展位、产品形象要摆设合理，让客户一见钟情，过目不忘。售前客服在日常终端维护工作中最好能用“6S”管理方法［整理（Seiri）、整顿（Seiton）、清扫（Seiso）、清洁（Seiketsu）、素养（Shitsuke）、安全（Security）］要求自己。

3. 门店客服的沟通技巧

语言表达方式直接影响着沟通的氛围和效果，客服人员必须掌握一定的语言沟通技巧，学会情境应对。

（1）门店客服的沟通宗旨。

- 基于客户的利益表达。
- 专业术语要深入浅出。
- 赞美客户要讲究技巧。
- 否定客户时要有礼貌。

（2）门店客服的沟通要领和语言规范。

① 门店客服的沟通要领。

- 语调柔和。语调表达个人的态度与情绪，明朗和愉快的语调最吸引人，语调偏高或过低的客服人员应设法练习，才能更好地为客户服务。
- 发音清晰。客服人员的发音要标准清晰，要学习准确的发音方法，并多加练习。改正咬字不准的缺点，最好的方法就是大声地朗诵，久而久之就会有效果。
- 语速适中。客服人员语速要适中，大致与客服语速相当。遇到感性的场面，语速可以加快；碰上理性的场面，则语速要放慢。
- 音量适度。客服人员在与客户沟通时，声音的大小要适中。音量太大，会造成压迫感，使人反感；音量太小，则显得客服信心不足，说服力不强。
- 节奏适中。为了让表达更加顺畅，字句之间要层次分明，适中的语言节奏利于沟通。客服人员可以通过停顿来调节交流的节奏，停顿时会引起客户的兴趣和期望客户早下决定。

● 表情到位。客服人员要学会灵活地运用面部表情，恰到好处的表情有助于沟通交流。在沟通过程中，有时看着对方的眼睛，会给人一种重视的感觉。客服面带微笑会营造一种轻松愉悦的谈话氛围。

② 门店客服的语言规范。门店客服无论什么时候与客户交谈，都要讲文明礼貌，避免失言。

●不说批评性的话语。客户都希望得到肯定、赞美与鼓励。一些脱口而出的话语里包含批评，虽然是无心批评指责，但在客户听来，感觉就不太舒服了。

客服人员每天都与客户打交道，赞美性话语应多说，但也要注意适量，防止让人有种虚伪造作、缺乏真诚的感觉。

与客户交谈中的赞美性用语，要出自内心，不能不着边际地盲目赞美。不卑不亢自然表达，更能获取人心，让人信服。

●杜绝主观性的话题。主观性的话题也是客服的禁忌，要尽量杜绝参与议论，如政治、宗教、伦理等话题，不仅对客户服务没有实质意义，而且有可能产生意见分歧。

主观性的议题，客服人员最好做到闭口不谈，如果客户主动提出一些主观性的话题，客服人员适度迎合后，应马上将话题转移回来。

●适当使用专业的术语。适当地使用专业术语，能体现客服人员的专业性和权威性，但一定要把握好使用的情境和频率，否则大量的专业术语极有可能引起反感，客户的拒绝心态就顺其自然地产生了。

有时，通俗易懂的语言更利于交流，也能更有效地达到沟通的目的。

●不说夸大不实之词。不能为了促成交易，对客户进行任何的欺骗，编造夸大其词的谎言。夸大商品的功能和价值，势必会为售后埋下一颗“定时炸弹”，一旦纠纷产生，后果将不堪设想。

客服人员理应站在客观的角度，与客户共同分析商品的优势，帮助客户“货比三家”。唯有知已知彼、熟知市场的状况，才能让客户心服口服地接受产品。

● 禁用攻击性语言。有时可以看到这样的场面，同行业的业务员用带有攻击性色彩的话语，攻击竞争对手，甚至有的人把对方说得一文不值，致使整个行业形象在客户心目中不理想。

客服人员在说出攻击性话题时，缺乏理性的思考。其实，无论对人、对事还是对物的攻击词句，都可能造成客户的反感，因为不见得客户站在了同一个角度。客服表现得太过于主观，反而会适得其反。

● 避谈隐私问题。客服人员与客户的沟通，主要关注对方的需求，更好地为客户服务。漫无目的的“闲谈”，甚至是婚姻、财务、家庭成员、社会关系等隐私问题，是客服人员常犯的一个错误，即使是自己的隐私问题，客服也要尽量避免。

（3）门店客服的沟通技巧与话术。

顾客进店后行走缓慢、东看西看，或与同伴谈笑风生，一般是闲逛型顾客。这类顾客只是想凑凑热闹、消磨时间，会到处走走看看，一般没有固定的购买目标，抱着试了也不用花钱的心态，碰到合心意而价钱又适合的才会购买。

对于闲逛型顾客，客服应给其充分的自由选购空间。在说一声“请随意挑选，假如

有需要请叫我一声”后，与顾客保持一定的间隔，在整理货品的同时，随时留意对方的举动。但不宜斜视和盯着顾客看，避免让对方紧张不安。当顾客集中注视某件货品或主动提问时，客服应该适时上前提供服务。

客服话术1：您好，欢迎光临本店！请放心挑选，买不买没有关系，喜欢的话就试一试，有需要的话可以随时叫我。您是想自己先看看，还是让我有重点地给您介绍介绍？

客服话术2：先生/女士，下午好！欢迎光临本店！看中了可以先试试，买衣服就是要多看、多试嘛！不管您买不买，我都会努力让您满足。您是想自己先看看，还是让我为您介绍一下？

客服话术3：您好！欢迎光临本店！能为您效劳是我的荣幸，请放心挑选，我会尽我所能为您提供资讯与服务。您是想先走走，还是我陪您一边看一边做介绍呢？

门店客服接待、引导推荐、议价、支付、道别等流程与网络客服相似，客服人员在深入领会和模拟实操中触类旁通、举一反三地应用即可。

想一想

如果客户过分责难，客服人员应该如何处理？

任务实施与评价

任务实施

1. 电话客服的语言规范

步骤1 查阅资料，解决“电话客服的语言规范是什么”这一问题，可以使用百度、Google等搜索引擎，并将查找到的资料整理归纳后记录到学习笔记本中。

步骤2 结合任务要求，合作学习小组讨论“电话客服的语言规范”的学习内容。模拟电话客服接待客户的场景，展示电话语言规范和形体礼仪。将小组讨论结果和展示成果填写在学习笔记本中。

步骤3 学习小组派代表上台分享本组的学习成果，其他小组针对汇报小组所陈述的内容展开讨论，并将修改意见填写到学习笔记本中。

步骤4 每个学习小组根据其他小组提出的修改意见，对本小组的学习任务进行再次讨论与完善，形成最终学习成果，并记录到学习笔记本中。

2. 网络客服的语言规范与沟通技巧

步骤1 查阅资料，解决“网络客服的沟通技巧有哪些”这一问题，可以使用百度、Google等搜索引擎，并将查找到的资料整理归纳后记录到学习笔记本中。

步骤2 结合任务要求，合作学习小组讨论“网络客服岗位的注意事项和不允许的行为”和“网络客服的沟通技巧”的学习内容。模拟网络客服接待客户的场景，灵活运用沟通技巧和客服话术。将小组讨论结果和展示成果填写在学习笔记本中。

步骤3 学习小组派代表上台分享本组的学习成果，其他小组针对汇报小组所陈述的内容展开讨论，并将修改意见填写到学习笔记本中。

步骤4 每个学习小组根据其他小组提出的修改意见，对本小组的学习任务进行再次讨论与完善，形成最终学习成果，并记录到学习笔记本中。

3. 门店客服的服务规范与沟通技巧

步骤1 查阅资料，解决“门店客服的服务规范与沟通技巧有哪些”这一问题，可以使用百度、Google等搜索引擎，并将查找到的资料整理归纳后记录到学习笔记本中。

步骤2 结合任务要求，合作学习小组讨论“门店客服岗位的服务规范和职业形象塑造”和“门店客服的沟通技巧与话术”的学习内容。模拟门店客服接待客户的场景，灵活运用沟通技巧与客服话术。将小组讨论结果和展示成果填写在学习笔记本中。

步骤3 学习小组派代表上台分享本组的学习成果，其他小组针对汇报小组所陈述的内容展开讨论，并将修改意见填写到学习笔记本中。

步骤4 每个学习小组根据其他小组提出的修改意见，对本小组的学习任务进行再次讨论与完善，形成最终学习成果，并记录到学习笔记本中。

任务评价

1. 学生学习活动的评价（分值50%）

每名学生对自己在整个学习过程中的表现进行自评，并请学习小组成员和教师对自己在本任务学习中的表现做出评价，从定性和定量两方面填写评价表，如表5.9～表5.14所示。

表5.9 “售前客服技巧”学习活动学生表现评价量化表

班级： 姓名： 学号：

序号	评价项目	描述性评价（文字）		量化评价（等级分值）			
		具体评价内容	填写具体事实	满分	自评	互评	师评
1	提出问题	① 什么是售前客服技巧 ② 售前客服技巧的内容有哪些		6			
2	做出假设	售前客服对达成交易是至关重要的		6			
3	设计实验方案	能否自行设计合理的实验方案		10			
4	实验操作	能否小组分工合作完成实验，操作是否规范、有效		10			
5	分析并得出结论	掌握理解相关的沟通技巧与策略，能熟练、运用相应的话术		6			
6	表达和交流	是否具有与他人合作、表达与交流的能力		6			
7	反思，提出新问题	如何恰当地使用话术		6			
等级			总 分	50			
评语（教师填写）							

表5.10 “售前客服技巧”学习活动学生表现评价结果表

班级：　　　　姓名：　　　　学号：

自评（×40%）	小组互评（×30%）	教师评价（×30%）	总　评

表5.11 “网络客服的语言规范与沟通技巧”学习活动学生表现评价量化表

班级：　　　　姓名：　　　　学号：

序号	评价项目	描述性评价（文字）		量化评价（等级分值）			
		具体评价内容	填写具体事实	满分	自评	互评	师评
1	提出问题	① 网络客服岗位的注意事项和不允许的行为有哪些 ② 网络客服接待流程中的语言技巧有哪些		6			
2	做出假设	① 网络客服要为客户耐心细致地服务，不允许怠慢客户 ② 网络客服接待流程中的语言技巧要规范专业，为客户着想		6			
3	设计实验方案	能否自行设计合理的实验方案		10			
4	实验操作	能否小组分工合作完成实验，操作是否规范、有效		10			
5	分析并得出结论	领会网络客服岗位的注意事项和不允许的行为，模拟网络客服的接待流程和语言技巧		6			
6	表达和交流	是否具有与他人合作、表达与交流的能力		6			
7	反思，提出新问题	① 如果网络客服不小心出现不允许的行为，应如何化解 ② 网络客服的接待流程和语言技巧与面对面客服有什么区别		6			
等级			总　分	50			
评语（教师填写）							

表5.12 “网络客服的语言规范与沟通技巧”学习活动学生表现评价结果表

班级：　　　　姓名：　　　　学号：

自评（×40%）	小组互评（×30%）	教师评价（×30%）	总　评

表5.13 “门店客服的服务规范与沟通技巧”学习活动学生表现评价量化表

班级：　　　　姓名：　　　　学号：

序号	评价项目	描述性评价（文字）		量化评价（等级分值）			
		具体评价内容	填写具体事实	满分	自评	互评	师评
1	提出问题	①门店客服的服务规范有哪些 ②门店客服的沟通禁语有哪些 ③门店客服的沟通话术有哪些		6			

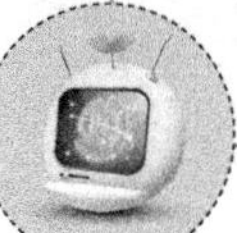

（续表）

序号	评价项目	描述性评价（文字）		量化评价（等级分值）			
		具体评价内容	填写具体事实	满分	自评	互评	师评
2	做出假设	① 门店客服的服务规范包含了服饰规范、仪容规范、仪态规范和语言规范 ② 门店客服的沟通禁语不尊重客服，沟通技巧是“以客户为中心”		6			
3	设计实验方案	能否自行设计合理的实验方案		10			
4	实验操作	能否小组分工合作完成实验，操作是否规范、有效		10			
5	分析并得出结论	明确门店客服的语言规范		6			
6	表达和交流	是否具有与他人合作、表达与交流的能力		6			
7	反思，提出新问题	门店客服的沟通技巧与电话客服、网络客服有什么异同点		6			
等级			总　分	50			
评语（教师填写）							

表5.14　“门店客服的服务规范和沟通技巧”学习活动学生表现评价结果表

班级：　　　姓名：　　　学号：

自评（×40%）	小组互评（×30%）	教师评价（×30%）	总　评

2. 学生学习结果的评价（分值50%）

对学生学习结果的评价，采用笔试测验或实操的方式进行。

项目小结

本项目主要学习了售前客服的认知、岗位职责和语言技巧。学生在理解售前客户服务的含义、服务意义和服务理念的基础上，了解售前客服的心理素质要求。学习了本项目后，学生可以描述企业的组织结构，复述售前客服需要掌握的商品知识，领会必要的电话礼仪和优雅的形体语言表达，展示客服的基本礼仪。通过学习售前客服的工作内容、技能标准和规章制度，树立了正确的工作态度。学生通过学习售前客服必备的沟通要领和语言规范，领会了电话客服和网络客服岗位的接待流程和语言技巧。通过学习，学生可以领会门店客服服务规范的要求，塑造门店客服诚信可靠的职业形象，明确门店客服的沟通宗旨、沟通要领和语言规范，模拟门店客服的沟通技巧和话术。

练习与自测

总分：50分
哇，我得了______分！

一、快乐小补丁（每空1分，共10分）

1. 售前客户服务的内容有________、________、________、________、________、________、________和________。

2. 门店客服的服务规范包含了服饰规范、________、仪态规范和________。

二、剪刀、石头、布（每题2分，共10分）

对于下面这些问题，你准备出剪刀（A）、石头（B），还是布（C）呢？

1.（　）是企业在顾客未接触产品之前所开展的一系列刺激顾客购买欲望的服务工作。

A.售前客服　　B. 售中客服　　C. 售后客服

2. 门店客服的沟通要领中，要求音量（　）。

A. 大　　B. 小　　C. 适中

3.（　）是指当日咨询到此旺旺，并在当日或次日下单，且最终付款成功百分比。

A.跳失率　　B.询盘转化率　　C. 询盘数

4.（　）是指客服接待过程中，顾客咨询到客服回应的每一次的时间差的均值。

A.接单时间　　B.首语响应时间　　C. 平均响应时间

5. 如果客户需要客服查询内容，需要客户等待，客户要先对客户说：“（　）”。

A.对不起　　B.我错了　　C. 请稍等

三、识别红绿灯（每题2分，共10分）

红灯停，绿灯行！对于下面这些说法，你觉得正确的，请打“√”，并继续前行；错误的请打“×”，写出正确答案后再前进。

1. 遇到无声电话时，客服可以直接挂掉。（　）________

2. 在企业的组织结构图中，客服部门一般属于公司的职能部门。（　）________

3. 遇到疑难问题无法解决时，客服人员要向同事或主管求助，第一时间为客户解决问题。（　）________

4. 低评数是指评价中提到的客服服务态度不好、推荐尺码明显错误及其他在接待中所犯错误。电话投诉、网络投诉均列入低评。（　）________

5. 客服需要主动与客户电话联系时，拨打电话时要注意时间，不宜在工作时间拨打，应选择在午休时间致电客户。（　）________

四、动动小脑筋（5分）

请将商品的专业知识、背景知识与其对应的内容用线段连起来。

商品的专业知识	行业动态
	商品卖点
	生活经验
	保养方法
商品的背景知识	规格型号

五、拍脑筋猛想（15分）

1. 复述售前客服岗位的心理素质要求。（5分）

2. 实训任务：分析电话客服、网络客服和门店客服的语言规范、沟通技巧。（10分）

任务要求：上网查阅相关资料，或参考课本知识，了解电话客服、网络客服、门店客服的相关知识，用图文方式将结果记录保存成Word文档，并将此文档发邮件提交给老师。

项目六

售中客服

项目情景

泰国的东方饭店因细节服务征服旅客。小明一行6人入住饭店之后径直走到大堂酒吧，发现6个人的座位已经摆好，而旁边全是5个人的座位。第二天，他发现，另外7个人到酒吧，酒吧里又一下子摆上了7个人的座位。从下车到进门再到酒吧，短短一两分钟时间，座位却调整得如此之快，原来是门童和酒吧服务人员通过手势配合完成的。这个细节让小明感慨良多：是客户服务让东方饭店如此出名。其后，小明总是对亲朋好友介绍、推荐东方饭店，不是因为佣金，而是希望朋友得到最佳服务（产品）。

思考：如果你也经营着一家饭店，在服务方面你还可以完善哪些细节？

____

____

学习目标

- 复述售中客服的概念，能区别售前客服与售中客服。
- 理解售中客服的职责和服务规范。
- 掌握售中客服的通用技巧。

学习任务

- 任务一　售中客服认知
- 任务二　售中客服职责
- 任务三　售中客服技巧

任务一 售中客服认知

任务要求

教师构建班级的合作学习小组，合作学习小组的成员共同完成以下学习任务，解决以下学习问题。

（1）售中客服与售前客服有何区别？

（2）哪些工作应由售中客服去做？

（3）售中客服对企业有什么意义？

（4）发现新问题：______________________________

任务准备

根据学习任务的要求和难易程度，准备相关的教学组织和设备设施。

（1）构建合作学习小组：将全班学生分为不同的学习小组，每个小组由2～6名学生组成，每个学习小组的组员分配上，要有领导者、创造者、分析者和执行者的角色。选举小组长，起一个响亮的组名，设计小组标志（Logo）和座右铭（口号），组长负责全组的组织、分工、协调、合作等工作。

（2）教师指导：教师提供学习帮助，使学生明确学习目标，端正学习态度，提示学习任务的完成步骤等。

（3）学习资源：能接入互联网的计算机，纸质、声音、电子、网络等多媒体构成的立体化教学资源库。

（4）实训场地：多媒体网络教室、客户服务实训室，建议与当地电信公司或电商企业合作，进行真实场景的模拟实训。

知识链接

导入案例

有一对年轻的父母，到A店购买婴儿奶粉，商店客服只是简单地把奶粉推荐给这对父母。半个月后，这对父母要再次购买奶粉，这次他们选择了邻近的B店购买奶粉。B店客服给这位客户介绍奶粉的同时，了解到他们的孩子刚满十个月，每隔三四周会购买一次奶粉。在埋单时，又让客户登记了相关的信息，并且办理了一张会员卡。这样，每隔三周该客服就给这位客户打电话回访，问他们购买的奶粉孩子喜不喜欢吃，现在奶粉有没有快吃完了？很自然，这对年轻的父母，每次需要购买奶粉时都会到B店，有需要其他的婴儿用品也到B店，有时周边的朋友要买奶粉，他们也给介绍到B店。

请思考：我们可以从这个案例中得到什么启示？

一、售中客服的概念

售中客服是指在产品交易过程中销售者向购买者提供的服务，如热情地为客户介绍、展示产品，详细说明产品使用方法，耐心地帮助客户挑选商品，解答客户提出的问题等。售中客服与客户的实际购买行动相伴随，是促进商品成交的核心环节，其实质是企业采取各种必要手段维持与客户良好的商业关系。

二、售中客服的目标

售中客服的目标是通过与客户进行充分沟通，深入了解客户的需求，为客户提供最合适的产品或最优的解决方案。针对客户的售中服务，主要体现为销售过程管理和销售管理，销售过程是以销售机会为主线，围绕着销售机会的产生、销售机会的控制和跟踪、合同签订、价值交付等一个完整销售周期而展开的，既是满足客户购买商品欲望的服务行为，又是不断满足客户心理需要的服务行为。

售中客服的服务质量是决定客户是否购买的重要因素。优秀的售中服务能够让客户感受到企业的关爱和感激，从而可以增强客户的购买决策。融洽而自然的销售服务还可以有效地消除客户与企业销售、市场和客户关怀人员之间的隔阂，在买卖双方之间形成一种相互信任的气氛。

三、售中客服的内容

售中服务包括客户接待、向客户传授知识、帮助客户挑选商品、满足客户的合理要求、提供代办业务、操作示范表演，以及其他现场服务等。接待服务是售中服务的中心内容，客服在接待客户时，通过主动、热情、耐心、周到的服务，可把客户的潜在需求变为现实需求，达到商品销售的目的。可以说，在商品销售过程中，接待服务对销售成败具有决定性作用。

四、售中客服的意义

中国服务大师邹金宏曾经说过：“最佳服务是企业的生命，是创造利润的法宝，也是竞争的雄厚资本，而这一切主要来自科学管理和员工的努力。”美国哈佛大学著名的教育专家葛登纳则说过：“当你服务他人的时候，人生不再是毫无意义的。”这些名人名言，没有服务经历的人，理解起来可能会觉得很简单，但是根本无法真正明白其含义。

售中客服对于企业来说，是对外服务的窗口、新客户的来源，能够树立公司形象，帮助完善客户关系；对于客户而言，可以获得更多的便利，节约成本等；而对于服务者本身而言，它是工作，也是事业，它既有助于个人能力的提升，又有助于结交朋友。下面着重阐述售中客服对企业的意义。

1. 售中客服有助于企业树立良好口碑

有很多企业并不是特别重视售中客服，而是看重销售部门，认为企业的生存要靠盈利，只有销售才能盈利，因此不把企业工作的侧重点放在服务上面，没有认识到售中客服对于一个企业的重大意义，这个意义远远超过了销售。客户是企业的安身立命之本，经营企业最便宜的方式是为客户提供最优质的服务，而客户的推荐会给企业带来更多的客户，在这一点上企业根本不用花一分钱。做广告通常能够在短时间内获取大量的客户，产生大量购买行为，但是客户服务不是短期的，而是长远的。明智的企业知道如何为本企业树立起良好的口碑，良好的口碑会给企业带来更多的客户，而这种口碑不是广告做出来的，而是人与人之间、客户与客户之间信息的传递带来的。它可以使企业获利，这种获利是企业经营成本最低的一种方式。

2. 售中客服能增强企业竞争力

客户光顾企业是为了得到满意的服务，不会在意那些只有一般竞争力的服务。一般竞争力的服务，简单来说，就是其他企业也能提供的服务，它并不能使企业获得竞争优势。而具有很强竞争力的服务就是能够提供比别人更好的服务或者没有的服务，它能帮助企业建立差异化竞争优势。在一些产业步入成熟阶段，产品、技术趋于同质化时，服务特别是客户感知服务就是提高产品附加值、提升客户价值的重要途径。

3. 售中客服可以帮助企业树立服务品牌

对于企业来说，为客户提供专业的售中服务有助于树立服务品牌。服务品牌不等同于品牌，服务品牌是指在经济活动中，企业通过商品或劳务的服务过程来满足消费者的心理需求的一种特殊的品牌形式，如“海尔”就是一个服务的品牌。海尔的产品质量不一定比其他的品牌好，价格也没有什么竞争优势，但是海尔品牌的产品却卖得最好！这是因为，海尔通过客户服务创造了一种品牌，而这种品牌能够带动高价产品的销售，弥补了在市场当中的劣势，体现出服务竞争的优势，这就是服务品牌。

简单地讲，品牌是指消费者对产品及产品系列的认知程度。例如，脑白金广告天天在各大电视台播放，可谓家喻户晓，知名度颇高。当人们需要买保健品的时候首先会想到脑白金，这不是因为它的服务比别人好，而是广告狂轰滥炸的结果！所以说脑白金是一个品牌，但不是服务品牌。

想一想

售中服务对服务者自身来说会有什么意义？

任务实施与评价

任务实施

售中客服认知

步骤1 查阅资料，能够区分售前客服、售中客服的内容，可以使用百度、Google等搜索引擎，并将查找到的资料整理归纳后记录到学习笔记本中。

步骤2 结合任务要求，合作学习小组讨论“售中客服的概念”和“售中客服的内容”的学习内容，并将小组讨论结果填写在学习笔记本中。

步骤3 学习小组派代表上台分享本组的学习成果，其他小组针对汇报小组所陈述的内容展开讨论，并将修改意见填写到学习笔记本中。

步骤4 每个学习小组根据其他小组提出的修改意见，对本小组的学习任务进行再

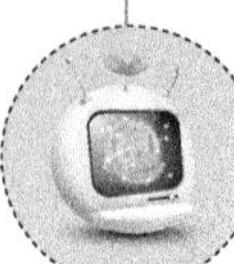

次讨论与完善，形成最终学习成果，并记录到学习笔记本中。

任务评价

对学生学习的评价从两方面入手，即过程性评价和结果性评价并重。在注重对科学知识的掌握和理解程度评价的同时，也要重视学生在活动中对科学探究过程与方法的体验，对学习态度、情感及价值观的发展进行评价，强化评价的诊断和发展功能。活动评价与学习结果评价各占50分，两次评价的总分即对学生学习评价的总成绩。

1. 学生学习活动的评价（分值50%）

每名学生对自己在整个学习过程中的表现进行自评，并请学习小组成员和教师对自己在本任务学习中的表现做出评价，从定性和定量两方面填写评价表，如表6.1所示。

表6.1 “售中客服认知”学习活动学生表现评价量化表

班级：　　　　姓名：　　　　学号：

序号	评价项目	描述性评价（文字）		量化评价（等级分值）			
		具体评价内容	填写具体事实	满分	自评	互评	师评
1	提出问题	①什么是售中客服 ②售中客服的内容有哪些		6			
2	做出假设	①售中客服就是在交易过程中提供的服务 ②售中客服的主要内容是接待		6			
3	设计实验方案	能否自行设计合理的实验方案		10			
4	实验操作	能否小组分工合作完成实验，操作是否规范、有效		10			
5	分析并得出结论	分析理解售中客服的含义，能复述售中客服的目标		6			
6	表达和交流	是否具有与他人合作、表达与交流的能力		6			
7	反思，提出新问题	①售中客服不佳会对销售有何影响 ②如何提升售中客服效果		6			
等级			总　分	50			
评语（教师填写）							

评价表填写说明：

（1）单项表现等级分值的评价标准：优（6分或10分），良（5分或8分），中（3分或6分），需努力（2分或5分），特优（加2分）。

（2）等级评定标准：对表6.1进行等级分值汇总，将总分填写至学生学习活动评价结果表中，如表6.2所示。7项总分50分以上为特优，45 ～ 50分为优，40 ～ 44分为良，30 ～ 39分为中，30分以下需努力。

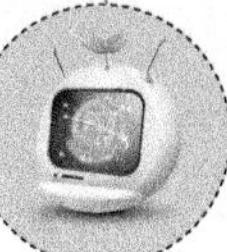

表6.2 “售中客服认知”学习活动学生表现评价结果表

班级： 姓名： 学号：

自评（×40%）	小组互评（×30%）	教师评价（×30%）	总 评

2. 学生学习结果的评价（分值50%）

对学生学习结果的评价，采用笔试测验或实操的方式进行。

任务二 售中客服职责

任务要求

教师构建班级的合作学习小组，合作学习小组的成员共同完成以下学习任务，解决以下学习问题。

（1）售中客服有没有必要确定工作职责？

（2）售中客服应具备哪些素质？

（3）售中客服应对哪些方面进行服务规范？

（4）售中客服具体的工作流程是怎样的？

（5）发现新问题：________________

任务准备

根据学习任务的要求和难易程度，准备相关的教学组织和设备设施。

（1）构建合作学习小组：将全班学生分为不同的学习小组，每个小组由2～6名学生组成，每个学习小组的组员分配上，要有领导者、创造者、分析者和执行者的角色。选举小组长，起一个响亮的组名，设计小组标志（Logo）和座右铭（口号），组长负责全组的组织、分工、协调、合作等工作。

（2）教师指导：教师提供学习帮助，使学生明确学习目标，端正学习态度，提示学习任务的完成步骤等。

（3）学习资源：能接入互联网的计算机，纸质、声音、电子、网络等多媒体构成的立体化教学资源库。

（4）实训场地：多媒体网络教室、客户服务实训室，建议与当地电信公司或电商企业合作，进行真实场景的模拟实训。

知识链接

导入案例

有一天，两位客户到某品牌专柜看衣服。其中，一位客户对一件特价商品感兴趣，就问客服可不可以试一下。客服看了一下，没有回答。客户再问了一次，客服态度很冷淡地说：“那你就试一下吧。”客户看见客服如此态度，二话没说扭头就走了。

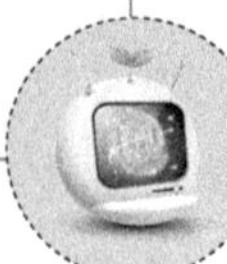

请思考：我们可以从这个案例中得到什么启示？

不同类型的售中客服的服务职责、规范、流程等不尽相同，但是大同小异。本节将以最常见的门店和网店售中客服为例进行阐述，以供参考。

一、售中客服工作职责

售中客服职责的确定可以最大限度地实现客服工作的科学配置，能够提高工作效率和工作质量，规范操作行为，有效地防止因职务重叠而发生的工作扯皮现象，也是组织考核的依据，所以有明确的职责是很重要的。

1. 门店售中客服工作职责

（1）认真贯彻执行公司客服管理规定和实施细则，努力提高自身业务水平。

（2）积极完成公司规定或部门承诺的工作目标。

（3）为客户提供主动、热情、满意、周到的服务。

（4）为公司各类客户提供业务咨询。

（5）收集客户信息和用户意见，对公司形象提升提出参考意见。

（6）负责公司客户资料、公司文件及分销商合同等资料的管理、归类、整理、建档和保管工作。

（7）协助一线部门做好上门客户的接待和电话来访工作，及时转告客户信息，妥善处理出现的问题。

（8）完成上级领导临时交办的其他任务。

2. 网店售中客服工作职责

（1）熟悉网上购物流程，及时学习淘宝等购物平台新规则。

（2）客服交接班要视工作情况，换班时应做好工作交接，晚班客服下班前应把交接事项写在交接本上。

（3）上班时间不得做与工作无关的事情，如看视频、玩游戏等，严禁私自下载安装软件。

（4）努力学习专业知识，熟悉所有商品的重要信息，如品牌、版本、产地等。

（5）精通分类，能够根据客户的描述迅速地找到商品链接。

（6）接待好每一位客户，文明用语，礼貌待客，热情服务，维护好网店的品牌形象。

（7）在工作过程中，把遇到的任何问题都记录下来并找到答案或解决方法。

（8）与客户交谈尽量在1分钟内回复，打字速度要快。

（9）不得随意离岗或串岗，不得随意迟到或早退。

（10）不允许从事第二职业或对外兼职活动，鼓励员工利用空余时间自学或参加培训以提高自身能力。

二、售中客服素质要求

要做一名合格的售中客服，应具备严谨的工作作风、热情的服务态度、熟练的业务

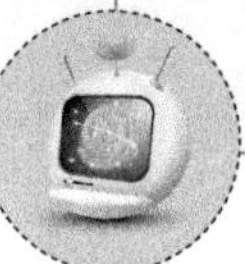

知识、积极的学习态度，耐心地向客户解释，虚心地听取客户的意见等。

1. 热情认真的态度

要做一名合格的售中客服，只有热爱这门事业，才能全身心地投入进去，所以这是一个合格的客服人员的一个先决条件。

2. 熟练的专业技能

熟练的专业技能是客户服务人员的必修课。每个企业的客户部门和客户服务人员都需要学习多方面的专业技能，才能准确无误地为用户提供业务咨询、业务办理及投诉建议等各项服务。让客户在满意中得到更好的服务。

3. 耐心地解答问题

售中客服要做好工作，必须要有耐心，这是前提条件，否则任何事情都不能做好。一名合格的售中客服，核心就是对客户的态度。客户是企业的上帝，客服人员需要真诚地对待客户，耐心地去解答客户的问题，不可急躁，也不可抱怨，更不可发脾气，一遍不行再来一遍，直到客户满意为止。

4. 良好的沟通协调能力

沟通能力特别是有效沟通能力是客服人员的一个基本素质，客户服务是跟客户打交道的工作，倾听客户、了解客户、启发客户、引导客户，都是售中客服和客户交流时的基本功，只有了解了客户需要什么服务和帮助，客户的抱怨和不满在什么地方，才能找出企业存在的问题，对症下药，解决客户问题。

三、售中客服服务规范

如果说热情、礼貌、专业的售前服务给客户留下了良好的印象，那么体贴、周到的售中服务才是客户对店铺信任感的真正开始！售中客服服务质量的高低，直接关系到店铺声誉的好坏。因此，门店或网店应实行服务规范化，规定具体的内容和要求。

1. 门店售中客服服务规范

（1）行为举止规范。

①上班不准迟到或早退，不可代别人签到或签退。

②必须严格执行考勤制度，需请假者，必须履行病事假手续。

③不准在上班前吃葱、蒜等带异味的食物，不准酒后上岗。

④不因长时间接待亲友和打电话而影响工作。

⑤不准在店内追逐打闹、聚堆聊天、哼小曲，不准串岗、空岗，不准妨碍他人工作（为客户服务除外）。

⑥营业期间，不准当众双手叉腰、抱臂、插入口袋，不准趴货架、靠货架、坐商品。

⑦咳嗽、打喷嚏时，应转身向后，稍加回避，如正接待客户，应说“对不起”，不准当客户的面喝水。

⑧不准在店内大声喊叫、大声说话、乱碰物品、影响客户购物。

⑨当班期间，不准出现抱怨、带情绪上岗等不利于工作的言行举止；不准讨价还价、讲条件。

⑩每位员工都应养成良好的卫生习惯，做到随手清洁，在卖场看到果皮、纸屑等垃圾应主动捡起放入垃圾桶内。

⑪感冒必须戴口罩，不允许随地吐痰，乱丢垃圾。

⑫工作区域内不允许吸烟。

⑬在店内与客户相遇时，应主动为客户让路，为客户提供方便；行走时不碰撞客户，不强行超越客户，确需客户让路时应有礼貌地招呼在先；与客户目光接触时，应主动打招呼或微笑示意。

⑭对客户遗忘的物品，应及时归还或送交店长做好记录。

（2）服务用语规范。

①在工作环境内必须使用“八大礼貌用语”，即“您好、欢迎光临、请、谢谢、对不起、不客气、再见、欢迎下次光临”。

②接待客户时使用“您好，请问需要什么帮助”，“请稍等，马上把××拿来”，“不客气，欢迎您下次光临”，“对不起，××现在暂时缺货，要不帮您挑选同类商品”，“请慢走”。

③要做到“接一问二照顾三”，在忙不过来时，应使用礼貌用语向客户致歉：“不好意思，请稍等。”绝不允许不理睬客户，严禁使用“不知道”、“你自己看吧”、“不要拉倒，到别的地方买好了”等语言。

④不用绰号或单用“喂”、“哎”等称呼、招呼他人。不说粗言俗语，污言秽语。

⑤需要客户配合、对客户有所要求或有所提示、纠正客户的错误时，应用商量口吻并敬语在先：“对不起（不好意思），请您……好吗？”不得使用命令式语言或服务忌语。

2. 网店售中客服服务规范

（1）反应及时、训练有素。客户首次到访打招呼的回复时间不能超过10秒钟。打字速度要快，至少要达到50字/分，且不能有错别字；每次回答客户问题，客户等待时间不能超过20秒钟。如回答太长，可分次回答；可以在聊天工具中设置快速回复，把常用的句子保存起来，这样可以在忙乱的时候快速回复客户。

（2）热情亲切、自然真诚。用语规范，礼貌问候，让客户感觉热情，自然亲切。通常客户的第一句话是“在吗?”这种情况下不要用一个字“在”来回复客户，给买家的感觉就是客服很忙，没空理他。可以回复：“您好，欢迎光临！”“在的，亲，有什么可以帮您的？”尽量避免客户问一句，客服答一句，这种情况比较容易跑单。

多运用幽默的话语，淘宝体、QQ的动态表情等可以增添不少文字所表达不出的气氛，能够传达给客户热情和亲切，增添好感，对交易成功率的提高会有所帮助。

下面就语言文字做一下规范。

①少用“我”字，多使用“您”或者“咱们”这样的字眼：让客户感觉客服人员全心全意地为他考虑问题。

②常用规范用语：在客服服务的语言中，应尽量避免使用负面语言，如“不能”、“不会”、“不愿意”、“不可以”。如果要告诉客户不能讲价，应该避免直接冷漠而生硬地说“概不讲价”，而是礼貌地表达这个意思，如“对不起，现在的价格已经是优惠价格了”。活动商品可以用此句，正价商品可以转移客户的侧重点，表达本店商品的其他优势，分析这个价格是物有所值的。若遇到一时找不到合适的语言来回复客户的时候，与

其用“呵呵”、“哈哈”等词，不妨使用聊天工具中的表情，生动形象地让客户体会到客服的心情。

在客服服务语言中，没有“不可以”，当客服说“不可以”的时候，客户的注意力就不会集中在客服可以做到的事情上，而是“为什么不可以”、“凭什么不可以”上，正确方法：“我们可以帮您的是……”告诉客户可以做的。在客户的服务语言中，要客户接受客服的建议时，应该告之理由；不能满足客户的要求时，要告之原因。

（3）思维敏捷、洞察需求。对客户的咨询、需求，要给予准确的回应，并快速提供客户满意的答复。需求不明确时要做到引导客户产生需求。当买家还没有目标，不知道要买哪款的时候，要有目的性地向客户推荐。如果客户咨询的商品刚好没货了，不要直接回复没有，可以这样回答：“不好意思，这款目前没货了，有刚到的新款/有另外的款式，个人认为也可能适合您，把链接发给您看一下吧。”不要错失任何一次可以成交的机会。

（4）随需应变、专业自信。以专业的言语、专业的知识、专业的技能，回答客户异议，让客户感觉客服是专家并感受上帝般的服务。从客户的言语中会有部分客户信息的体现，如身高、体重、年纪、爱好等，推荐给客户最合适的而不是最贵的，让买家感受到热心和专业。用心为客户挑选商品，而不仅仅是为了销售商品，获得利益！

无论成交与否，都要表现出专业的服务，特别是因为价格问题没有成交的客户，让其明白卖家不议价的经营模式，因为卖家的服务诚恳、热情，回头购买的概率很高。成交的情况下，可以参考以下几种话术。

①“亲，我们会及时安排您的宝贝发出，请您最近2～3天内保持联系电话处于可接通状态，方便快递员将宝贝及时准确地送到您的手中，欢迎您再次光临。”

②“感谢您对本店的支持和关注，祝您生活愉快！”

③“记得收藏我们的店铺，方便下次光临哦！”

（5）认真细心、建立信任。

通过经验，找到和客户共鸣的话题，想客户所想，给客户适当建议，建立销售的信任。

买家拍下宝贝后，在不忙的情况下客服应该及时地跟客户核实地址、电话等个人信息。有些客户还会要求核实收货信息，在时间允许的情况下，可以主动地把客户信息截图让客户确认，也避免了有些客户发错地址打电话要换收货信息的情况发生。特别关注一下客户的备注信息，有效避免错发、漏发等情况，尽量控制售后不必要的麻烦和纠纷。

四、售中客服工作流程

售中客服工作流程是不容忽视的，它们将直接影响着客服的效率和结果。按照清晰合理的工作流程工作可以有效地规避风险，提升效率，使店铺成交率和客户满意度都得到保障，让店铺和客户的利益得到最大化。

1. 门店售中客服服务流程

（1）进门问好。与客户目光接触时，售中客服应面带微笑主动问好或点头示意，让客户一进门马上感到受到重视，让客户有宾至如归的感觉。

（2）了解客户需求。

①观察：客户在挑选商品时，观察客户是否有需求，但要注意不要让客户感觉到有

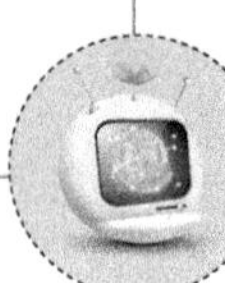

人在注视他。

②倾听：认真倾听客户说的每一句话或客户与朋友家人的交谈，因为那都是客户在释放购买信息。

③询问：当发现客户需要帮助或需要引导时，应当主动上前询问客户所需。

（3）引导并成交。耐心聆听客户的要求，及时为客户提供服务，时刻谨记目标，它包含了下面两项内容。

①商品介绍。售中客服必须了解门店最近三天新商品的基本信息、DM（Direct mail，快讯商品广告）信息、特价信息等，尽量多掌握一些商品的口感、产地、用途、功能、特点、保质期、注意事项等属性，这样才能做到正确地引导客户消费。

为客户介绍商品时应详细、专业，不允许表现出不耐烦的态度。对外地客户，使用标准普通话，不欺生，不贬低竞争品牌，不与同行发生冲突以突出自己的产品优势，不允许干涉客户的自由选择。

对于试用、试吃商品，或者需要现场演示操作的商品，客服服务态度应主动热情，语调亲切，如"你们好，×××商品正在促销活动当中，欢迎免费品尝或试用。""你们好，现在新推出×××商品，为了让你们更多地了解商品的性能，现在为大家做现场演示。"

②成交与关联推销。客户购物时应主动告知商品相关活动或优惠政策，使客户得到更多实惠。如果客户还有犹豫时，应主动了解客户的心理，及时帮助客户做出选择。

客户购买商品后，应告知其商品的使用方法、储存条件、适用人群、口感等，询问客户是否需要相关联的商品。

（4）提供更多的帮助。

①客户购物较多时，应主动为客户拿购物篮，便于客户购物。

②客户购买贵重物品时，应陪同其到收银台结账。

③客户购买商品较多或者提出送货要求，以及团购商品时应积极为客户送货。

④易碎商品应提醒客户放在上面，避免被压碎、挤破。

⑤对于一些特殊类的商品，应建立客户档案，做好客户回访。

2. 网店售中客服服务流程

网店售中客服的服务发生在客户付款之后、确认收货之前，主要包括：要求备注、快递、发货、查询订单状态、确认收货过程的所有问题，具体流程如图6.1所示。

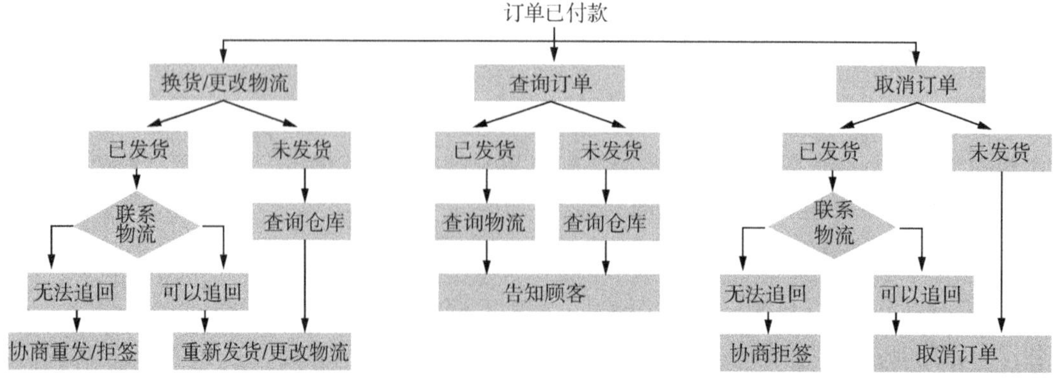

图6.1　网店售中客服服务流程

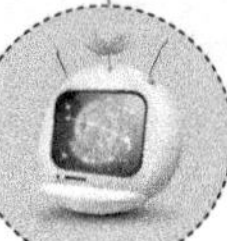

想一想

售中客服的工作涉及很多方面，稍有不慎就有可能在不经意间让客户感到不满，甚至还会导致订单流失，那么售中客服该采取怎样的措施来规避风险、提高客户满意度呢？

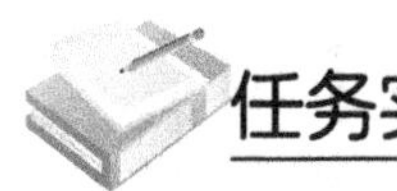

任务实施与评价

任务实施

售中客服职责

步骤1 查阅资料，找到售中客服有哪些类型，可以使用百度、Google等搜索引擎，并将查找到的资料整理归纳后记录到学习笔记本中。

步骤2 结合任务要求，合作学习小组讨论“售中客服的职责”、“售中客服的服务规范”和“售中客服的工作流程”的学习内容，并将小组讨论结果填写在学习笔记本中。

步骤3 学习小组派代表上台分享本组的学习成果，其他小组针对汇报小组所陈述的内容展开讨论，并将修改意见填写到学习笔记本中。

步骤4 每个学习小组根据其他小组提出的修改意见，对本小组的学习任务进行再次讨论与完善，形成最终学习成果，并记录到学习笔记本中。

任务评价

1. 学生学习活动的评价（分值50%）

每名学生对自己在整个学习过程中的表现进行自评，并请学习小组成员和教师对自己在本任务学习中的表现做出评价，从定性和定量两方面填写评价表，如表6.3和表6.4所示。

表6.3 “售中客服职责”学习活动学生表现评价量化表

班级： 姓名： 学号：

序号	评价项目	描述性评价（文字）		量化评价（等级分值）			
		具体评价内容	填写具体事实	满分	自评	互评	师评
1	提出问题	①售中客服有哪些职责 ②售中客服需要注意哪些服务规范 ③售中客服有哪些工作流程		6			
2	做出假设	①售中客服的职责在各行业中不一定相同 ②售中客服的服务规范不仅仅包含日常礼仪		6			
3	设计实验方案	能否自行设计合理的实验方案		10			
4	实验操作	能否小组分工合作完成实验，操作是否规范、有效		10			
5	分析并得出结论	分析理解售中客服的工作流程，能复述售中客服的工作规范		6			

（续表）

序号	评价项目	描述性评价（文字）		量化评价（等级分值）			
		具体评价内容	填写具体事实	满分	自评	互评	师评
6	表达和交流	是否具有与他人合作、表达与交流的能力		6			
7	反思，提出新问题	① 如果售中客服职责不确定会有什么负面影响 ② 如果不按照服务流程和规范提供服务可能会产生什么问题		6			
等级			总 分	50			
评语（教师填写）							

表6.4 "售中客服职责"学习活动学生表现评价结果表

班级：　　　　姓名：　　　　学号：

自评（×40%）	小组互评（×30%）	教师评价（×30%）	总　评

2. 学生学习结果的评价（分值50%）

对学生学习结果的评价，采用笔试测验或实操的方式进行。

任务三　售中客服技巧

任务要求

教师构建班级的合作学习小组，合作学习小组的成员共同完成以下学习任务，解决以下学习问题。

（1）怎么针对不同类型的客户采取相对应的售中技巧？

（2）发现新问题：____________________

任务准备

根据学习任务的要求和难易程度，准备相关的教学组织和设备设施。

（1）构建合作学习小组：将全班学生分为不同的学习小组，每个小组由2～6名学生组成，每个学习小组的组员分配上，要有领导者、创造者、分析者和执行者的角色。选举小组长，起一个响亮的组名，设计小组标志（Logo）和座右铭（口号），组长负责全组的组织、分工、协调、合作等工作。

（2）教师指导：教师提供学习帮助，使学生明确学习目标，端正学习态度，提示学习任务的完成步骤等。

（3）学习资源：能接入互联网的计算机，纸质、声音、电子、网络等多媒体构成的立体化教学资源库。

（4）实训场地：多媒体网络教室、客户服务实训室，建议与当地电信公司或电商企业合作，进行真实场景的模拟实训。

知识链接

导入案例

下面是甲、乙、丙三个商贩卖早餐的故事。

商贩甲的故事：

顾 客：老板，来两个肉包。

商贩甲：美女，您的肉包，2个一共一块钱，请拿好，有豆浆要一杯吗？

顾 客：不要。（客户给了钱就离开了）

商贩乙的故事：

顾 客：老板，来两个肉包。

商贩乙：美女，您的2个肉包，只吃包子口会干的，有豆浆和牛奶您需要什么呢？坚持每天喝豆浆和牛奶对您身体有好处。

顾 客：（美女考虑了2秒钟）那来杯牛奶吧。

商贩丙的故事：

顾 客：老板，来两个肉包。

商贩丙：美女，您的2个肉包，只吃包子口会干的，有豆浆和牛奶您需要什么呢？坚持每天喝豆浆和牛奶对您身体有好处。

顾 客：（美女考虑了2秒钟）那来杯牛奶吧。

商贩丙：美女，这是您的包子和牛奶，请拿好，我们会定期推出不同的营养套餐，记得关注小店哦。

最后，美女以后就只去商贩丙的店铺了。

请思考：商贩丙成功的技巧在哪里？

一、客户类型划分

精准营销需要对客户进行详细的分类，进行针对性的沟通和交流。

1. 按性格差异划分

（1）理智稳健型。

特征：深思熟虑，冷静稳健，不容易被客服人员的言辞所说动，对于疑点必详细询问。

对策：加强产品品质、公司性质及特点优点的说明，一切说明要合理有据，以获得客户理性的支持。

（2）感情冲动型。

特征：天性激动，易受外界怂恿与刺激，并且很快就能做决定。

对策：开始就大力强调产品的特色与实惠，促其快速决定。当客户不欲购买时，须应付得体，以免影响其他客户。

（3）沉默寡言型。

特征：出言谨慎，对销售员的问语不理不睬，反应冷漠且外表严肃。

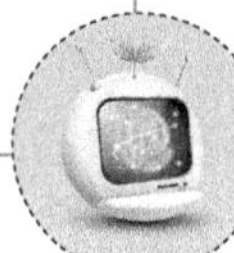

对策：除了介绍产品卖点之外，还需要以亲切、诚恳的态度拉拢感情，想办法以拉家常的形式进行沟通，使其放下戒备心，以便了解其爱好与需求，投其所好，针对重点进行轻松顺畅的交谈。

（4）优柔寡断型。

特征：犹豫不决，反复不断，怯于做决定。如本来认为四楼好，一下又觉得五楼好，再不六楼也不错。

对策：不要给客户太多的选择，在充分了解客户的需要后取得其信任，帮其做出选择。

（5）喋喋不休型。

特征：因为过分小心，所以喋喋不休，凡大小事皆在顾虑之内，有时甚至离题甚远。

对策：客服人员须先取得客户的信任，加强客户对产品的信心。离题太远时，须随时留意适当时机将其导入正题。

（6）盛气凌人型。

特征：趾高气扬，经常会给客服人员下马威，摆出一套拒人于千里之外的神态。

对策：稳住立场，态度不卑不亢，尊敬客户并适度恭维，尽量先与其谈些轻松话题，待客户接受这种沟通方式时再切入正题。

（7）求神问卜型。

特征：购买决定取决于神意或风水先生。

对策：①轻度迷信可尽量以现代观点来配合其风水观，提醒不要受一些风水的歪理迷惑，强调人的价值。②深度迷信者可做顺水推舟的方法，吹捧跟从的风水师，与客户沟通风水学，投其所好。

（8）畏首畏尾型。

特征：购买经验缺乏，不易做出决定。

对策：突出开发实力，举些具有说服力的案例，行动及语言需博得对方的信任与信赖。

（9）神经过敏型。

特征：容易往坏处想，任何事都会被刺激到。

对策：言语要谨慎，多听少讲，重点说服。整个洽谈过程中需要时刻保持头脑冷静和举止稳重。

（10）斤斤计较型。

特征：俗称爱占小便宜，总担心比别人优惠少。

对策：利用气氛相逼，诚恳对待客户，表示出自己为其已做到了据理力争的地步，让其确实感到享受到了最大的优惠。

（11）推三拖四型。

特征：个性迟疑，找各种理由拖延时间。

对策：深入了解客户不能做决定的真正原因，找出对策，设法解决。对此类客户要做出精准的判断，不要受其拖累。

2. 按年龄划分

（1）年轻夫妇与单身贵族。

特征：更注重服务和追求品质。

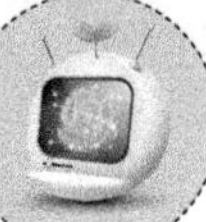

对策：接待这类客户时，客服人员要表现出很大的热情，在进行商品说明时，可刺激其购买欲望。同时在交谈中不妨谈谈彼此的生活背景、未来、感情等问题，这种亲切的交谈方式很容易促使产生购买行为。

（2）中年客户。

特征：既拥有家庭，也有安定的职业，希望能拥有更好的生活，注重自己的未来，努力想使自己活得更加自由自在。

对策：最重要的是和客户做朋友，取得客户的信赖，必须对其家人表示关怀之意，而对其本身，则予以推崇与肯定，同时说明商品与其美好的生活有着密不可分的关联，这样一来，客户在高兴之余，生意自然就成交了。

（3）老年客户。

特征：孤独，往往会寻求朋友及家人的意见，来决定是否购买商品，对于客服人员的态度疑信参半。因此，在做购买决定时比一般人还要谨慎。

对策：进行商品说明时，客服人员的言辞必须清晰、准确，态度诚恳而亲切，同时要表现出想消除客户的孤独。向这类客户推销商品，最关键的在于必须让客户相信客服人员的为人，这样一来，不但容易成交，而且还能做好朋友。

二、售中客服促成交技巧

1. 打消疑虑技巧

（1）对于商品的疑虑。

①熟知商品的特性，知道自己的产品能给客户带来什么价值；让客户了解购买价值，打消客户顾虑，同时激发客户的购买欲望。

②了解同类商品的知识，明确自己产品的优势。

③善于聆听、领会意图，在交谈过程中抓住客户的关键点，给出有针对性的指导。

（2）对于商品价格的疑虑。

①保持原则。针对这类议价客户，应该避免因个别客户需求而流失大部分，避免造成更大的损失。

②比较法。通过商品质量、包装、服务承诺等与同类商品比较，体现商品的优势，提升用户信任度。

③转移焦点。通过活动、赠品、会员、服务增值等优惠制度，将焦点从价格转向其他，提高销售能力。

客户服务人员使用促成交的技巧时，须对客户的需求细心聆听，了解客户需求；要会换位思考，承认客户的立场；了解客户的症结后对症下药，然后提出有针对性的解决方案，如此，最终必能达成交易。

2. 针对砍价客户的售中服务技巧

（1）允诺型砍价客户：太贵了，第一次来你给我便宜点，我下次会再来买的，我也会介绍朋友来买的。

客服话术：非常感谢亲对小店的惠顾，亲，您是第一次来小店消费，优惠不是很大，还请理解。当您第二次在小店购买就是我们店的常客和会员啦，以后不论是您再次购买或者是介绍朋友来购买，我们都会根据不同金额给予优惠的。

（2）对比型砍价客户：×××家这样的东西都比你这个便宜，你家的这么贵，你便宜点我就买了。

客服话术：亲，同样的衣服也有质量的区别，最主要的就是面料的问题，面料的不同会直接影响到价格的差异。也会因为品牌、进货渠道等因素而有区别。您说的价位我们实在给不了。您可以再多比较比较，如果您选择小店，我们会在我们力所能及的情况下给您最大的优惠的。

（3）武断型砍价客户：其他的什么都好，就是价格太贵。

客服话术：亲，我完全同意您的意见，但亲应该知道价格和价值是成正比的吧？从现在来看您也许觉得买的比较贵，但是长期来说反倒是最便宜的。因为您第一次就把东西买对了，分摊到长期的使用成本来说的话，这样是最有利的。常言说：好货不便宜，便宜没好货。所以，我们宁可一时为价格解释，也不要一世为质量道歉。而对亲您来说也没有必要因为购买使用了价廉但质量差的产品，而让自己花更多的冤枉钱。一次性地把东西买对，用的时间久，带给您的价值也高，您说是吗？

（4）威逼利诱型砍价客户：就我说的价格啦，卖的话我就拍，不卖我就下了。

客服话术：亲，如果您觉得您说的这个价位很合适的话，那我只能说声抱歉了，您说的这个价格在整个市场都买不到的。您还可以多比较比较，如果需要的话，欢迎您随时光临小店购物哦。

（5）博取同情型砍价客户：我还是个学生，东西是给我弟弟（妹妹）买的，掌柜你就便宜点喽。

客服话术：亲，现在生意也难做呀，竞争也激烈，我们这个月的销售还没有完成任务呢，其实大家都不容易，何苦彼此为难呢？亲再讲价的话，这个月我们就要以泪洗面了，请亲也理解一下我们好吗？

（6）借口型砍价客户：哎呀，我的支付宝钱不够，就刚好这么多钱（正好是他讲价时提出的金额）。

情况分析：一般来说，客户说这样的话的确是因为支付宝里钱不够，对于这样的情况，客户已经下决心购买，那么客服人员只需要耐心等待客户充值付款就可以了；如果是作为讲价的借口，那么客服人员就可以具体分析了，如果客户说的金额跟本来需要付款的金额差距不大，利润空间还是有的，那么完全可以采取大度一点的姿态。

客服话术1：真是巧啊，亲，那您看这样行不行，反正您差的也不多，那要不就按您支付宝里的余额来付款吧，我们也不想让您太麻烦，少赚一点却可以让您尽快使用到我们的产品也是我们很乐意看到的事情；如果差距比较大，那就只有假装不明白他这么说的意思了，摆明情况，同时也给对方适当施加一些压力。

客服话术2：哎呀，亲，本来如果您支付宝余额多一些呢，我就咬咬牙卖给您了，但是您这个差的也太多了，我们完全没有利润了，您看您方便在什么时候充值到支付宝呢，到时我们再为您安排发货好吧。

三、售中沟通谈判策略

在谈判过程中，客服人员需要根据谈判阶段与谈判对象的不同，灵活地采取各种谈

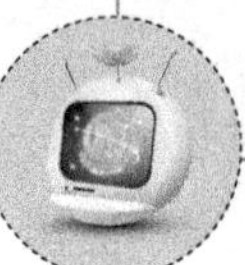

判策略。总的来说，进行销售谈判主要有八种策略。

（1）定价策略。商品定价时定一个高价，给购买协商阶段留足回旋的空间。

（2）不情愿策略。购买阶段客户砍的价格即使客服人员再满意，也要装出极不情愿的样子。

（3）老虎钳法。如果客户对产品产生强烈的兴趣，那么其心理的预期价位也是高的，此时客服人员就不能轻易答应客户给出的价格。

（4）请示领导。当客户不肯加价时，客服人员应以“请示领导”为由，暂时避开，给客户留下思想斗争的时间。等重新回来时，要尽量表现出为难的表情，表达出领导同意以此价出售，完全是自己努力解释的结果。由此一来，客服人员不但达到了销售目的，而且换来了客户的感激。

（5）服务贬值。交易的任何让步，都必须要求得到回报，否则客户会怀疑最初报价的虚假性，这就是服务贬值策略。客服人员使用服务贬值策略时，必须附加其他条件，如增加购买量等。这样做的目的在于：首先可以增加回报；其次防止客户对最初报价产生怀疑；最后还能让客户产生“赢”的感觉，从而提高重复购买的可能性。

（6）折中策略。当客户提出的价格低于期望值时，客服人员要采取折中策略，让客户提出折中价格，以使成交价接近期望值。采取折中策略时，客服人员切忌主动提出折中价格，以免让客户对原价产生虚假的感觉。

（7）红脸白脸。当身边有同事陪伴时，客服人员则需要在客户面前演双簧：一个扮演红脸，站在客户角度上；一个扮演白脸，站在公司立场上。这样客户就容易相信与感谢“红脸”，并采取购买行动。当客服人员独自一人面对客户时，需同时扮演两种角色，表面扮演“红脸”，在语言表达中则要向客户暗示“白脸”的存在。很多客户因为不愿意与暗示中的“白脸”交易，结果就转而采取现场购买的行动，与“红脸”达成了交易。

（8）蚕食策略。当达成一项交易时，客户的防备意识最为薄弱。这时，客服人员要采取蚕食策略，趁机向客户推荐其他相关产品或配套产品，进一步促使客户消费。

想一想

售中客户服务是一项直接指向消费终端的工作，这个阶段的工作没有妥善处理好就会导致整个销售业务的溃败。所以，不只是客服，整个业务团队都应该重视这个阶段。除了对客户服务本身、对消费者，以及对产品的熟知外，还需要掌握一些什么方法、技巧来达成销售目标呢？

任务实施与评价

任务实施

售中客服技巧训练

步骤1　查阅资料，能够理解对客户的划分，可以使用百度、Google等搜索引擎，并将查找到的资料整理归纳后记录到学习笔记本中。

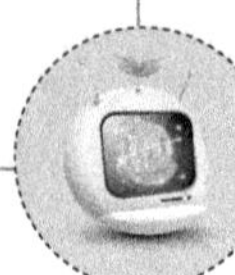

步骤2 结合任务要求，合作学习小组模拟销售服务过程，并将小组讨论结果填写在学习笔记本中。

步骤3 小组组长互评，并将修改意见填写到学习笔记本中。

步骤4 每个学习小组根据其他小组提出的修改意见，对本小组的学习任务进行再次讨论与完善，形成最终学习成果，并记录到学习笔记本中。

任务评价

1. 学生学习活动的评价（分值50%）

每名学生对自己在整个学习过程中的表现进行自评，并请学习小组成员和教师对自己在本任务学习中的表现做出评价，从定性和定量两方面填写评价表，如表6.5和表6.6所示。

表6.5 “售中客服技巧”学习活动学生表现评价量化表

班级：　　　　姓名：　　　　学号：

序号	评价项目	描述性评价（文字）		量化评价（等级分值）			
		具体评价内容	填写具体事实	满分	自评	互评	师评
1	提出问题	① 什么是售中客服技巧 ② 售中客服技巧的内容有哪些		6			
2	做出假设	售中客服技巧是在交易过程中使用的		6			
3	设计实验方案	能否自行设计合理的实验方案		10			
4	实验操作	能否小组分工合作完成实验，操作是否规范、有效		10			
5	分析并得出结论	分析理解售中客服技巧对于售中服务的意义，能使用技巧达成售中客服的目标		6			
6	表达和交流	是否具有与他人合作、表达与交流的能力		6			
7	反思，提出新问题	如何恰当地使用售中客服技巧		6			
等级			总　分	50			
评语（教师填写）							

表6.6 “售中客服技巧”学习活动学生表现评价结果表

班级：　　　　姓名：　　　　学号：

自评（×40%）	小组互评（×30%）	教师评价（×30%）	总　评

2. 学生学习结果的评价（分值50%）

对学生学习结果的评价，采用笔试测验或实操的方式进行。

项目小结

本项目主要学习了售中客服的认知、职责与服务技巧。在理解售中客服含义的基础上，明确了售中客服的目标，归纳了售中客服的内容，对售中客服的现实意义进行了阐述；合格的售中客服必须明确工作职责，要严格地按照服务规范和工作流程来工作，尽可能地满足客户的需求；客户的类型有很多种，针对不同的客户类型采取对应的服务策略和技巧能够大大提高交易的成功率和客户的满意度。因此，售中客服必须掌握一些服务技巧和策略。

练习与自测

总分：50分

哇，我得了______分！

一、快乐小补丁（每空1分，共10分）

1. 售中客服的意义有________、________、________。
2. 售中阶段对客服的素质要求有________、________、________、________。
3. 优柔寡断型客户的特征有________、________、________。

二、剪刀、石头、布（每题2分，共10分）

对于下面这些问题，你准备出剪刀（A）、石头（B），还是布（C）呢？

1. 售中客服在销售业务（ ）。
   A. 认识产品的时候　　B. 正在购买的时候　　C. 产品购买完成的时候
2. 销售过程是以（ ）为主线的。
   A. 销售机会　　B. 合同签订　　C. 价值交付
3. 购买经验缺乏，不易做出决定的顾客属于（ ）。
   A. 畏首畏尾型　　B. 优柔寡断型　　C. 推三拖四型
4. 下面（ ）是网店售中客服的工作内容。
   A. 中差评处理　　B. 更改物流　　C. 退换货
5. 售中客服不应有的行为是（ ）。
   A. 礼貌用语　　B. 保持干净卫生　　C. 迟到早退

三、识别红绿灯（每题2分，共10分）

红灯停，绿灯行！对于下面这些说法，你觉得正确的，请打"√"，并继续前行；错误的请打"×"，写出正确答案后再前进。

1. 售中客服对于企业来说很有意义，但是对于服务者本身来说没有什么意义可言。（ ）________
2. 售中客服如果有时间的话可以对外兼职。（ ）________
3. 对于没有成交意愿的客户，售中客服可以直接不理。（ ）________
4. 不同的客户应该采用不同的服务技巧来应对。（ ）________
5. 采取折中策略时，客服人员应该主动提出折中价格。（ ）________

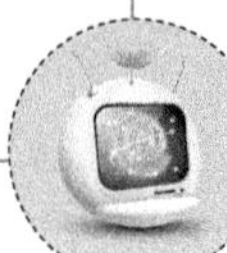

四、动动小脑筋（5分）

请将普通品牌、服务品牌与其对应的常见品牌用线段连起来。

普通品牌	联想
	脑白金
	格力
	海尔
服务品牌	加多宝

五、拍脑筋猛想（15分）

1. 复述售中客服的工作内容。(5分)

2. 实训任务：假设自己是一家网店的客服主管，现在要求你为本部门制定合理的工作职责。(10分)

任务要求：结合自己的经验并且上网查阅相关资料或参考课本知识，用图文方式将结果记录保存成Word文档，并将此文档发邮件提交给老师。

项目七

售后客服

项目情景

客户丽丽收到商品，打开包装后，发现商品颜色不是自己喜欢的，咨询客服小明关于换货的问题。她已经签收快递，而在淘宝网还没有“确认收货”，如果现在丽丽想要换货，需要“确认收货”还是直接和卖家协商？小明的淘宝店铺已加入消费者保障服务和7天无理由退/换货，这个邮费应该由谁出呢？具体应该怎么操作？安全吗？小明对这些问题也不是很清楚，看来还是得先学习售后客服的有关知识。

思考：假设你是小明店铺的一名售后客服人员，你将怎样为客户丽丽解答疑问？

____

____

学习目标

- 复述售后客服的概念，列举售后服务的意义。
- 明确售后客服的工作职责，体验售后客服的工作。
- 运用售后客服的服务技巧，尝试运用售后客服的服务策略。

学习任务

- 任务一　售后客服认知
- 任务二　售后客服职责
- 任务三　售后客服技巧

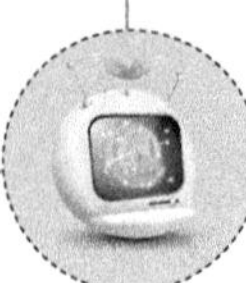

任务一　售后客服认知

任务要求

教师构建班级的合作学习小组，合作学习小组的成员共同完成以下学习任务，解决以下学习问题。

（1）对售后客服服务内容的深入认识。

（2）什么是售后客服？

（3）在电子商务的大环境下，售后客服可以分为哪几类？

（4）从不同的视角了解售后客服的服务意义。

（5）发现新问题：________________

任务准备

根据学习任务的要求和难易程度，准备相关的教学组织和设备设施。

（1）构建合作学习小组：将全班学生分为不同的学习小组，每个小组由4～6名学生组成，每个学习小组的组员分配上，分为客户、客服人员、店主、快递员等角色。选举小组长，起一个响亮的组名，设计小组标志（Logo）和座右铭（口号），组长负责全组的组织、分工、协调、合作等工作。

（2）教师指导：教师提供学习帮助，使学生明确学习目标，端正学习态度，提示学习任务的完成步骤等。

（3）学习资源：能接入互联网的计算机，纸质、声音、电子、网络等多媒体构成的立体化教学资源库。

（4）实训场地：多媒体网络教室、客户服务实训室，建议与当地电信公司或电商企业合作，进行真实场景的模拟实训。

知识链接

导入案例

某日，一对老夫妇提着一个“三角牌”电饭煲来到某购物广场顾客服务中心，由于电饭煲才买了两天，觉得不适用，想换货。一名家电售后服务人员接待了他们，开箱检查后发现电饭煲已经使用过。于是对老人说：“不好意思，这个电饭煲您已经使用过，我们无法再次销售，所以不能给您换。”老人一听顿时火了：“如果不使用，我怎么知道好不好呢？不能换，那就退货！”

这时，另一位服务人员拿着已经清理干净的电饭煲走过来，对老人说：“不好意思，您这电饭煲虽然使用过，但是我们考虑到未超过7天，就给您换一次，但您这次一定要选好，以后不能出现类似的情况，好吗？”老人高兴地回答：“好的，好的，没问题。”

请思考：我们可以从这个案例中得到什么启示？

一、售后客服概述

1. 售后客服的概念

售后客服是指专门处理产品销售之后的客户服务工作的专业人员。售后服务主要是为客户解决产品使用过程中的问题，以及与所销售产品有连带关系所提供的支持服务，获取客户对产品和服务的反馈，如处理客户投诉、退/换货、维修引导等。售后服务以客户满意为宗旨，以客户成长为目标，以完善核心产品、丰富服务内容为主要途径。售后工作是一次交易的最后过程，也是再销售的开始。

在电子商务时代，售后客服是指买家购买的商品发货之后，所进行的一系列销售服务，包括物流跟踪、产品答疑、购物纠纷解决等。优质的售后客户服务不仅可以留住老客户，还可以赢得新客户。因此，售后客服的工作是重中之重。

售后客服的服务内容相当广泛，围绕着核心商品的各种各样的附加服务都属于客户服务内容的范畴，客户邮件及票据处理、客户培训和咨询、服务补救、抱怨处理、对特殊问题的关注、及时送货、安装调试、维修、技术培训等都是售后服务的内容。

2.售后客服的服务标准及要求

（1）树立客户满意是检验服务工作标准的理念，要竭尽全力为用户服务，绝不允许顶撞用户和与客户发生口角。

（2）在服务中积极、热情、耐心地解答客户提出的各种问题，传授维修保养常识，客户问题无法解答时，应耐心解释，并及时报告售后服务总部协助解决。

（3）客服人员应举止文明，礼貌待人，主动服务，和客户建立良好的关系。

（4）接到服务信息，应在24小时内答复，需要现场服务的，在客户规定的时间内到达现场，切实实现对客户的承诺，重大质量问题反馈至公司有关部门予以解决。

（5）建立售后服务来电来函的登记，做好售后服务派遣记录，以及费用等各项报表。

二、售后客服的服务意义

1. 对企业的意义

随着服务营销观念的普及和现代计算机技术和电信技术的运用，售后客服的服务由最初的被动性活动，逐步发展演变为一种反应敏锐、主动进取、服务进程日益标准化的专业化活动，售后客服的服务活动功能日益丰富，效率和效果日益提高。直至今天，售后客服的服务不仅发挥着联系、沟通客户，树立企业形象，提高企业竞争能力的重要作用，而且将服务组织紧密结合在一起协同发展。

（1）提升品牌专业形象，为企业赢得口碑。一个企业如果能够长期保证售后服务让客户满意，无形中就打造出产品的品牌，增加客户对产品和服务的信赖度和满意度，提升企业自身品牌形象。

（2）提升企业整体运营水平，信息得到整合。通过信息整合，反馈到内部相应部门。在与客户交流协商解决问题的过程中，也会得到客户带来的反馈信息，是产品质量问题，是服务问题，还是物流问题，以及了解和掌握客户的特征、类型，赢得长期合作的客户。

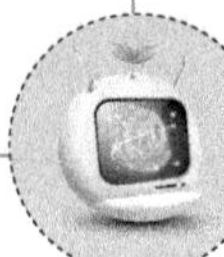

（3）增加销售额和复购率，提高市场的占有率和竞争力。利润的增加，不仅给予投资者和股东回报，还能够吸引和拥有更好的人力资源。而更好的人力资源，能够促进销售和利润，更多的利润可以用于改善顾客服务，满意的客户会再来照顾企业的生意。

2. 对客户的意义

（1）保证客户权益的最后一道防线。通过售后客服的服务，客户的权益拥有充分保障，如送货服务、安装服务、三包服务、技术支持、产品改进或升级信息、退/换货服务等，都是通过售后客服为客户提供服务实现的。

（2）提升客户购物满意度，获得满足感。通过售后客服的服务，公司对客户的承诺才能及时实现。因此，要建立与客户之间的信任，让客户得到满足。和谐完善的服务过程，及时周到的服务效果，有利于客户在精神、情感等心理方面的需要得到满足。

3. 对客服人员的意义

（1）提高素质的有效手段，实现自身价值的有效途径。通过与客户进行交流，可以提高个人的沟通技巧，提高心理承受能力和个人修养，全面历练提升自己。

（2）使得企业不断地在自己的努力下壮大，自己能有长远的职业生涯规划和信心。如果是在知名度高的企业从事售后服务工作，可以使个人简历增添光辉，优秀的售后客服人员还可能获得增长的、高于其他同类企业的工资奖励性收入。

（3）在服务他人的同时，锻炼自我，赢得健康的心态和学习的机会，收获个人和家庭的幸福。

想一想

售后客服的服务有哪些意义？不少经济学家认为，产品价格和质量的竞争是“第一次竞争”，售后服务的竞争则是“第二次竞争”，是一个更深层次、更高要求、更具有长远战略意义的竞争，它比“第一次竞争”更为重要，更具有决定胜负的作用。

任务实施与评价

任务实施

1. 认识售后客服

步骤1 查阅资料，解决“什么是售后客服”这一问题，可以使用百度、Google等搜索引擎，并将查找到的资料整理归纳后记录到学习笔记本中。

步骤2 结合任务要求，合作学习小组讨论“认知售后客服”和“售后客服服务标准”的学习内容，并将小组讨论结果填写在学习笔记本中。

步骤3 学习小组派代表上台分享本组的学习成果，其他小组针对汇报小组所陈述的内容展开讨论，并将修改意见填写到学习笔记本中。

步骤4 每个学习小组根据其他小组提出的修改意见，对本小组的学习任务进行再次讨论与完善，形成最终学习成果，并记录到学习笔记本中。

2. 了解售后客服的服务意义

步骤1　查阅资料，解决“售后客服的服务意义有哪些”这一问题，可以使用百度、Google等搜索引擎，并将查找到的资料整理归纳后记录到学习笔记本中。

步骤2　结合任务要求，合作学习小组从多方面讨论“售后客服的服务意义”的学习内容，并将小组讨论结果填写在学习笔记本中。

步骤3　学习小组派代表上台分享本组的学习成果，其他小组针对汇报小组所陈述的内容展开讨论，并将修改意见填写到学习笔记本中。

步骤4　每个学习小组根据其他小组提出的修改意见，对本小组的学习任务进行再次讨论与完善，形成最终学习成果，并记录到学习笔记本中。

任务评价

对学生学习的评价从两方面入手，即过程性评价和结果性评价并重。在注重对科学知识的掌握和理解程度评价的同时，也要重视学生在活动中对科学探究过程与方法的体验，对学习态度、情感及价值观的发展进行评价，强化评价的诊断和发展功能。活动评价与学习结果评价各占50分，两次评价的总分即对学生学习评价的总成绩。

1. 学生学习活动的评价（分值50%）

每名学生对自己在整个学习过程中的表现进行自评，并请学习小组成员和教师对自己在本任务学习中的表现做出评价，从定性和定量两方面填写评价表，如表7.1所示。

表7.1　“售后客服认知”学习活动学生表现评价量化表

班级：　　　姓名：　　　学号：

序号	评价项目	描述性评价（文字）		量化评价（等级分值）			
		具体评价内容	填写具体事实	满分	自评	互评	师评
1	提出问题	①什么是售后客服 ②售后客服的服务意义是什么		6			
2	做出假设	①售后客服就是处理顾客投诉 ②售后客服的服务对企业有利		6			
3	设计实验方案	能否自行设计合理的实验方案		10			
4	实验操作	能否小组分工合作完成实验，操作是否规范、有效		10			
5	分析并得出结论	分析理解售后客服的含义，从多方面领会售后服务的意义		6			
6	表达和交流	是否具有与他人合作、表达与交流的能力		6			
7	反思，提出新问题	①售后客服有何特点 ②如何看待售后服务工作		6			
等级			总　分	50			
评语（教师填写）							

评价表填写说明：

（1）单项表现等级分值的评价标准：优（6分或10分），良（5分或8分），中（3分或6分），需努力（2分或5分），特优（加2分）。

（2）等级评定标准：对表7.1进行等级分值汇总，将总分填写至学生学习活动评价结果表中，如表7.2所示。7项总分50分以上为特优，45～50分为优，40～44分为良，30～39分为中，30分以下需努力。

表7.2 “售后客服认知”学习活动学生表现评价结果表

班级： 姓名： 学号：

自评（×40%）	小组互评（×30%）	教师评价（×30%）	总 评

2. 学生学习结果的评价（分值50%）

对学生学习结果的评价，采用笔试测验或实操的方式进行。

任务二 售后客服职责

任务要求

教师构建班级的合作学习小组，合作学习小组的成员共同完成以下学习任务，解决以下学习问题。

（1）对售后客服职责的深入认识。

（2）传统售后客服的工作职责有哪些？

（3）在电子商务的大环境下，售后客服的工作职责有哪些？

（4）售后客服的退货/退款的流程有哪些？

（5）发现新问题：________________________________

任务准备

根据学习任务的要求和难易程度，准备相关的教学组织和设备设施。

（1）构建合作学习小组：将全班学生分为不同的学习小组，每个小组由4～6名学生组成，每个学习小组的组员分配上，分为客户、客服人员、店主、快递员等角色。选举小组长，起一个响亮的组名，设计小组标志（Logo）和座右铭（口号），组长负责全组的组织、分工、协调、合作等工作。

（2）教师指导：教师提供学习帮助，使学生明确学习目标，端正学习态度，提示学习任务的完成步骤等。

（3）学习资源：能接入互联网的计算机，纸质、声音、电子、网络等多媒体构成的立体化教学资源库。

（4）实训场地：多媒体网络教室、客户服务实训室，建议与当地电信公司或电商企业合作，进行真实场景的模拟实训。

知识链接

导入案例

买家：我拍下的时候，都在备注里写了发快递，怎么还给我发EMS？等了多少天了，才收到。

客服：不好意思哈亲，让您久等了。EMS确实比较慢，不过亲远在新疆，我们担心快递不到，以前也有顾客说自己所在地快递到，结果我们发快递，发现网点被取消了，货又退回来了。所以我们给亲发EMS，也是为了稳妥，万一退回来了，反而更耽误时间，也影响亲的购物心情呢。

买家：哦，我这网点没取消，下次记得给我发快递吧。另外，我多付的邮费已经申请退款了，你给我确认下吧。

客服：嗯嗯，好的，不过我是接待客服，没有权限处理呢，要等财务来处理。现在财务已经下班了，我们售后财务有绿色通道，我给亲备注上，这样他们上班后，就可以第一时间给亲处理了。

买家：哦，好吧，那你记得给我备注上。

客服：放心吧亲，我刚才已经备注上了。

请思考：我们可以从这段对话中得到什么启示？

一、售后客服工作职责

1. 传统售后客服工作职责

（1）接受客户咨询与反馈，按规定及时有效地处理客户投诉，让客户满意。产品相关咨询方面涉及两个问题：一是产品保修问题，售后客服需要掌握店铺商品的保修期限、保修流程、保修条件，同时还需要掌握国家有关的保修规定，了解消费者权益保护法及相关免责条款；二是产品使用问题，售后客服需要掌握店铺商品的相关知识，要足够了解店铺的商品，解决好客户疑问，帮助客户正确使用产品，增进客户对店铺的忠诚度。

（2）根据法律法规和服务合同向客户提供包退、包换、包修、包赔等服务。合同中要求进行安装调试的，在规定的时间内，组织人员对产品进行安装调试及对相关工作人员进行培训。

（3）定期组织人员对重点销售区域和重点客户进行走访，了解产品的使用情况，征求用户对产品在设计、装配、工艺等方面的意见。

（4）宣传公司的其他商品及服务。

2. 电子商务售后客服工作职责

（1）咨询回复。在商品发出之后，还没有收到货物之前，客户会来联系客服查询一些情况，如查单查件；收到商品之后，客户来咨询，如产品如何使用、货不对版等情况。当客户来询问货物破损信息的时候，售后客服要根据客户反馈过来的信息，快速分辨出是什么因素造成的，采取相应的解决对策，及时告诉客户需要做好的举证。

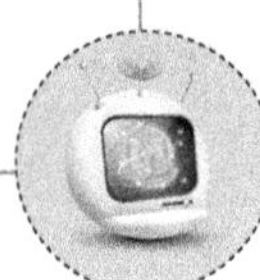

（2）当客户的不满情绪释放时，做好安抚工作。客户不满情绪释放有三个方面：一是对产品不满，例如，收到的产品有问题或产品的质量达不到顾客的预期值等；二是对服务不满，例如，客服没有兑现承诺、赠品没有送到、客服的态度不好等；三是对物流不满，例如，快递的速度慢、快递员态度不好、收到的商品破损等。物流的因素很难控制，但是物流是为卖家服务的，卖家可以要求提高服务质量，而卖家是为客户服务的，所以客户往往把不满发泄在卖家身上。

（3）退款、退/换货。及时查看并处理收到的退款申请，联系物流公司提供相应的物流凭证，与客户友好协商。通知买家退货时，应注意让客户注明买家ID、实际退货原因，方便卖家处理退/换货。妥善处理好退款、退/换货问题，可以将风险降到最低，从而提升客户的购物体验。

（4）维权纠纷。了解纠纷退款的影响和处罚扣分规则，及时查看并处理收到的维权请求，主动联系消费者协商处理，挽救交易纠纷，减少纠纷退款率。

（5）评价管理。对前一天的评价进行跟踪，对每条评价进行评价解释，对较差评价进行Excel统计，负责进行有效的客户管理和沟通。

二、售后客服工作流程

1. 售后客服的接待流程

为了让售后客服的工作能够更顺利地展开，需要规范流程，让客服有更多的时间接待更多的客户。梳理售后客服接待工作中的详细流程，可以提高工作效率和成单率。

（1）迎宾问好，告知身份，致歉。客户上门通常都是带着不满情绪来的，所以客户来咨询或投诉时，售后客服的态度一定要好，并且时刻保持微笑。

（2）询问客户详细的产品使用情况。分辨清楚是什么原因造成产品所出现的情况，是客户使用不当，还是产品本身的质量问题。

（3）退/换货、退款的申请事项。简单分析退/换货的处理方式，商品必须未使用过、未破坏原包装并不影响商家二次销售，才能申请退/换货、退款。

（4）送客。服务完客户后，应留下服务电话，方便客户下次遇到问题时再次联系。

（5）客户信息的收集。接待完毕后，及时建立客户档案、质量跟踪记录等售后服务信息管理，对老客户进行分门别类，从而发展维护良好的客户关系。分析客户需求，规划回头客服务方案，定期或不定期地进行客户回访，以检查客户关系维护的情况。客户服务资料归档流程如图7.1所示。

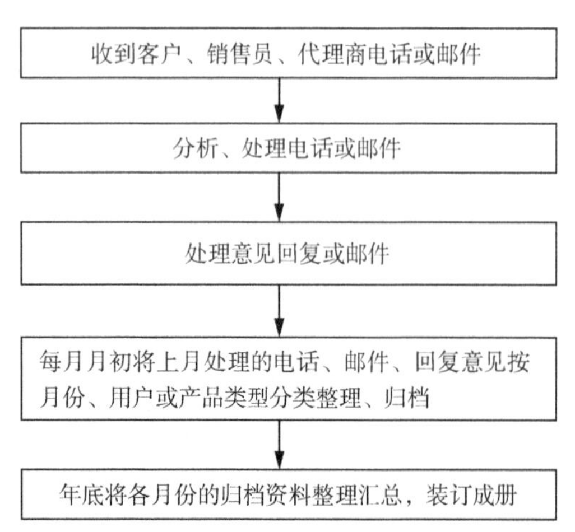

图7.1　客户服务资料归档流程

2. 售后客服的退/换货流程

客户收到商品后有可能会因为产品的质量、款式、颜色等不满意而想退/换货，客户会咨询售后客服人员关于退/换货的处理方式。这时，作为一名售后客服要明确退/换货的流程。

在电子商务的大环境中，很多商家提供

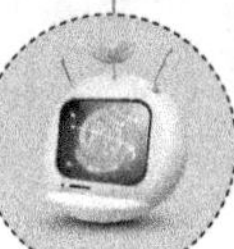

“7天无理由退/换货”这种特别的售后服务，是指商家允许买家按本规则及淘宝网其他公示规则的规定对其已购特定商品进行退/换货。具体为，以签收日后的第二天零时起计算时间，满168小时为7天，若因买家主观原因不愿完成本次交易，卖家有义务向买家提供退/换货服务；若卖家未履行其义务，则买家有权按照本规则向淘宝网发起对该卖家的投诉，并申请“7天无理由退/换货”赔付。

当客户提出退/换货申请时，售后客服进入后台处理申请，同意符合退/换货条件的申请，拒绝不符合退/换货条件的申请。处理完通知买家退货，等收到货后进行拆包检查。检查无误后，对要求退货的订单，通知退款专员退款；对要求换货的订单，重新安排寄出产品，具体流程如图7.2所示。

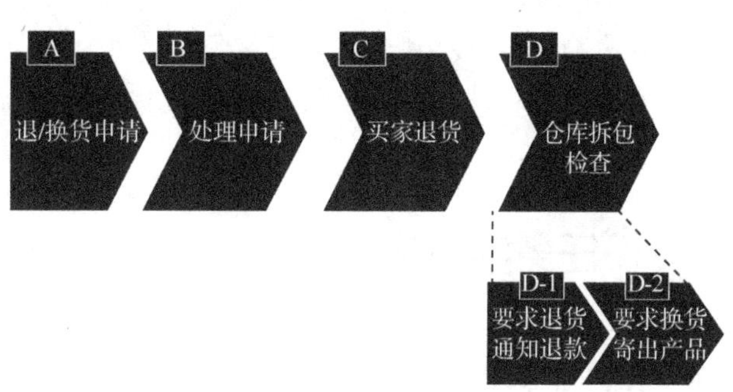

图7.2　退/换货流程

3. 售后客服的退款流程

（1）查看退款申请。登录淘宝后台，单击“卖家中心”→“退款管理”→“我收到的退款申请”，可以通过输入订单编号来查询需要退款的订单，如图7.3所示。

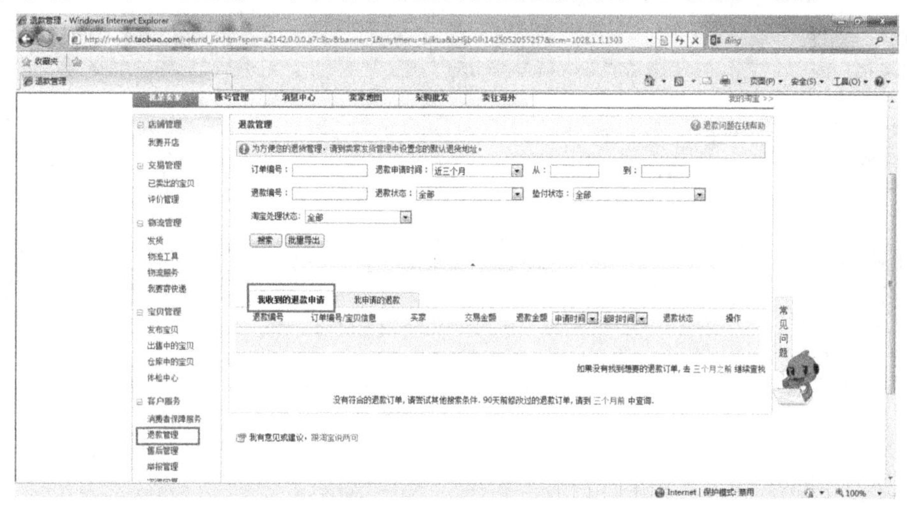

图7.3　查看退款申请

（2）确认或拒绝退款申请。根据卖家操作退款的时间分为以下两种情况：若买家已付款，买家自付款之时起即可申请退款。自买家申请退款之时起两天内卖家仍未单击“发货”的，淘宝通知支付宝退款给买家。若卖家已发货，如果是实物交易：卖家同意退款或在五天内未操作且不要求买家退货，淘宝通知支付宝退款给买家；卖家同意退款或在五天内未操作且要求买家退货，则按以下情形处理。

① 买家未在七天内单击“退货”，填写退货物流信息，退款流程关闭，交易正常进行。

② 买家在七天内单击“退货”，填写退货信息，且卖家确认收货，淘宝退款给买家。

③ 买家在七天内单击“退货”，通过快递退货十天内、平邮退货三十天内，卖家未确认收货，淘宝在超时之后通知支付宝退款给买家。

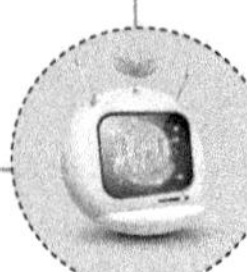

如果是虚拟交易：卖家同意退款或在三天内未操作，淘宝通过支付宝退款给买家。

（3）通知退款专员退款，通常是财务部门负责。

（4）通知客户，退款成功。

想一想

工作职责是指工作中所负责的工作范围和所承担的责任，包括完成的效果。售后客服的工作什么时候才算完成？日本松下公司认为，只有当我们的产品被送到顾客手上被他们使用并感到满意时，我们才算完成了我们的使命。

任务实施与评价

任务实施

1. 物流查件工作

步骤1　当客户来咨询物流查件问题时，先指引客户进入已买到的宝贝里面。一般情况下，在“卖家已发货”的交易状态下，可以进入“我的淘宝”→“已买到的宝贝”页面，单击“查看物流”查看物流详情，如图7.4和图7.5所示。

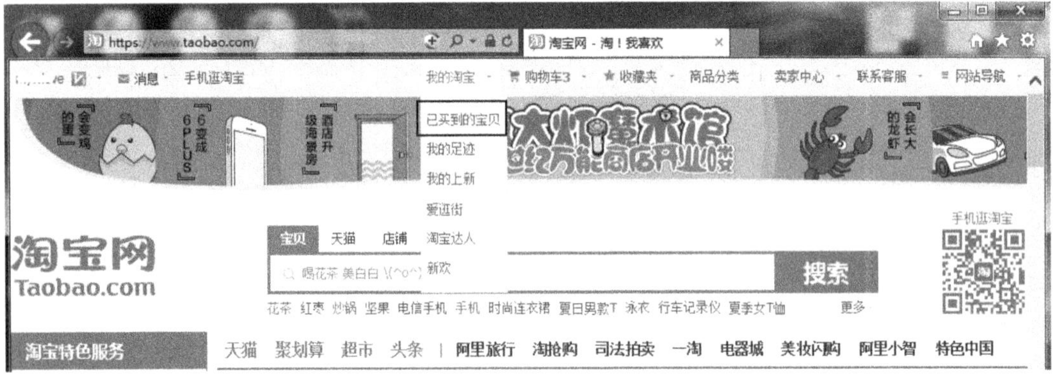

图7.4　我的淘宝

图7.5　查看物流

步骤2　通过淘宝网后台查询后显示：物流公司未返回数据，请到××物流公司官网查询或联系其公示电话。这种情况可能是虚拟发货或者是物流公司真的还未返回数据。售后客服可以通过以下三种方式来进行进一步的查询。

（1）官网查询：登录物流公司的官方网站（以申通快递为例）→输入订单号（物流单号）→查询，如图7.6所示。

图7.6　官网查询

（2）电话查询：拨打物流公司客服电话以订单号进行查询。

（3）综合查询网站查询：通过综合查询网站，输入相应的信息进行查询。

步骤3　查询后显示以下结果。

（1）货物已到达目的地，但是由于信息不足无法派送（地址、电话不详细或错误）或者货物延迟抵达目的地。在这种情况下，售后客服通过淘宝网后台或者阿里旺旺与卖家取得联系，更新送货的地址及联系电话，征求再次投递。

（2）商品已经购买成功后，买家在淘宝后台看到商品已经到达目的地，可是现实当中却是商品迟迟不能送到。在这种情况下，售后客服与物流公司进行联系，了解具体情况，再向客户做好解释工作。

步骤4　派错件，即商品送达客户的手中，但是却发现商品并不是客户所订购的型号或款式。售后客服要帮助客户联系物流公司进行咨询、协商。从客户的角度出发，为客户赢得其该有的权益。

步骤5　包裹丢失，即交易成功而实际上买家并没有收到货，造成买家实际上的经济损失。售后客服首先要安抚好这部分客户，然后帮助客户联系物流公司进行咨询、协商。努力做到先行赔付，后期再向快递公司索偿。

2. 淘宝网退/换货流程

步骤1　当客户来咨询退/换货问题时，先详细询问客户产品使用情况。是否符合“7天无理由退/换货”的条件，商品必须未使用过、未破坏原包装并不影响商家二次销售，才能申请退/换货、退款。

步骤2　对于符合退/换货条件的情况，指引客户进入已买到的宝贝里面。在“确认收货”前的交易状态下，进入“我的淘宝”→“已买到的宝贝”页面，单击“退款/退货”；在“确认收货”后的交易状态下，则单击“申请售后”，如图7.7所示；引导客户填写退款原因、退款说明，上传凭证，如图7.8所示，另外还要填写物流信息，如图7.9所示。售后客服进入后台处理退款申请。

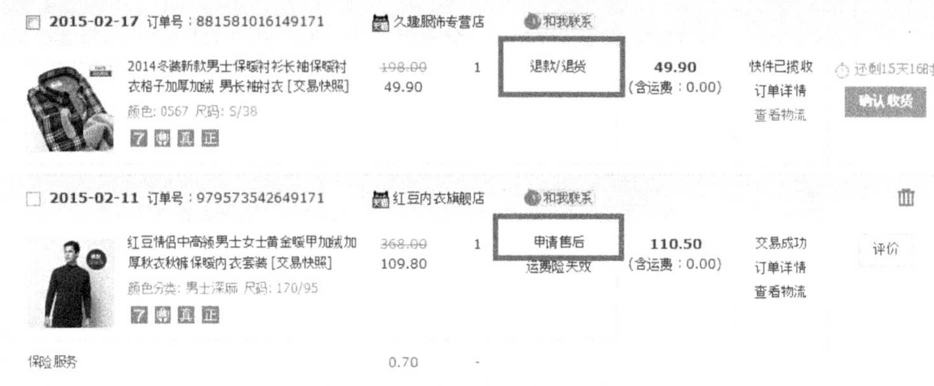

图7.7　申请售后

图7.8　填写退款原因、退款说明、上传凭证

填写物流信息　×

*选项必填

物流公司 *: 请选择物流公司

物流单号 *:

联系电话 *: 为确保您的货物顺利送达，物流信息真实有效，请保持您的联系电话畅通。

此项为必填项!

发货说明: 还可以输入200字

图7.9　填写物流信息

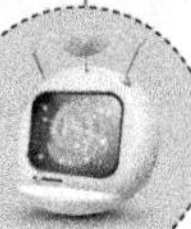

步骤3 向客户说明商品退回的相关注意事项，包括退回地址、联系人、联系电话、邮资问题。

步骤4 做好退/换货订单的备注工作，时刻关注重新寄出商品的物流信息，通知退款专员进行退款。

任务评价

1. 学生学习活动的评价（分值50%）

每名学生对自己在整个学习过程中的表现进行自评，并请学习小组成员和教师对自己在本任务学习中的表现做出评价，从定性和定量两方面填写评价表，如表7.3和表7.4所示。

表7.3 “售后客服职责”学习活动学生表现评价量化表

班级： 姓名： 学号：

序号	评价项目	描述性评价（文字）		量化评价（等级分值）			
		具体评价内容	填写具体事实	满分	自评	互评	师评
1	提出问题	① 售后客服的工作职责有哪些 ② 售后客服如何办理退货工作		6			
2	做出假设	① 售后客服的工作职责主要是处理客户反馈 ② 处理退货工作首先要与客户沟通		6			
3	设计实验方案	能否自行设计合理的实验方案		10			
4	实验操作	能否小组分工合作完成实验，操作是否规范、有效		10			
5	分析并得出结论	分析理解售后客服的职责，能掌握退货的一般流程		6			
6	表达和交流	是否具有与他人合作、表达与交流的能力		6			
7	反思，提出新问题	① 售后客服接待客户时需要注意什么 ② 发生维权纠纷时，如何安抚客户		6			
等级			总 分	50			
评语（教师填写）							

表7.4 “售后客服职责”学习活动学生表现评价结果表

班级： 姓名： 学号：

自评（×40%）	小组互评（×30%）	教师评价（×30%）	总 评

2. 学生学习结果的评价（分值50%）

对学生学习结果的评价，采用笔试测验或实操的方式进行。

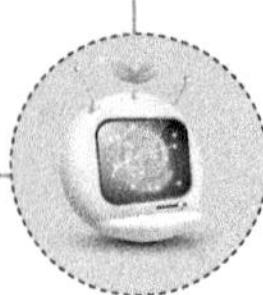

任务三　售后客服技巧

任务要求

教师构建班级的合作学习小组，合作学习小组的成员共同完成以下学习任务，解决以下学习问题。

（1）掌握相关的售后客服的沟通技巧。

（2）在处理顾客不满情绪释放时，售后客服要掌握哪些处理技巧？

（3）熟悉售后客服常用的话术。

（4）售后客服的服务策略有哪些？

（5）发现新问题：____

任务准备

根据学习任务的要求和难易程度，准备相关的教学组织和设备设施。

（1）构建合作学习小组：将全班学生分为不同的学习小组，每个小组由4～6名学生组成，每个学习小组的组员分配上，分为客户、客服人员、店主、快递员等角色。选举小组长，起一个响亮的组名，设计小组标志（Logo）和座右铭（口号），组长负责全组的组织、分工、协调、合作等工作。

（2）教师指导：教师提供学习帮助，使学生明确学习目标，端正学习态度，提示学习任务的完成步骤等。

（3）学习资源：能接入互联网的计算机，纸质、声音、电子、网络等多媒体构成的立体化教学资源库。让学生去学校附近的银行、超市、酒店现场体验，寻找身边的投诉案例。

（4）实训场地：多媒体网络教室、客户服务实训室，建议与当地电信公司或电商企业合作，进行真实场景的模拟实训。

知识链接

导入案例

刘明的好朋友黄杰过几天就要过生日了，通过再三挑选，最终刘明决定用零花钱在附近的商场购买一只手表送给黄杰作为生日礼物，并委托商场工作人员在黄杰生日当天送到黄杰家。但由于工作人员的失误，却送到了刘明家，而且已经错过了生日。刘明非常气愤，来商场投诉。但营业员却说，这不是她的错，是送货员的错，让刘明更加气愤，这时，经理过来了。

请思考：如果你是商场经理，你会如何处理刘明的投诉与抱怨？

一、售后客服的服务技巧

1. 售后客服的沟通技巧

无论是哪种情况出现的问题，售后客服都要做到三个字：“快、热、诚”。

快，指的是快速的反应：当客户有问题来咨询时，很可能就是抱着不满情绪来的，客服不回复，客户的不满会扩大或叠加，最好在6秒钟内进行回复。

热，指的是热情的态度：多用一些表情，表情往往比文字的表达效果更好，让客户感受到购物前与购物后的服务态度是一致的，而不是相反的，回复的字数稍微长一些，太短容易导致客户对服务产生冷淡的错觉。

诚，指的是诚实的回答：要让客户有被以诚相待的感觉。售后客服在处理由于客观原因造成的客户不能及时收到货等情况时，要如实地告诉客户，取得客户的谅解。

在处理客户不满情绪释放时，售后客服要掌握一些处理技巧。

（1）快速反应态度好。当客户来找客服的时候，客服人员要第一时间来回复客户，争取做到在黄金6秒钟之内回答。如果黄金6秒钟之内不能回答，黄金30秒钟之内一定要回复。

（2）认真倾听表诚意。通常客户是带着不满情绪来的，售后客服要给客户一个清楚的表态，在这个环节，千万不要与客户发生争执，要让客户把不满情绪表述完，对店铺做得不好的地方表示歉意。

（3）安抚解释有技巧。往往售后客服的不同表述会给客户带来不同的感受，所以客服人员在解释的时候，一定要注意有关的话术技巧。

（4）诚恳道歉求谅解。如果确实是店铺原因或客服人员操作的原因，导致客户的不满意，售后客服要诚恳地道歉，请求客户谅解。

（5）补救建议要坚决。有时产品只是出现了小问题，并不影响正常使用，售后客服应给予相应的补救建议，从而减少退/换货等情况。

（6）执行措施要及时。如果确实是店铺原因造成客户损失，简单地道歉是没用的，拿出实际的解决方案才是最有效的。

（7）及时跟进求反馈。客户对解决方案是否满意，售后客服需要及时跟进，与客户进行沟通，求得客户的反馈，这些对企业都是有帮助的。

2. 售后客服常用话术

（1）我是客服××，您收到衣服后有任何问题可随时找我。若对我的服务满意请在评价时给予××五星好评鼓励哦，××在此祝您及家人生活愉快。

（2）非常抱歉，我们的工作没有做到位，除了包邮、退/换货外，针对这次问题造成的不便特别帮您申请一张20元优惠券，无条件使用哦，您看好吗？

（3）很抱歉，亲，在这我没有推卸责任的意思，请您先消消气，在购买时没有特别向您说明洗涤方法，这点我们也有责任，问题已产生我会全力配合您解决好问题，好吗？

（4）快递员会以最快的速度将宝贝送到您手中，物流稍延迟到达，望您能体谅，快递哥哥工作也很辛苦呢，有劳您再耐心等等哦。

（5）淘宝系统提示可以申请的退款金额就是您拍下订单时实际支付的金额呢，不会少退给您的，请您放心哦。

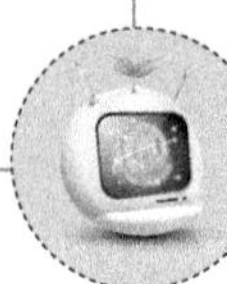

二、售后客服的服务策略

1. 全面售后服务策略

全面售后服务策略是指企业为消费者提供所需要的产品售后全过程的所有服务，这种策略几乎适用于经济价值高、寿命周期长、结构复杂和技术性强的所有产品，同时，能够最大限度地获得消费者的满意，增强企业的竞争能力，扩大市场占有率，给企业带来良好的经济效益和社会效益。

市场经济条件迫使企业间采取激烈的人才、质量、价格等方面的竞争，而售后服务的竞争必然是企业采取有效竞争策略的重要手段。全面售后服务策略能够收到部分服务所收不到的效果，最大限度地发挥产品的功效和促进销售，因此是企业产品服务策略的发展方向。

举例说明：20世纪70年代初，日本的汽车厂商急于打开广大的欧洲市场，为了提高日本汽车的知名度，赢得欧洲客户的青睐，采取了积极的广告宣传攻势、优质价廉的营销组合策略等一系列营销手段，却忽视了售后服务，因此始终达不到意想的效果，市场占有率仅为12%。过了一段时间，聪明的日本商家调整了产品策略，在欧洲各地建立了数万个汽车服务和维修网点，采取全面售后服务策略，消除顾客的不满情绪，提高了日本汽车的知名度和美誉度，使市场占有率一下达到43%，收到了意想的效果。

2. 个性化售后服务策略

个性化售后服务策略是指专门针对不同的客户而提供不同的售后服务，这种策略适用于经济价值高、专利性高的产品，如汽车、大家电等。由于生理、心理和文化背景的不同，一部分客户具有特殊服务的要求，企业应通过个性化服务来给予满足。产品售后服务的竞争，是经营者智慧和创新的竞争。因此，做好个性化售后服务需要不断创新，才能迎合客户的需求。企业只有精于思考，别出心裁，才能使产品销路不断拓宽，赢得客户的欢迎。

举例说明：徐女士中秋节前购买了一台海尔洗衣机，在买下之后，由于家里有事，一直没有要求送货安装。中秋节期间，家里沉浸在一片节日的气氛中，徐女士打电话给售后，要求售后送货上门并安装。售后的信息服务员态度特别好，先核实具体地址，然后约定上门时间。离约定时间还有10分钟，师傅已经到了家门口，还代表公司送上中秋节礼物。售后师傅进门后，先是出示上岗证，然后穿上鞋套才进门，之后测电和测水质，详细讲解水质健康的重要性，师傅询问徐女士平常的一些生活习惯，建议将洗衣机放到什么位置，将洗衣机安装好后，又讲解了使用说明和注意事项，徐女士一家很是高兴，最后师傅又将服务记录单拿出来，徐女士填写、评价完之后，师傅又留下了服务监督卡与水健康服务卡，说是有任何不懂的问题，尽管打电话。海尔秉承“真诚到永远”，24小时服务，致力于个性化的服务理念，全力保障客户服务满意度。

3. 网上售后服务策略

随着上网企业的日益增多，网上销售业务的日益扩大，网上售后服务的作用越来越明显地表现出来。如何更好地满足客户的网上售后服务问题，已经变得非常重要。网上售后服务的策略主要包括以下三方面。

（1）设计FAQ页面。FAQ（Frequently Asked Questions）页面是几乎所有电子商务站点都必须具有的页面，这个页面主要为客户提供有关公司及其产品的常见问题的答案。这种策略的基本思想是将客户可能遇到的各种问题加以罗列并给予正确解答，以一问一答的方式向客户提供服务信息。这样有利于节省客户支持人员的时间，让他们集中精力去应付那些较冷僻的问题。例如，著名计算机公司戴尔在世界范围内向它的客户发布两套“常见问题解答”，用户可以通过电子邮件、FTP（文件传送），以及有关的讨论小组获取这些服务信息。这种方法对于我国中小型企业也是适用的，投入的费用低，而且不需要熟练的计算机软件操作人员。

（2）网上服务和人工服务相结合。售后服务单靠互联网是不够的，还须与传统售后服务渠道相结合，如产品的维修，大多数还必须通过传统方式来进行。同时，还需注意网上服务及时性。客户在网上寻求产品支持和技术帮助时，回答不及时可能导致客户失去耐心。因此，最好是配备专人来解决网上的问题。

（3）定期发送企业的产品动态和服务信息，保持与客户联系，方便客户寻求帮助和进行产品的更新换代。可以定期向顾客提供“电子杂志”，通过电子杂志介绍产品使用和维护的小窍门，以便客户相互之间提供帮助。

想一想

售后客服的服务技巧与策略在实际应用中需要注意哪些问题？很多企业会把“第一次就把事情做对”、“第一次就把服务做好”的思想作为本企业的服务目标，因为你永远没有第二次机会去制造一个好的“第一印象”。

任务实施与评价

任务实施

1. 处理客户投诉与抱怨

举例： 客户丽丽在店铺买了一条连衣裙，但是穿了1次之后，发现裙摆处有一个地方没缝好，怀疑是衣服质量不好，于是找到售后客服进行投诉与抱怨。

步骤1　结合任务要求，合作学习小组成员分别扮演客户和客服，根据所掌握的相关知识内容，为客户做出疑问解答并解决客户的问题，将客户与客服之间的对话填写在学习笔记本中。

步骤2　学习小组派代表上台分享本组的学习成果，其他小组针对汇报小组所陈述的内容展开讨论，并将修改意见填写到学习笔记本中。

步骤3　每个学习小组根据其他小组提出的修改意见，对本小组的学习任务进行再次讨论与完善，形成最终学习成果，并记录到学习笔记本中。

2. 维权话术使用

举例： 客户王星在店铺买了一台暖风机，但是才用了几次，暖风机就变成了冷风机。由于暖风机仍在保修期内，于是王星向店铺申请售后维权，要求退货退款。

步骤1　结合任务要求，合作学习小组成员分别扮演客户和客服，根据所掌握的相关知识内容，为客户做出疑问解答并解决客户的问题，将客户与客服之间的对话填写在学习笔记本中。

步骤2 学习小组派代表上台分享本组的学习成果，其他小组针对汇报小组所陈述的内容展开讨论，并将修改意见填写到学习笔记本中。

步骤3 每个学习小组根据其他小组提出的修改意见，对本小组的学习任务进行再次讨论与完善，形成最终学习成果，并记录到学习笔记本中。

任务评价

1. 学生学习活动的评价（分值50%）

每名学生对自己在整个学习过程中的表现进行自评，并请学习小组成员和教师对自己在本任务学习中的表现做出评价，从定性和定量两方面填写评价表，如表7.5和表7.6所示。

表7.5 “售后客服技巧”学习活动学生表现评价量化表

班级： 姓名： 学号：

序号	评价项目	描述性评价（文字）		量化评价（等级分值）			
		具体评价内容	填写具体事实	满分	自评	互评	师评
1	提出问题	① 售后客服的服务技巧有哪些 ② 如何提升售后客服自身的服务水平		6			
2	做出假设	售后客服主要是心理承受能力要强		6			
3	设计实验方案	能否自行设计合理的实验方案		10			
4	实验操作	能否小组分工合作完成实验，操作是否规范、有效		10			
5	分析并得出结论	掌握相关的沟通服务技巧与策略，能熟练运用相应的话术		6			
6	表达和交流	是否具有与他人合作、表达与交流的能力		6			
7	反思，提出新问题	① 怎样才能更有效地处理顾客投诉 ② 尝试编写售后客服话术		6			
等级			总 分	50			
评语（教师填写）							

表7.6 “售后客服技巧”学习活动学生表现评价结果表

班级： 姓名： 学号：

自评（×40%）	小组互评（×30%）	教师评价（×30%）	总 评

2. 学生学习结果的评价（分值50%）

对学生学习结果的评价，采用笔试测验或实操的方式进行。

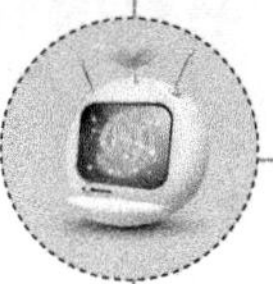

项目小结

本项目主要学习了售后客服的认知，在理解售后客服的概念和售后客服的服务标准及要求的基础上，从企业、客户、客服人员三个方面的角度分析了售后客服的服务意义。售后客服的服务不仅发挥着联系、沟通客户，保证顾客的权益，树立企业形象，提高企业竞争能力的重要作用，还是客服人员提高自身素质的有效手段、实现自身价值的有效途径。在学习售后客服的工作职责时，将传统售后客服的工作职责与电子商务环境下售后客服的工作职责进行对比，有助于加深对售后客服职责的认识。售后客服的工作流程有三个方面，即接待流程、退/换货流程、退款流程。售后客服还应掌握沟通技巧及常用话术，无论是哪种情况出现的问题，售后客服都要做到三个字：“快、热、诚”。快，指的是快速的反应；热，指的是热情的态度；诚，指的是诚实的回答。在处理顾客不满情绪释放时，售后客服要掌握一些处理技巧。企业在开展售后服务工作时，可采用的服务策略有全面售后服务策略、个性化售后服务策略、网上售后服务策略。

练习与自测

总分：50分
哇，我得了______分！

一、快乐小补丁（每空1分，共10分）

1. 售后服务以__________为宗旨，以__________为目标，以完善核心产品、丰富服务内容为主要途径。

2. 无论是哪种情况出现的问题，售后客服都要做到三个字：“_____、_____、_____”。

3. 网上售后服务的策略要注意__________和__________相结合。

4. 顾客不满情绪释放主要有三个方面：一是________________，二是______________，三是______________。

二、剪刀、石头、布（每题2分，共10分）

对于下面这些问题，你准备出剪刀（A）、石头（B），还是布（C）呢？

1. 售后客服的服务内容相当广泛，以下（　）不属于售后服务的范畴。

A. 抱怨处理　　B. 礼貌待人　　C. 安装调试

2. 自买家申请退款之时起（　）内卖家仍未“发货”的，淘宝通知支付宝退款给买家。

A. 3天　　B. 4天　　C. 2天

3. 通知买家退货时，应注意让客户注明（　），实际退货原因，方便卖家处理退/换货。

A. 买家地址　　B. 买家ID　　C. 订单编号

4. 售后客服接待工作中的详细流程有迎宾问好、询问客户详细的产品使用情况、（　）、送客、客户信息的收集。

A. 对客户进行分门别类　　B. 退/换货、退款的申请事项　　C. 时刻保持微笑

5. 淘宝后台显示物流公司未返回数据，售后客服可以通过（　）的方式来进一步查询物流状态。

A. 物流公司官方网站查询　B. 让顾客自行联系快递员　　C. 让物流公司尽快派送

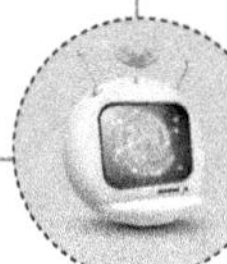

三、识别红绿灯（每题2分，共10分）

红灯停，绿灯行！对于下面这些说法，你觉得正确的，请打“√”，并继续前行；错误的请打“×”，写出正确答案后再前进。

1. 售后工作既是一次交易的最后过程，也是销售的终结。（　）________

2. 售后客服主要是为客户服务，解决客户的问题，提升客户的购物满意度，对客服人员自身毫无意义。（　）________

3. 当客户要求退货时，售后客服人员应立刻为客户提供退货退款服务，以免引起客户投诉或不满。（　）________

4. 在与客户进行网络聊天时，售后客服可以多用一些表情，表情往往比文字的表达效果更好。（　）________

5. 一个企业如果能够长期保证售后服务让客户满意，无形中就打造出了产品的品牌，增加客户对产品和服务的信赖度，提升企业自身品牌形象。（　）________

四、动动小脑筋（5分）

请将传统售后客服、电子商务售后客服与其对应的工作职责用线段连起来。

传统售后客服	查单查件
	组织人员对产品进行安装调试
	宣传公司的其他商品及服务
	联系物流公司提供相应的物流凭证
	对前一天的评价进行跟踪及解释
电子商务售后客服	定期组织人员对重点销售区域和重点客户进行走访

五、拍脑筋猛想（15分）

1. 在处理顾客的投诉与抱怨时，应注意哪些问题？（5分）

2. 实训任务：客户小凤在淘宝网购买了一个保温杯，通过淘宝后台查询到货物已经被签收，但是实际上小凤还没有收到商品。在这种情况下，如果你是这位售后客服，你应该怎么做？（10分）

任务要求：合作学习小组成员分别扮演客户和客服，根据所掌握的相关知识内容，解决客户的问题，将客户与客服之间的对话用图文方式记录保存成Word文档，并将此文档发邮件提交给老师。

项目八 客户管理

项目情景

小明因公务经常出差到泰国，并住在东方饭店，第一次入住时良好的饭店环境和服务就给他留下了深刻的印象，当他第二次入住时几个细节更使他对饭店的好感迅速升级。一天早上，在他走出房门准备去餐厅的时候，楼层服务生恭敬地问道：“小明是要用早餐吗？”小明很奇怪地问：“你怎么知道我叫小明？”服务生说：“我们饭店规定，晚上要背熟所有客人的姓名。”这令小明大吃一惊，因为他频繁地往返于世界各地，入住过无数高级酒店，但这种情况还是第一次碰到。

思考：泰国东方饭店有哪些值得我们学习的地方？

- 复述客户管理的概念、内容。
- 领会客户管理的任务、流程。
- 明确CRM的管理目标与系统组成。
- 熟悉CRM实施流程。
- 认知CRM实施的关键因素。
- 能够按照工作任务要求实施CRM。

- 任务一　客户管理认知
- 任务二　用CRM工具管理客户

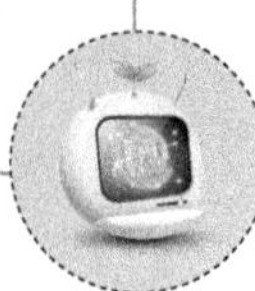

任务一　客户管理认知

任务要求

教师构建班级的合作学习小组，合作学习小组的成员共同完成以下学习任务，解决以下学习问题。

（1）对客户管理的深入认识。

（2）客户管理最主要的内容包括哪些？

（3）客户管理的任务是什么？

（4）客户管理的流程如何？

（5）发现新问题：________________

任务准备

根据学习任务的要求和难易程度，准备相关的教学组织和设备设施。

（1）构建合作学习小组：将全班学生分为不同的学习小组，每个小组由2～6名学生组成，每个学习小组的组员分配上，要有领导者、创造者、分析者和执行者的角色。选举小组长，起一个响亮的组名，设计小组标志（Logo）和座右铭（口号），组长负责全组的组织、分工、协调、合作等工作。

（2）教师指导：教师提供学习帮助，使学生明确学习目标，端正学习态度，提示学习任务的完成步骤等。

（3）学习资源：能接入互联网的计算机，纸质、声音、电子、网络等多媒体构成的立体化教学资源库。

（4）实训场地：多媒体网络教室、客户服务实训室，建议与当地电信公司或电商企业合作，进行真实场景的模拟实训。

知识链接

导入案例

IBM公司在已有的经营经理、销售经理的基础上，增设“顾客关系经理”，他的职责是掌握IBM对大客户的占有率，同时也尽可能详尽地收集一切有关资料，以便争取不易获取的计算机生意。IBM的这种做法，源自公司针对特定企业来往的行销性质；同时也拥有大规模的资源，可供公司以产品、地理区域、关系划分市场，其关系经理负责追踪所属客户的动向，估计从客户那里还可能获得多少生意；他的表现是以经营客户关系所促进的利润来衡量的。当IBM的关系经理追踪大客户时，就会与零售软硬件的计算机公司激烈竞争，但他们针对竞争对手则采用一种全新行销方式进行争夺战。例如，广告的诉求，不再只以企业为目标，而是尝试着将小件用品卖到客户家里；部分产品（个人计算机）的销售渠道不再仅限于零售店，还通过邮购方式；新软件和操作系统，不但通过零售店，还通过IBM在世界各地加起来约25万名员工的直接推荐销售。

请思考：我们可以从这个案例中得到什么启示？

一、客户管理的概念

客户关系管理概念是在20 世纪90 年代被提出来的。关于客户关系管理的定义，目前普遍被接受的是Gartner Group 和IBM 所给出的。

Gartner Group 最先提出了客户关系管理的概念："客户关系管理是一种以客户为中心的经营战略，企业通过对客户的细分来组织实施企业资源，以客户为出发点设置经营模式、业务流程，并通过这种手段来提高企业的利润，提升客户满意度。"

IBM 认为客户管理有两个层面，首先通过各种技术手段了解客户及潜在客户的需求，然后通过对客户信息的整合，预测客户想要获得的产品或服务，再通过各个相关部门进行一对一的个性化服务。

综上所述，客户关系管理是一种以客户为核心的商业策略，借助信息技术和互联网，以客户为导向实施营销、销售、服务等一系列工作，力求与客户之间建立持续性的关系，从而达到吸引新客户、留住老客户、提高客户忠诚度和客户利润贡献度的目的。

在客户管理的过程中，首先要掌握客户的相关信息，并对信息进行分析，从而了解、判断客户的真实需求是什么。然后在与客户不断的交往过程中发现客户需求的规律，以此来评定客户对于企业的价值。清楚了客户的价值，企业就可以有针对性地采取不同的销售策略，达到提升业务、提升客户品牌忠诚度的目的，如图8.1所示。

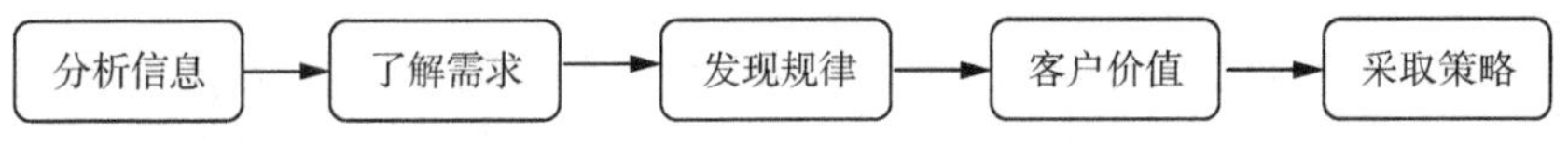

图8.1 客户管理的相关过程

实施客户管理的最终目的，是为企业涉及客户的各个领域提供完美的集成，使得企业可以更低成本、更高效率地满足客户的需求，并与客户建立起基于客户需求的一对一销售模式，从而让企业最大限度地提高客户满意度及忠诚度，挽回失去的客户，保留现有的客户，不断发展新的客户，发掘并牢牢地把握住能给企业带来最大价值的客户群。

二、客户管理的内容

客户管理的基本过程是对客户信息进行分析处理并做出决策的过程。因此，客户管理最主要的内容包括以下三部分。

1. 营销过程管理

在现代客户管理中，营销过程管理是非常重要的部分，营销过程决定着营销结果，没有过程的结果是没有用处的。一般来讲，营销过程可分成四个阶段：兴趣需求收集阶段、方案设计阶段、营销阶段和跟踪阶段。同时将跟踪计划与业务计划结合起来进行，把计划分为日程表、周计划和月计划。日程表主要报告当天的事情进展如何；周计划报告客户的状态有没有改变；月计划报告有没有完成计划。日、周、月三个阶段的工作都是可以量化的，根据这些量化的数据可预测下个阶段的工作。强调客户管理在营销管理中注重管"过程"，并不是说就不管"结果"。在客户管理的理念中，是将最终结果分割成为阶段性的结果，前一阶段的结果就是下一阶段开始的前提，周而复始、不断循环。从这个意义上说，客户关系管理只有分号，而没有句号。

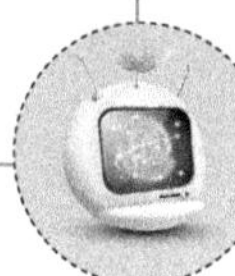

2. 客户状态管理

除了管理过程以外，对客户状态的分析与管理在客户管理中也非常重要，这实际上可以看作营销过程管理的基础。通过客户管理，深入分析和了解处于动态过程中的客户状况，从而清楚不同客户的利润贡献度，使得营销员能够选择应该供应何种产品给何种客户，以便在合适的时间，通过合适的渠道去和客户做交易。

3. 客户成本管理

现代客户管理所创造的全新的商业模式，将彻底改变客户服务机械的作用。只有真正准确地预测客户服务的成本，才能估算出每一元钱的回报。预先知道每一位客户能产生多少业务，可能购买什么，以及答复他们的成本是多少，这使得企业可以根据每个客户所创造盈利的潜能来提供相应水平的服务。

传统的理念认为，“客户就是上帝”，而现代客户管理的理念则认为：“客户并非都是上帝”。统计数据表明，有相当比例的客户是会让企业产生亏损的，如服务费过高的客户，形成呆账、死账的客户，带来诉讼的客户，等等。在有些企业，其20%的客户带来的收入是平均所花费成本的6倍以上，而底层的20%的客户所花费的成本却是他们所带来收入的3～4倍。

三、客户管理的任务

客户管理的任务主要体现在市场营销、销售实现、客户服务和决策分析四个方面，这些都是客户与企业发生关系的重要方面。从这几个方面着手才能保证客户管理业务的实现，从而实现资源的整合和协调，确保客户体验的一致性。

1. 市场营销

客户管理中的市场营销不仅包括对传统市场营销行为和流程的优化及自动化，还包括整个系列的商机测量、获取和管理，以及营销活动管理和实时营销，等等，贯穿于整个营销过程。个性化和一对一成为营销的基本思路和可行做法，最初在客户接触中企业需要实际测量客户的需求，针对具体目标群体开展集中的营销活动。营销既要符合互动的规范，又要针对客户的喜好和购买习惯。实时营销的方式转变为电话、传真、电子网站等的集成，旨在使客户以自己的方式、在方便的时间获得需要的信息，形成更好的客户体验。在获取商机和客户需求信息后，及时与销售部门合作以激活潜在的消费行为，或与相关职能人员共享信息，改进产品或服务，从速、从优地满足客户的需求。

2. 销售实现

客户管理扩展了销售的概念，从销售人员的不连续活动到涉及公司各职能部门和员工的连续进程都纳入了销售实现中。销售人员及其他员工与潜在客户的互动行为、将潜在客户发展为现实客户并保持其忠诚度是关系到企业是否盈利的核心工作。因此，客户管理对于销售实现是十分重要的，在具体流程中被拓展为包括销售预测、过程管理、客户信息管理、建议产生及反馈、业务经验分析等一系列的作业。

3. 客户服务

客户管理与传统商务模式相比，最明显的改进之一，就是把客户服务视作最关键的业务内容，视同企业的盈利来源而非纯成本开支。企业提供的客户服务已经超出传统的帮助平台，成为能否保留并拓展市场的关键，只有提供更快速和周到的优质服务才能吸引和保持更多的客户。客户服务人员必须能够积极、主动地处理客户各种类型的询问、信息咨询、订单请求、订单执行情况反馈，并提供高质量的现场服务。同时，客户服务中心已经超出传统的电话呼叫中心的范围，向可以处理各种通信媒介的客户联络中心演变，可接受并使用如E-mail、传真、网络及其他任何客户喜欢使用的方式。越来越多的客户通过网络查询产品、发出订单，而且对企业提供自助服务的要求也越来越高。

4. 决策分析

客户管理的另一个重要方面在于创造和具备了使客户价值最大化的决策和分析能力。首先，可以通过对客户数据的全面分析来规范客户信息，消除交流和共享的障碍，并测量用户的需求、潜在消费的优先定位，衡量客户满意度，以及评估客户带给企业的价值，提供管理报告、建议完成各种业务的分析；其次，在统一的客户数据基础上，将所有业务应用系统融入分析环境中开展智能性分析，在提供标准报告的同时又可提供既定量又定性的即时分析，分析结果反馈给管理层和整个企业各职能部门，增加了信息分析的价值，以便企业领导者权衡信息，从而做出全面、及时的商业决策。

四、客户管理的流程

客户管理首先应当对客户进行识别和选择，以支持企业在合适的时间和合适的场合，通过合适的方式，将合适价格的合适产品和服务提供给合适的客户。它的基本流程如下。

1. 客户信息资料的收集

客户信息资料的收集主要是指收集、整理相关资料，分析谁是企业的客户，以及客户的基本类型及需求特征和购买愿望，并在此基础上分析客户差异对企业利润的影响等问题。

收集、整理和分析客户信息的目的是分辨谁是一般客户、合适客户和关键客户，这是客户管理的基础；与合适客户和关键客户建立深入关系，并根据客户信息制订客户服务方案，来满足客户的个性化需求，提高客户价值。

2. 客户信息分析

客户信息分析不能仅仅停留在对客户信息数据的分析上，更重要的是对客户的态度、能力、信用、社会关系进行评价。具体包括以下内容。

（1）客户是关键客户还是合适客户？

（2）哪些客户在什么期间导致了企业成本的增加？

（3）企业本年度最想和哪些企业客户建立商业关系？

（4）本年度有哪些合适或关键客户？他们对企业的产品或服务提出了几次抱怨？

（5）去年最大的客户是否今年也订了不少产品？

（6）哪些客户已把目光转向别的企业？

3. 客户信息交流与反馈管理

客户管理过程就是与客户交流信息的过程，实现有效的信息交流是建立和保持企业与客户良好关系的途径。客户反馈可以衡量企业承诺目标实现的程度，在及时发现客户服务过程中的问题等方面具有重要作用。

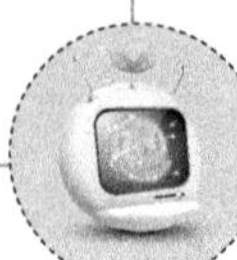

4. 客户服务管理

客户服务管理的主要内容有服务项目的快速录入，服务项目的安排、调度和重新分配，事件的升级，搜索和跟踪与某一业务相关的事件，生成事件报告、服务协议和合同，订单管理和跟踪，建立客服问题及其解决方法的数据库。

5. 客户时间管理

客户时间管理的主要内容有进行客户管理日程安排，设计约见客户与活动计划冲突时，系统会即时提示；进行客服事件和团队事件安排；查看团队中其他人的安排，以免发生冲突；把事件的安排通知相关的人；处理任务表、预算表、预告与提示、记事本、电子邮件、传真及配送安排等。

想一想

如今，“使客户满意”已成为现代企业的经营哲学，以客户为中心的新的经营方式正在得到广泛的认同。在激烈竞争的现代环境下，适应客户的需求，给客户自己选择产品的权利，让客户得到自己真正想要的东西，是竞争的关键需要。客户是企业利润的源泉、成功的关键。那么，如何更好地满足客户的需求呢？

任务实施与评价

任务实施

1. 客户管理的概念和内容

步骤1 查阅资料，解决“什么是客户管理”这一问题，可以使用百度、Google等搜索引擎，并将查找到的资料整理归纳后记录到学习笔记本中。

步骤2 结合任务要求，合作学习小组讨论“认知客户管理”和“客户管理的内容”的学习内容，并将小组讨论结果填写在学习笔记本中。

步骤3 学习小组派代表上台分享本组的学习成果，其他小组针对汇报小组所陈述的内容展开讨论，并将修改意见填写到学习笔记本中。

步骤4 每个学习小组根据其他小组提出的修改意见，对本小组的学习任务进行再次讨论与完善，形成最终学习成果，并记录到学习笔记本中。

2. 客户管理的任务与流程

步骤1 查阅资料，解决“客户管理的任务”这一问题，可以使用百度、Google等搜索引擎，并将查找到的资料整理归纳后记录到学习笔记本中。

步骤2 结合任务要求，合作学习小组讨论“客户管理的任务”和“客户管理的基本流程”的学习内容，并将小组讨论结果填写在学习笔记本中。

步骤3 学习小组派代表上台分享本组的学习成果，其他小组针对汇报小组所陈述的内容展开讨论，并将修改意见填写到学习笔记本中。

步骤4 每个学习小组根据其他小组提出的修改意见，对本小组的学习任务进行再次讨论与完善，形成最终学习成果，并记录到学习笔记本中。

任务评价

对学生学习的评价从两方面入手，即过程性评价和结果性评价并重。在注重对科学知识的掌握和理解程度评价的同时，也要重视学生在活动中对科学探究过程与方法的体验，对学习态度、情感及价值观的发展进行评价，强化评价的诊断和发展功能。活动评价与学习结果评价各占50分，两次评价的总分即对学生学习评价的总成绩。

1. 学生学习活动的评价（分值50%）

每名学生对自己在整个学习过程中的表现进行自评，并请学习小组成员和教师对自己在本任务学习中的表现做出评价，从定性和定量两方面填写评价表，如表8.1所示。

表8.1 “客户管理认知”学习活动学生表现评价量化表

班级： 姓名： 学号：

序号	评价项目	描述性评价（文字）		量化评价（等级分值）			
		具体评价内容	填写具体事实	满分	自评	互评	师评
1	提出问题	①什么是客户管理 ②客户管理的内容有哪些 ③客户管理的任务是什么 ④客户管理的流程如何		6			
2	做出假设	①客户管理就是管理客户 ②客服管理的内容就是对客户进行科学管理		6			
3	设计实验方案	能否自行设计合理的实验方案		10			
4	实验操作	能否小组分工合作完成实验，操作是否规范、有效		10			
5	分析并得出结论	分析理解客户管理的含义及内容，能复述客户管理的任务及流程		6			
6	表达和交流	是否具有与他人合作、表达与交流的能力		6			
7	反思，提出新问题	①客户管理的驱动因素有哪些 ②客户管理的创新理念是什么		6			
等级			总 分	50			
评语（教师填写）							

评价表填写说明：

（1）单项表现等级分值的评价标准：优（6分或10分），良（5分或8分），中（3分或6分），需努力（2分或5分），特优（加2分）。

（2）等级评定标准：对表8.1进行等级分值汇总，将总分填写至学生学习活动评价结果表中，如表8.2所示。7项总分50分以上为特优，45 ～ 50分为优，40 ～ 44分为良，30 ～ 39分为中，30分以下需努力。

表8.2 “客户管理认知”学习活动学生表现评价结果表

班级： 姓名： 学号：

自评（×40%）	小组互评（×30%）	教师评价（×30%）	总 评

2. 学生学习结果的评价（分值50%）

对学生学习结果的评价，采用笔试测验或实操的方式进行。

任务二　用CRM工具管理客户

任务要求

教师构建班级的合作学习小组，合作学习小组的成员共同完成以下学习任务，解决以下学习问题。

（1）认识CRM的概念与作用。

（2）CRM的管理目标是什么？

（3）能根据企业的需求确定CRM系统架构。

（4）CRM实施的关键因素及步骤是什么？

（5）了解电子商务时代下的CRM。

（6）发现新问题：＿＿＿＿＿＿＿＿＿＿＿＿＿＿＿＿＿＿＿＿＿＿＿＿＿＿＿＿

任务准备

根据学习任务的要求和难易程度，准备相关的教学组织和设备设施。

（1）构建合作学习小组：将全班学生分为不同的学习小组，每个小组由2～6名学生组成，每个学习小组的组员分配上，要有领导者、创造者、分析者和执行者的角色。选举小组长，起一个响亮的组名，设计小组标志（Logo）和座右铭（口号），组长负责全组的组织、分工、协调、合作等工作。

（2）教师指导：教师提供学习帮助，使学生明确学习目标，端正学习态度，提示学习任务的完成步骤等。

（3）学习资源：能接入互联网的计算机，纸质、声音、电子、网络等多媒体构成的立体化教学资源库。

（4）实训场地：多媒体网络教室、客户服务实训室，建议与当地电信公司或电商企业合作，进行真实场景的模拟实训。

知识链接

导入案例

当一个联想电脑用户遇到机器故障，打电话到Call Center求助时，接待人员可以马上从CloverCRM系统中清楚地知道该客户的许多信息，如住址、电话、产品型号、购机日期、以前的服务记录等，而不用客户烦琐地解释，就能很快地为他安排好解决问题的方案。这时接待人员可以提醒客户：互联网免费接入账号还有10天就要到期了，并向客户介绍如何购买续费卡。

请思考：我们可以从这个案例中得到什么启示？

一、CRM的概念、系统功能与作用

1. CRM的概念

CRM即客户关系管理，是一个获取、保持和增加可获利的过程。CRM是一套先进的管理思想及技术手段，它通过将人力资源、业务流程与专业技术进行有效整合，最终为企业涉及客户或消费者的各个领域提供完美的集成，使得企业可以以更低的成本、更高的效率满足客户的需求，并与客户建立起以学习型关系为基础的一对一营销模式，从而让企业可以最大限度地提高客户满意度及忠诚度，挽回失去的客户，保留现有的客户，不断发展新的客户，发掘并牢牢把握住能给企业带来最大价值的客户群。

CRM在整个客户生命周期中都是以客户为中心的，这意味着CRM将客户当作企业运行的核心。CRM简化了各类与客户相关联的业务流程（如销售、营销、服务、支持等），并将其注意力集中于满足客户的需求上。CRM还将多种与客户交流的渠道，如面对面、电话接洽，以及Web访问等方式融为一体，这样，企业就可以按照客户的喜好使用适当的渠道及沟通方式与之进行交流，并能从根本上提高员工与客户或潜在客户进行交流的有效性。CRM可改善员工对客户的反应能力，并对客户的整个生命周期有一个更为全面的了解。与企业ERP（企业资源计划）系统直接集成在一起的CRM解决方案使得企业可通过一个闭环式的定义、明确的步骤和流程来满足客户的需求。因此，可以更好地抓住潜在客户和现有客户。

综上所述，CRM是以客户为中心的新型商业模式，是一种旨在改善企业与客户之间关系的新型管理机制；企业通过销售、市场、服务等渠道全面收集客户资料，综合分析客户信息，目的在于建立新型的企业与用户的关系，使企业快速提供客户所需要的产品和服务，从而提供客户满意度，吸引和保持更多的客户，增加企业的效益。

2. CRM的系统功能

CRM是一种以客户为中心的经营策略，它以信息技术为手段，对业务功能进行重新设计，并对工作流程进行重组，以达到留住老客户、吸引新客户的目的。与ERP相比，CRM的重点是关心客户的体验，而不是产品的制造和销售过程，可以说，“以人为本”是CRM思想的精髓。因此，企业在实施CRM的过程中，首先应该设计并模拟客户的体验，在产品营销和售后服务的整个过程中考虑如何为客户提供个性化的服务，最后才是选择合适的软件。

当前，对CRM的内涵和外延尚未达成共识，很多时候人们看到和谈论的只是CRM的表面或者诱人的前景，甚至存在不少对CRM的误解。根据当前人们对CRM的主流认识，可得出CRM的系统逻辑结构，如图8.2所示。

在图8.2中，CRM的功能可以归纳为三个方面：对销售、营销和客户服务三部分业务流程的信息化；与客户进行沟通所需手段（如电话、传真、网络、E-mail等）的集成和自动化处理；对上面两部分功能产生的信息进行的加工处理，产生客户智能，为企业战略决策提供支持。

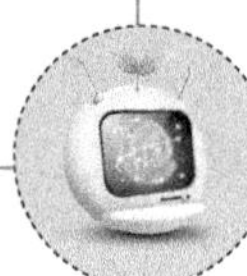

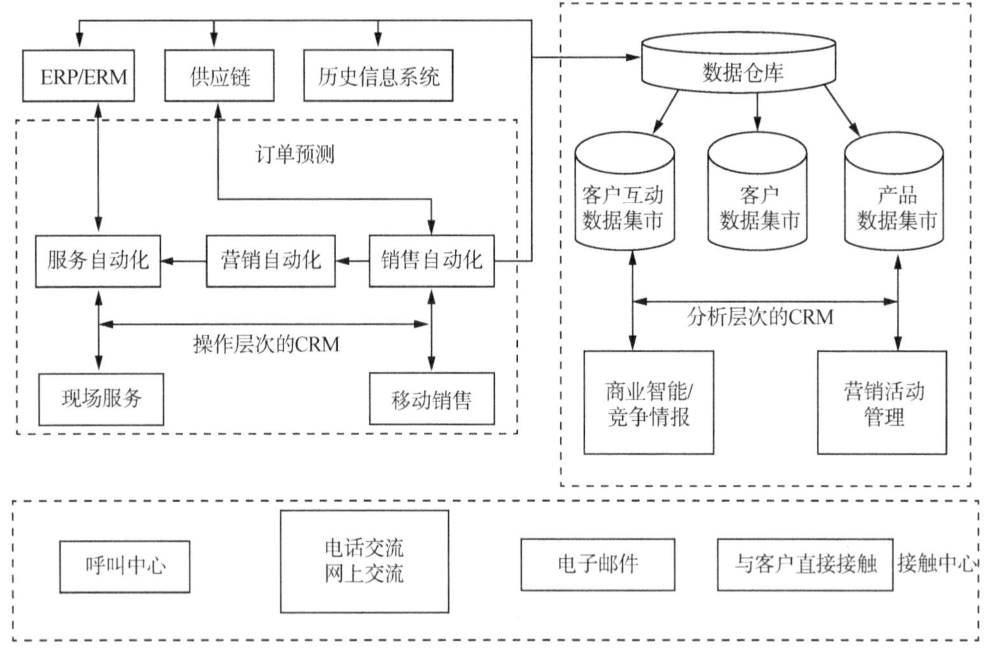

图8.2　CRM系统逻辑结构

3. CRM的作用

CRM与ERP、SCM并称为提高企业竞争力的三大法宝。而CRM又是ERP、SCM、电子商务等系统与外部客户打交道的平台，它在企业系统与客户之间树立一道智能的过滤网，同时又提供一个统一高效的平台。因此，可以说CRM是众多企业系统中提高核心竞争力的法宝。

（1）加强与客户的有效沟通。CRM通过将电话、Web、电子邮件、传真等手段进行整合，客户可以选择自己喜欢的方式与企业进行沟通，使企业员工和客户的沟通更加便捷，获取信息更加方便。因此，企业能够及时有效地解决来自外部客户抱怨的问题，为客户提供超出其期望值的产品和服务，从而可以提升顾客的满意度和利润贡献度。CRM向客户提供主动的客户关怀，根据销售历史提供个性化的服务，在知识库的支持下向顾客提供更专业化的服务，严密的客户纠纷跟踪，这些都成为企业改善服务的有利保证。顾客满意度提高，有助于留住忠诚的客户（见图8.3），同时销售额的增加也就成为必然。

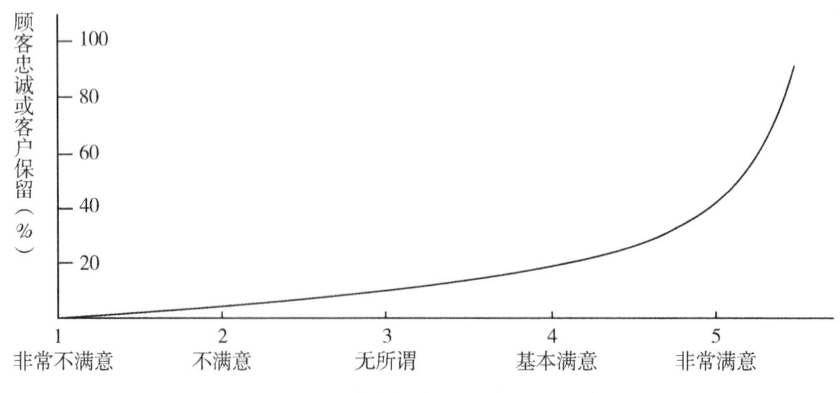

图8.3　客户满意与客户忠诚之间的关系

（2）提高客户的忠诚度。对客户互动信息的收集和加工，以及产生的客户智能可以帮助企业扩展业务模式，扩大经营活动范围，及时把握新的市场机会，占领更多的市场份额。它还可以帮助企业保留更多的老客户，并更好地吸引新客户。良好的CRM可以提高客户的忠诚度，改进信息的提交方式，加快信息提交速度，并简化客户服务过程。在提高客户忠诚度方面，CRM不仅可使企业更好地挽留现存的客户，还可以使企业找回已失去的客户。

（3）有效地挖掘ERP的潜力。就ERP的层面而言，CRM的应用能够有效地挖掘ERP的潜力。ERP与CRM的结合点很多，在一些主流软件厂商的产品当中，结合点有200～300个，对ERP的实施有体会的企业都会看到这一点。CRM把以前ERP不管的事情管起来了，且CRM为ERP系统与外部客户打交道提供了平台。当然这并不是说有了CRM就万事大吉了，CRM的应用本身就是一个不断完善的过程。

（4）改善员工工作环境。CRM改善企业内部工作人员的工作环境，主要体现在效率的提高上。信息技术使得业务处理流程的自动化程度大大提高，并能实现企业范围内的信息共享，提高企业员工的工作能力，有效减少培训需求，使企业内部能更高效地运转，减少了重复性工作，增加了很多具有增值性和创造性的工作，提高了知识工作者的劳动生产率。

由于CRM建立了客户与企业打交道的统一平台，客户与企业一经接触就可以完成多项业务，因此办事效率得以大幅度提高。另外，前台自动化程度的提高，使得很多重复性的工作都由计算机系统完成，工作的效率和质量都是人工无法比拟的，CRM的运用使得团队销售的准确率大大提高，服务质量的提高也使得服务时间和工作量大大降低，这些都在无形中降低了企业的运作成本。对成功采用CRM的企业进行的调查显示，实施CRM以后，每个销售人员的成功率增加51%，客户满意度增加20%，销售和服务的成本下降21%，销售周期减少1/3，利润上升20%。

二、CRM的管理目标与系统组成

CRM是一种以客户为中心的经营策略和商务模式，包括企业CRM经营战略理念和高度信息化、网络化的现代计算机企业管理技术两个方面。CRM软件系统是在专业的CRM软件开发商提供的CRM软件平台的基础上，结合企业的CRM经营理念和资源特征进行设计和开发的。

1. CRM 的管理目标

CRM是一种新型的企业运行机制，其目的在于：加强企业与客户的联系，完善企业与市场、销售、服务及技术之间的关系；提高业务处理流程的自动化程度，实现企业内部的高效运转；及时把握新的市场机会，占领更多的市场份额；客户可以选择自己喜欢的方式与企业进行交流，以获取新服务信息，得到更好的服务；帮助企业充分利用客户资源。

CRM有以下三个管理：第一，建立、促进和扩展企业“一对一”的客户服务网络。“一对一”客户服务是指企业通过传统方式或通过现代Internet网络通信技术等手段，吸引更多的目标客户，提供符合消费者需要的产品和服务，而且使得产品在顾客所需要的时间、所指定的地点到达。第二，与客户建立快速、精确和可靠的沟通关系。企业根据

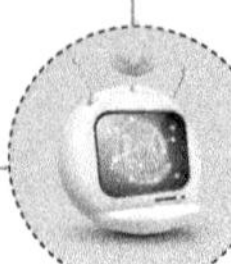

所获得的客户信息和服务信息，动态制定出与目标市场相符合的产品、销售和服务战略。第三，通过电子商务智能分析系统，最大限度地实现客户价值。

2. CRM的系统组成

CRM的系统架构与企业的需求密不可分。因此，在选择实施CRM系统之前，首先要弄清企业的需求，这就是我们要考虑的三层次的CRM系统架构。这三个层次确定了企业CRM与企业中其他系统之间的关系及企业CRM项目的大小，从而使CRM充分满足不同规模企业的需求。

（1）企业需求的层次结构。在一个企业中，有三个主要部门与客户有密切的联系，即市场部、销售部和服务部，CRM系统首先需要满足这三个部门的部门级要求，提供市场决策能力、加强统一的销售管理、提高客户服务质量。其次，客户关系管理将企业的市场销售和服务协同起来，建立市场、销售和服务之间的沟通渠道，从而使企业能够在电子商务时代充分把握市场机会，满足企业部门协同级的需求。最后，客户关系管理和企业的业务系统紧密结合，通过收集企业的经营信息，并以客户为中心优化生产过程，满足企业级的管理需求。

（2）CRM的系统架构。要满足企业的层次需求，CRM系统就必须有良好的可扩展性，从而使企业在不同的时期根据企业的经营规模调整信息系统状况，能够灵活地扩展CRM系统的功能。图8.4给出了一种可扩展的CRM系统架构。图中电子商务、ERP、OA、财务等系统通过企业应用系统集成，为数据仓库和CRM系统提供数据。CRM系统将系统的分析结果用于销售和呼叫中心管理，与此同时，销售管理、E-mail等渠道将客户的反馈信息传递给数据仓库，为CRM系统所用。呼叫中心只是CRM系统中的一个客户接触点。这样的体系结构能够满足企业的部门级、协同级和企业级的需求。企业可以根据自己的状况，选择相应的系统来构造CRM的系统。但有一点必须做到，那就是一定要能够满足CRM在协同级和企业级的可扩展性，否则随着企业信息系统的增加，可能导致CRM系统需要重新建设。

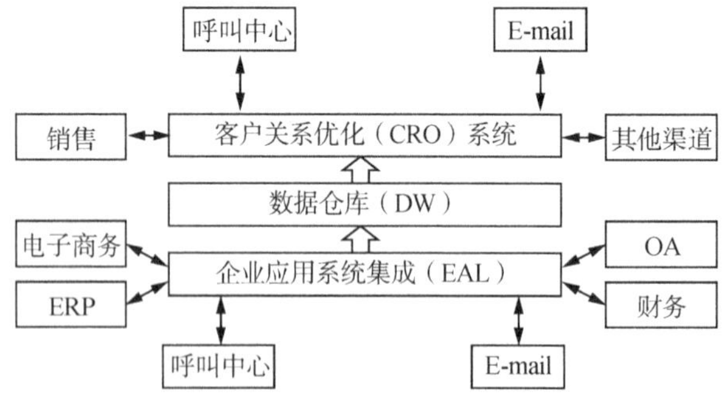

图8.4　企业集成CRM系统解决方案

（3）CRM的系统组成。不同的CRM软件厂商开发的CRM系统平台有较大的差异。通常，CRM软件系统由统一联络模块、客户数据库、电子商务智能模块、销售/服务模块和后台保障模块组成，如图8.5所示。有的厂商开发的CRM软件还包括了商业智能模块和知识管理模块。不同模块分别具有收集、整理、加工客户信息和智能辅助决策等功能。

① 统一联络模块。统一联络模块包含了企业与客户进行交流的所有信息渠道，一般包括电话、企业信息网站、传真、E-mail、WAP技术、现场信息反馈等。有的企业为了

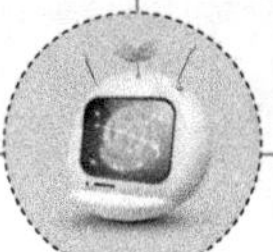

适应多客户实时信息服务的要求，呼叫中心模块也可以作为统一联络模块的辅助模块，其功能是实现7天24小时无间断语言服务。

② 客户数据库。由统一联络模块获得的客户信息，经过自动智能分类，储存于客户数据库，满足CRM所需要的各种历史数据。

③ 电子商务智能模块。电子商务智能模块是CRM软件系统的核心，每一个CRM软件供应商都不会忽视电子商务，此模块可帮助企业把业务扩展到互联网上。其功能是对客户数据库中的数据进行分析，提出针对不同客户要求的决策方案和企业经营决策计划，预测客户市场的水平和发展趋势，监督企业CRM实施的效果，及时提出调整计划等。所以说，电子商务智能模块的技术水平决定了这个CRM系统对市场的适应性和准确性。

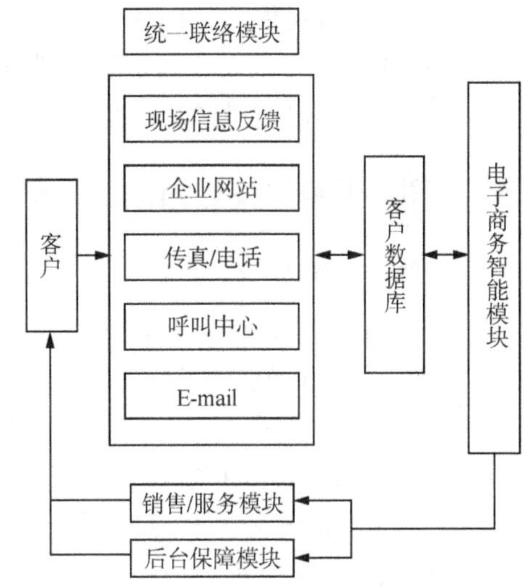

图8.5　CRM软件系统组成

④ 销售/服务模块。电子商务智能模块提出的决策方案通过销售/服务模块得以实施，同时反馈客户对产品/服务的意见和要求，也就是完成系统统一联络模块中的现场信息反馈功能之一。销售管理模块管理商业机会、账户信息、销售渠道等方面，它支持多种销售方式，确保销售队伍总能够把握最新的销售信息。服务管理可以使客服人员有效提高服务质量，增强服务能力，从而更加容易捕捉和跟踪服务中出现的问题，迅速准确地根据客户需求分解调研、销售扩展、销售提升各个步骤中的问题，延长客户的生命周期。

⑤ 后台保障模块。该模块包括供应链（SCM）、产品配送、企业资源计划（ERP）和一般性后勤系统，目的在于维持企业的正常运行。SCM、ERP、CRM之间的关系如图8.6所示。

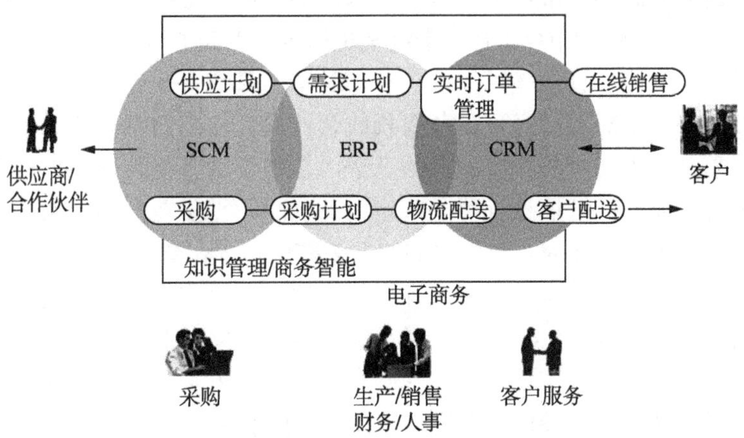

图8.6　SCM、ERP、CRM之间的关系

⑥商业智能模块。该模块的主要功能包括：预定义查询和报告；客户电子查询和报告；可看到查询和报告的SQL代码；以报告或图的形式查看潜在客户和业务可能带来的收入；通过预定义的图表工具进行潜在客户和业务的传递途径分析；将数据转移到第三方的预测的计划工具；柱状图和饼图工具；系统运行状态显示器；能力预警。

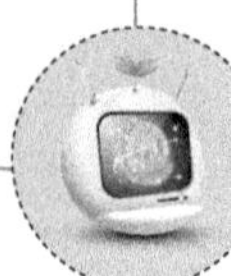

⑦知识管理模块。该模块的主要功能包括：在站点上显示个性化信息；把一些文件作为附件粘贴到联系人、客户、事件概况上；文件管理；对竞争对手的Web站点进行监督，如果发现变化，则向客户报告；根据客户定向的关键词对Web站点的变化进行监视。

三、CRM 实施的关键因素及步骤

1. CRM实施的关键因素

在多个行业中，许多企业已经将客户关系管理设立为商业变革和技术革新的优先目标。当前，企业正处于向“以客户为中心”的方向演变的不同阶段：有一些先行者已经成功地实施CRM解决方案，而且创造了全新的、有效的收入增长机会；同时，另外一些企业正在努力追赶，期望通过实施CRM可以完成优化客户价值的目标。通过对国外成功的CRM实施案例的分析研究发现，它们有一些共同点：在CRM项目开始之前认真考虑一些关键因素，可以提高成功的可能性。

（1）明确CRM的目标。企业在建立CRM时应该具有明确的商业目标，这只能在详细考虑之后获得并以文档形式具体表现出来。一般来说，企业在CRM目标成型之前需要回答以下几个问题：最大的价值是否在实施销售自动化决策方案中？是否应该采用一套可靠的呼叫中心？竞争对手是否正以有效的CRM策略蚕食市场份额？在电子商务时代，是否正以预见性的方式向“以客户为中心”的商业模式过渡？等等。此外，还要对内部运营能力及外部挑战进行分析，这样才能得到一个明确的、组织需要的CRM远景。

虽然建立明确的CRM的目标是一个较大的挑战，但这仅仅是将要面对的系列挑战中的一个而已。让整个组织达成统一的认识是对项目的未来至关重要的一点。例如，有一家高科技制造公司，在项目早期就很清楚地界定了CRM的目标，但公司达成统一认识的过程很困难，因为项目的主要参与人都不能明确目标的优先级，最终项目延迟了三个月才启动。而项目刚一启动，市场部与信息技术部的摩擦又继续迟滞了项目的进展。而此时，竞争对手蚕食了他们的市场份额。最终费尽周折才克服了障碍，使项目取得了成功。

（2）确保高层支持。总的来说，成功的CRM项目都有一个行政上的项目支持者，他们的职位一般是销售副总、总经理、董事长或合伙人，他们的主要任务是确保本企业和本部门在日益复杂的市场中能有效地参与竞争。在当今的市场环境中，产品或价格的优势总是很短暂的，而产品的质量优势是既定的。这时，需要在位高层领导接受挑战，通过对企业营销、销售和服务的方式方法的改造来获取竞争优势。

（3）专注于商业流程。有些企业一开始就把注意力放在技术上，这是一个错误。实际上，企业应该专注于流程。CRM是一项为了建立“以客户为中心”的组织而采取的商务流程改进，技术只是一种实现手段，它本身不是解决方案。因此，一定要确保在优化商业流程与采用软件中寻求最佳的平衡点，同样，要利用CRM实施的机会来减少那些不能提升客户体验的不佳流程。

（4）正确选择技术合作伙伴。市场上至少有500家以上的CRM提供商在市场上提供“最适合”的产品，这对企业来说，寻找到一家“最适合”自己产品的的确是一种挑战，但也是一个机会。所以选择的标准应该是，根据业务流程中存在的问题选择合适的技术，而不是调查流程来适应技术的需求。

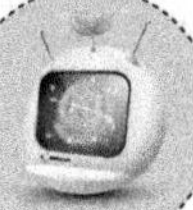

企业CRM的实施是从单个部门（如营销、现场销售和客户服务）开始的，但在选择技术时要重视灵活性和可扩展性，以满足未来的扩展需要。因为企业要把企业内的所有客户集中到一个系统中，使得每个员工都能得到完成工作所需要的客户信息。

（5）选择专业的咨询公司。CRM项目作为一项大型的企业管理软件项目，实施难度大。成功的CRM项目实施离不开专业的咨询公司的参与。咨询公司是CRM厂商与应用企业之间的桥梁，不仅对厂商推出软件产品之后的进一步发展起推动作用，对于CRM产品能够在企业成功地应用，从而实现企业管理的规范化和现代化也是非常必要的。

（6）组建精锐的项目实施小组。一个典型的CRM实施团队主要包括项目经理、主要业务专家、应用和技术小组负责人、应用和技术分析员、开发人员、技术架构负责人、数据库管理员、培训和支持人员。不同的人员在实施的不同阶段介入，每个角色所需要的人手应根据实施规模而定。

2. CRM的实施步骤

CRM的实施应该从两个层面进行考虑：其一是进行管理的改进；其二是向这种新的管理模式提供信息技术的支持。管理的改进是CRM成功的基础，而信息技术则有利于提高客户关系管理工作的效率。一般来讲CRM系统的实施可以遵循以下步骤。

（1）确立业务计划。在部署CRM之前，应确立其达到的目标，如提高客户满意度、缩短产品销售周期、提高成交率等。根据目标制订相应的业务计划。

（2）建立CRM实施队伍。为了成功地实施CRM，须对内部业务进行统筹考虑，并建立一支有效的实施队伍。该团队范围要广、层次要多，应包括各个角色的人员。

（3）评估业务过程。在实施CRM之前，应详细规划和分析自身具体业务流程，以确立最佳方案并全面考察，以消除那些不必要的步骤。

（4）明确实施需求。在业务流程确定以后，细化所需功能，并对IT环境和设施加以细化。

（5）选择供应商。对能够提供CRM所需功能的供应商进行评估并选择。

（6）开发与部署。与选定的供应商密切配合，确定实施计划和相应的培训计划。

四、电子商务时代的CRM

1. eCRM的起源

随着CRM的应用，人工服务渠道中出现了新的瓶颈，该瓶颈源于传统交流方式的局限。而基于Internet的交流渠道和应用程序有可能缓解个人服务的瓶颈，并为客户及伙伴提供扩展CRM优势的方法。这种对CRM系统的电子扩展就是电子客户关系管理（eCRM），企业可以充分利用基于Internet的销售和售后服务渠道，进行实时的、个性化的营销。

2. CRM与电子商务

CRM与电子商务的关系在于，电子商务是充分利用信息技术特别是Internet提高企业所有业务运作和管理活动的效率和效益，而CRM则专注于同客户密切相关的业务领域，主要是呼叫中心、服务自动化、销售自动化、市场自动化、企业网络等，通过在这些领域内提高内部运作效率，以方便客户提高企业竞争力。

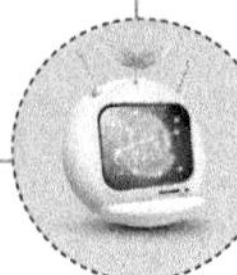

3. eCRM的效益

eCRM能够以两种方式为企业带来效益。

（1）由内到外的效益。为企业提供自助系统，可以自助地处理服务要求，从而降低企业的运营成本。这里面包含了“任务代替”的概念，由人工渠道提供的服务可以通过自助渠道来处理，为管理节省了大量的人力，可以将人力资源集中于更具有挑战性和更高价值的服务中。

（2）由外到内的效益。除了由互联网带来的成本低的优势，eCRM还具有满足客户实质性需求的优势。这样引导互联网上的客户通过自助服务提高了服务的响应速度和服务的有效性。

eCRM的这些优势提高了客户的满意度，具有帮助企业扩大市场份额、提高获利的能力。

4. 实施eCRM的关键因素

在实施eCRM系统的过程中，除了要充分考虑一般CRM实施过程中的关键性因素外，还应该特别注意eCRM和CRM系统集成，以及应用程序结构等关键因素。

（1）eCRM和CRM系统的集成。客户关系管理是一种合作运动，正如其他关系一样，客户关系也存在两面性。传统的CRM将权利授予企业的管理人员，eCRM却将权利授予客户和其他合作伙伴。

（2）应用程序结构。eCRM系统的特点之一就是充分利用了网络技术。互联网将客户和合作伙伴的关系管理流程提高到一个新水平，但同时基于网络的应用会在一定程度上增加成本，这主要体现在基于网络的应用程序通常缺少交互性。为了达到网络平衡，eCRM系统提供以下三种应用程序结构。

① 网上型。对于网络的出现，C/S应用程序销售商的第一反应是如何打开现有产品通往互联网的通道。实现此目标最直接的方法就是将应用程序链接到主页上。这种结构被称为网上应用程序结构，它适用于在已有C/S结构的应用程序基础上实现eCRM系统。

② 浏览器增强型。浏览器增强型应用程序利用内置于浏览器的技术来实现更多的功能，使界面更丰富。该结构使用了动态HTML等技术。

③ 网络增强型。在某些使用情况下，动态HTML技术不能满足应用程序的需求，需要借助操作系统和虚拟机功能。这些应用程序采用ActiveX、Java等技术。

虽然这些网络应用程序的结构都不能最佳地满足eCRM的所有用户，但在不久的将来，随着网络技术的发展，新一代的网络应用程序结构完全可以实现。

想一想

销售是一个过程，而不是一个偶然事件。销售员不可能指望每一位老客户和潜在客户能立刻给自己回报。但是，因为所努力的对象在目标市场内，因此，每一个客户都是“高质量”客户。假如潜在客户在产品或服务方面没有相应的财务预算，那或许这正是建立业务关系的最佳时间。那么，如何更好地接近客户并让其成为企业的忠诚客户呢？

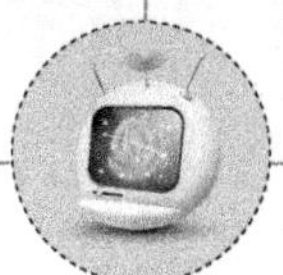

任务实施与评价

任务实施

1. 客户管理

（1）实验概述。这里以博星卓越CRM系统为例。客户管理可以对客户档案、代理、潜在客户、竞争对手、联系人等信息进行管理。

（2）实验目标。

①了解客户资源的重要性。

②了解客户的不同分类。

（3）实验任务。

① 通过对客户的管理，能够全面准确地了解客户的情况，包括客户相关任务、客户相关进程、客户相关订单、客户相关报价单和客户所关心的产品，进行客户跟踪。

②通过对代理的管理，能够全面准确地了解代理的状态，包括代理相关任务、代理相关进程、代理相关订单、代理相关报价单和代理所关心的产品。

（4）实验步骤。

①客户档案。首先进入客户列表页面，可以根据客户编号、客户名称查询某个客户的信息；可以增加、删除、修改或查看客户的信息；可以通过“高级查询”查询所需要的客户信息，如图8.7所示。

客户档案维护

客户列表　客户编号［ ］客户名称［ ］［查询］［高级查询］［增加］

客户编号	客户名称	客户类别	首次交易	交易次数	累计交易额	操作
00001	北京低压电器厂	华北		0	0.00	
000010	上海代理公司	华北	2003-04-22	2	908,230.00	
00002	北京联达动力公司	华北	2003-05-08	1	500.00	
00003	哈尔滨制药六厂	东北	2003-04-18	1	18,050.00	
00004	扬森制药公司	华北		0	0.00	
00005	上海电器公司	西北		0	0.00	
00006	北京友谊商店	东南		0	0.00	
00008	北京天天有限公司	东南		0	0.00	
00009	QQQ	华北		0	0.00	
002	深圳市第二人民医院	西南		0	0.00	
aaa	aaa	东北		0	0.00	

共有11条记录 第1/1页　　首页 尾页 跳转到［ ］页 GO

图8.7　客户档案维护

②代理管理。进入代理列表页面，可以根据代理编号、代理名称查询某个代理的信息；可以增加、删除、修改或查看代理的信息；可以通过“高级查询”查询所需要的代理信息，如图8.8所示。

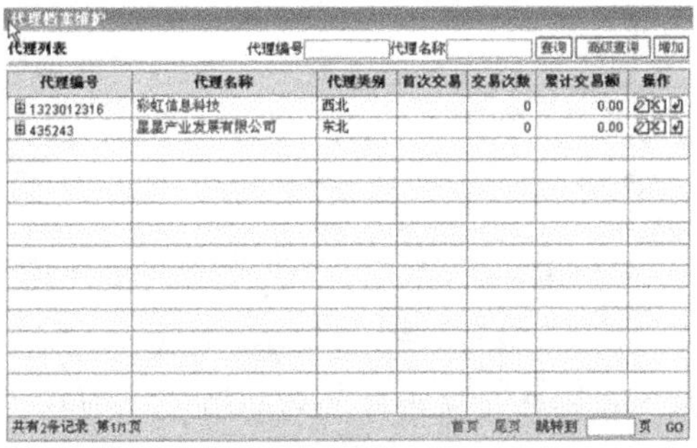

代理档案维护

代理列表　代理编号［ ］代理名称［ ］［查询］［高级查询］［增加］

代理编号	代理名称	代理类别	首次交易	交易次数	累计交易额	操作
1323012316	彩虹信息科技	西北		0	0.00	
435243	星星产业发展有限公司	东北		0	0.00	

共有2条记录 第1/1页　　首页 尾页 跳转到［ ］页 GO

图8.8　代理管理维护

③ 潜在客户。可以对潜在客户的信息和潜在客户相关信息进行编辑，如图8.9所示。

编辑潜在客户信息
客户编号 qzkhbh0417005
客户名称 发展平衡有限公司
通讯地址 大连
邮政编码
电话 123143
电子邮件
所在地域 国家 省市 城市
备注
保存继续 保存返回 返回
联系人
胡滨
相关产品
X光机机架
配件，111
附件列表

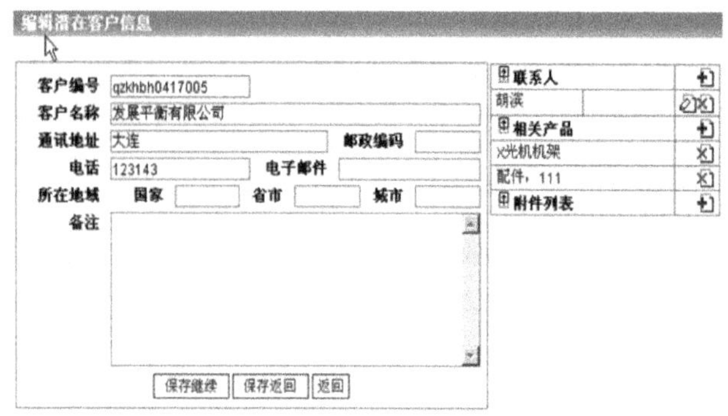

图8.9 潜在客户管理

④竞争对手。可以进入竞争对手列表页面，对竞争对手进行管理。可以删除、修改或查询竞争对手的信息，如图8.10所示。

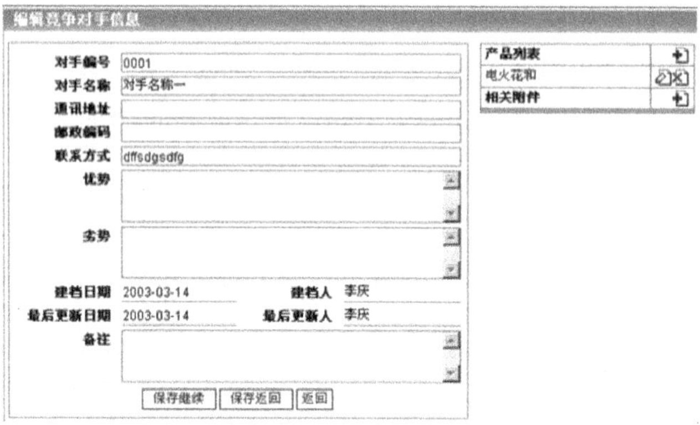

编辑竞争对手信息
对手编号 0001
对手名称 对手名称一
通讯地址
邮政编码
联系方式 dffsdgsdfg
优势
劣势
建档日期 2003-03-14
建档人 李庆
最后更新日期 2003-03-14
最后更新人 李庆
备注
保存继续 保存返回 返回
产品列表
电火花和
相关附件

图8.10 竞争对手管理

⑤ 客户联系信息。可以进入联系人列表页面，对联系人进行管理。可以根据不同客户联系人类别、联系人姓名、相关产品查询联系人的信息；可以删除、修改或查看联系人的信息；可以通过“高级查询”查询所需要的联系信息，如图8.11所示。

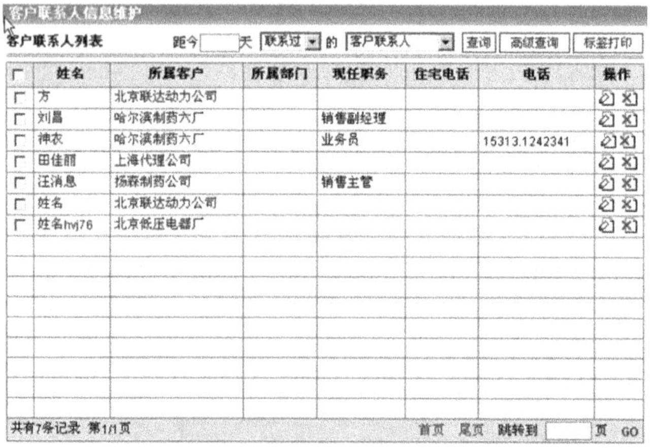

客户联系人信息维护
客户联系人列表 距今 天 联系过 的 客户联系人 查询 高级查询 标签打印
姓名 所属客户 所属部门 现任职务 住宅电话 电话 操作
方 北京联达动力公司
刘昌 哈尔滨制药六厂 销售副经理
神农 哈尔滨制药六厂 业务员 15313.1242341
田佳丽 上海代理公司
汪消息 扬森制药公司 销售主管
姓名 北京联达动力公司
姓名hvj76 北京低压电器厂
共有7条记录 第1/1页 首页 尾页 跳转到 页 GO

图8.11 客户联系信息管理

（5）实验总结。客户资源是企业最重要的核心资源。因此，CRM可以帮助企业对客户进行科学高效的管理，客户管理主要包括客户属性定义，进行客户分类，新增或修改

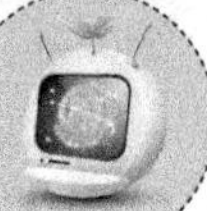

客户信息，编辑客户联系人、联系人相关的商品、联系人的重要日期，设置客户初始账务等功能。客户分类是指对具有不同属性的客户进行区分，如个人客户与企业客户的属性有很大的差别，应该属于不同的类别。

2. 客户服务

（1）实验概述。这里以博星卓越CRM系统为例。客户服务管理可以管理服务阶段的各项事务，包括服务任务管理、服务进程管理、客户反馈受理、客户服务反馈处理、服务对象挖掘、服务建议管理、产品档案管理、维修报告查询、维修订单管理、维修订单执行、维修报价管理、信用额度管理、额度借用管理、回访对象挖掘等。

（2）实验目标。了解客户服务的意义。

（3）实验任务。通过CRM，学习如何帮助企业对客户进行科学高效的管理。

（4）实验步骤。

①反馈受理和处理。客户反馈受理和处理可对反馈日期、反馈类型、反馈者类型、客户名称、客户编号、客户地址、联系方式、反馈内容等进行编辑，如图8.12所示。

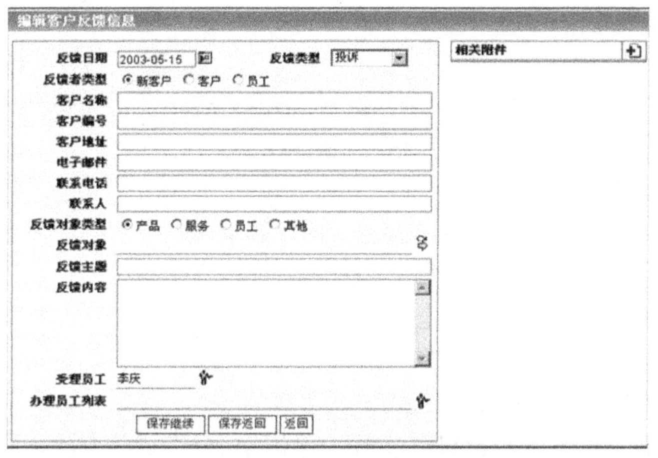
编辑客户反馈信息

反馈日期 2003-05-15　反馈类型 投诉　相关附件
反馈者类型 ⊙新客户 ○客户 ○员工
客户名称
客户编号
客户地址
电子邮件
联系电话
联系人
反馈对象类型 ⊙产品 ○服务 ○员工 ○其他
反馈对象
反馈主题
反馈内容
受理员工 李庆
办理员工列表
保存继续　保存返回　返回

图8.12　反馈受理和处理

②客户关怀。客户关怀是企业分析现有客户、代理为企业带来经济效益的变动情况，并采取措施维持现有客户的行为管理。本模块主要完成服务建议的录入、维护和查询，并且可通过转化为服务任务来执行，如图8.13所示。

关怀建议管理

关怀建议列表　建议主题　关怀对象　关怀类型 全部　查询　增加

建议主题	关怀对象	关怀类型	操作
价值客户	北京联达动力公司	价值客户	
价值客户	上海代理公司	价值客户	
价值客户	哈尔滨制药六厂	价值客户	
价值客户	上海代理公司	价值客户	
建议好好对待	东南项凡责任有限公司	价值上升客户	

共有5条记录 第1/1页　首页 尾页 跳转到 页 GO

图8.13　客户关怀

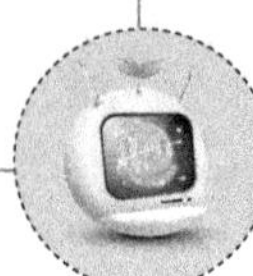

③对象挖掘。对客户和代理的历史交易信息进行分析，可以找出对企业的营业额、利润产生至关重要的客户和代理——价值客户和代理；可以找出与企业交易发生上升或下降情况的客户和代理——价值变动客户和代理；可以找出对企业的产品或服务不满程度较高的客户和代理——问题客户和代理。同时系统通过分析适时做出客户服务建议，为企业巩固老客户、提高老客户的满意度和忠诚度提供了可能，如图8.14所示。

④产品档案管理。产品档案管理可以查看、编辑产品信息和产品销售客户信息，查看产品维修次数和编辑产品维修情况，等等，如图8.15所示。

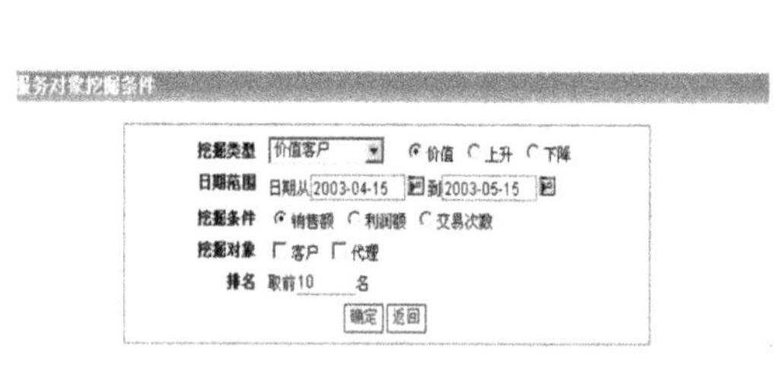

图8.14　对象挖掘

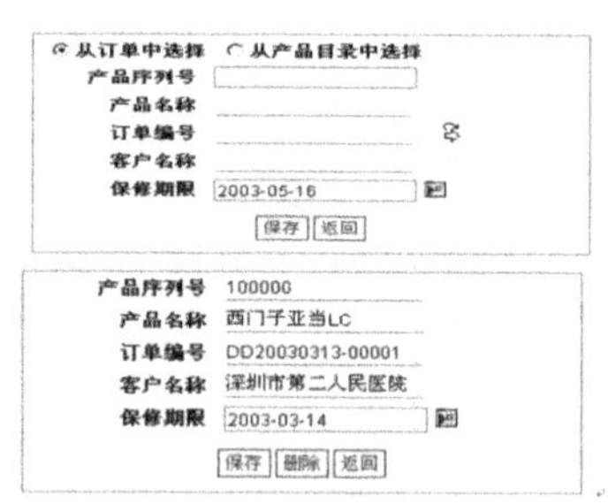

图8.15　产品档案管理

（5）实验总结。及时有效地处理客户反馈信息，将有助于提高客户或合作伙伴对企业服务管理的信心，以及对企业的满意度和忠诚度。

3. 用Excel管理客户生日

（1）实验概述。小明是某知名品牌生活用品的销售营业代表，由于工作出色，刚刚晋升为高级销售经理。为了建立良好的客户关系，他想在每位客户生日之际根据客户级别寄送不同的温馨小礼品。但是手上的客户数量有近350人！

（2）实验目标。建立良好的客户关系。

（3）实验任务。能使用Excel管理客户的生日。

（4）实验步骤。由于下面的制作过程只是说明任务完成的方法，所以只输入了10条客户记录，所有客户信息均为虚拟。在完成自己的任务时，可根据实际情况修改。下面以Excel 2007为例进行介绍。

①打开Excel 2007，进入程序主界面。单击菜单“文件”→“新建”，在程序窗口右边的“新建工作簿”任务窗格中单击“空白工作簿”，于是建立了一个空白工作簿。

②在Sheet1工作表中输入如下数据。“出生年月”一列的数据输入时以“1966－3－28”格式，Excel会自动识别为日期类型，如图8.16所示。

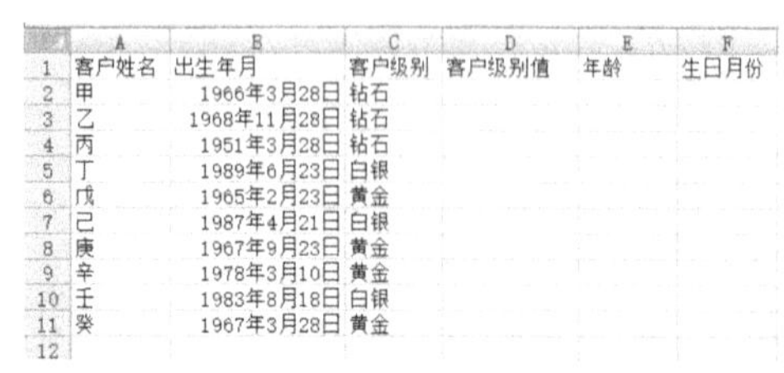

	A	B	C	D	E	F
1	客户姓名	出生年月	客户级别	客户级别值	年龄	生日月份
2	甲	1966年3月28日	钻石			
3	乙	1968年11月28日	钻石			
4	丙	1951年3月28日	钻石			
5	丁	1989年6月23日	白银			
6	戊	1965年2月23日	黄金			
7	己	1987年4月21日	白银			
8	庚	1967年9月23日	黄金			
9	辛	1978年3月10日	黄金			
10	壬	1983年8月18日	白银			
11	癸	1967年3月28日	黄金			
12						

图8.16　数据输入

③为了让出生年月字段的显示类型符合习惯，下面进行设置。选中B列单元格，单击菜单“格式”→“单元格”，在弹出的“设置单元格格式”对话框中的“数字”选项卡的“分类”栏目里选择“日期”，区域设置为“中文（简体，中国）”，类型为“2001年3月14日”，设置好后单击“确定”按钮，如图8.17所示。

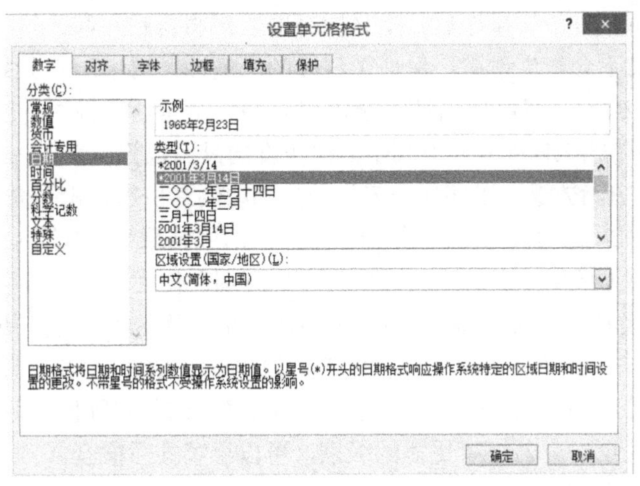

图8.17 设置单元格格式

④ 在寄小礼品给客户时，通常会写明“祝某某多少岁生日快乐”，所以算出每名客户的年龄是必需的。选中E2单元格，在其中输入公式“＝YEAR（NOW（））－ YEAR（B2）”，按“回车”键后，E2单元格显示时间格式的结果。这时选中D列单元格，单击菜单“格式”→“单元格”，在弹出的“设置单元格格式”对话框中的“数字”选项卡的“分类”栏目里选择“常规”，如图8.18所示，单击“确定”按钮后，E2单元格显示客户的年龄“49”。

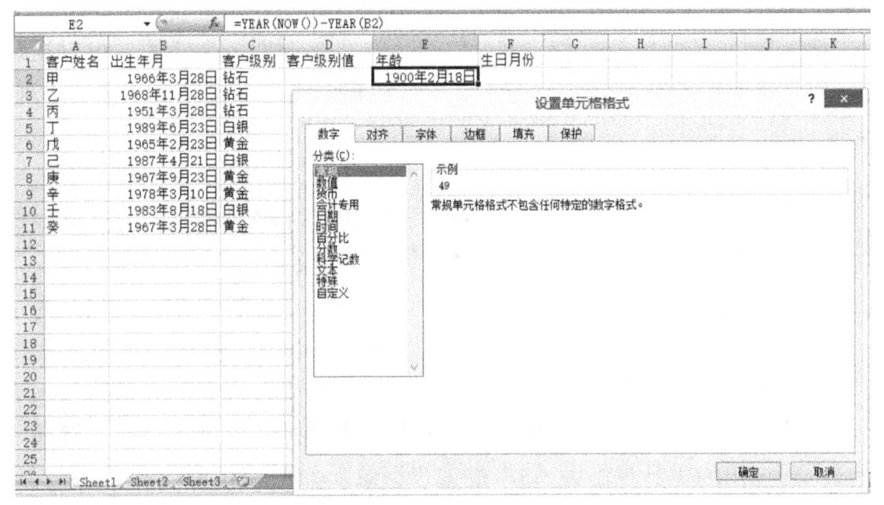

图8.18 计算客户年龄

提示：YEAR函数功能为返回某日期对应的年份。语法为YEAR（serial_number）。参数serial_number 为一个日期值，其中包含要查找年份的日期，如YEAR（2001 － 10 － 15），返回结果为“2001”。NOW函数功能为返回当前日期和时间所对应的序列号。语法为NOW（）。YEAR（NOW（））返回当前日期对应的年份。

⑤ 选中E2单元格，将鼠标指针移至该单元格右下角，鼠标指针变为“十”字形（公式填充柄），按住鼠标左键向下拉至E11单元格，这个操作会把公式复制到下面这些单元格中。这样其余客户的年龄也算出来了。

⑥ 算出每个客户的生日月份是为后面的根据“生日月份”排序做准备的。当客户数

量较大时，按“生日月份”排序后，生日同月的客户将排在一起，这对任务的完成不仅加快速度，而且又不会产生遗漏，保证了任务的圆满性。选中E2单元格，在其中输入公式“＝MONTH（B2）”，将鼠标指针移至该单元格右下角，鼠标指针变为“十”字形，按住鼠标左键向下拉至E11单元格。其余客户生日的月份也算出来了。

提示：MONTH函数返回以序列号表示的日期中的月份。月份是介于 1（1月）与 12（12月）的整数，如MONTH（2001 － 10 － 15），返回结果为“10”。后面除了可按“生日月份”作为主要关键字排序外，还可把“客户级别”作为次要关键字排序。但是Excel怎么会知道客户级别谁高谁低呢？或许细心的读者已经在问“客户级别值”这个字段了。选中D2单元格，在其中输入公式“=IF（C2="钻石",1,IF（C2="黄金",2,IF（C2="白银",3)))”，这个公式的含义为若客户级别为“钻石”，则与它等价的值为“1”，“黄金”为“2”,“白银”为“3”。若还有更多的级别，可以继续往后嵌套。

提示：IF函数最多能嵌套7层。

⑦ 公式输入完成，按“回车”键后，利用公式填充柄，向后拉至D11单元格。这样，其他客户的级别值也算出来了。

⑧ 将光标选定在有数据的任一单元格内，单击菜单“数据”→“排序”，在弹出的“排序”对话框中，设定排序的主要关键字为“生日月份”，次要关键字为“客户级别值”，单击“确定”按钮，如图8.19所示。

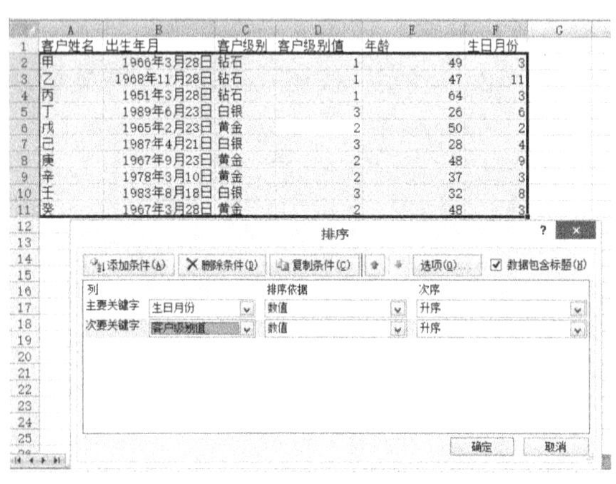

	A	B	C	D	E	F
1	客户姓名	出生年月	客户级别	客户级别值	年龄	生日月份
2	甲	1966年3月28日	钻石	1	49	3
3	乙	1968年11月28日	钻石	1	47	11
4	丙	1951年3月28日	钻石	1	64	3
5	丁	1989年6月23日	白银	3	26	6
6	戊	1965年2月23日	黄金	2	50	2
7	己	1987年4月21日	白银	3	28	4
8	庚	1967年9月23日	黄金	2	48	9
9	辛	1978年3月10日	黄金	2	37	3
10	壬	1983年8月18日	白银	3	32	8
11	癸	1967年3月28日	黄金	2	48	3

图8.19　数据排序

⑨ 返回工作表后，可以发现数据已经根据指定的排序要求重新排列。

⑩如果不想让“客户级别值”字段显示，可以先选中D列单元格，再单击鼠标右键，在弹出的菜单中选择“隐藏”命令。

⑪ 如果客户数量很大，为了浏览方便，可以通过数据筛选只显示符合条件的数据。将光标选定在任一有数值的单元格，单击菜单“数据”→“筛选”→“自动筛选”命令，各个字段右边出现下拉按钮，如单击“生日月份”下拉按钮，选择“3”，则工作表只显示筛选出的生日月份为“3”的客户记录，如图8.20所示。

	A	B	C	D	E	F
1	客户姓名	出生年月	客户级别	客户级别值	年龄	生日月份
3	甲	1966年3月28日	钻石	1	49	3
4	丙	1951年3月28日	钻石	1	64	3
5	辛	1978年3月10日	黄金	2	37	3
6	癸	1967年3月28日	黄金	2	48	3
12						

图8.20　自动筛选

好了，3月份过生日的客户已经出来了，快根据客户的级别准备礼品吧！

（5）实验总结。及时有效地管理客户生日，将有助于提高客户或合作伙伴对企业服务管理的满意度和忠诚度。

任务评价

1. 学生学习活动的评价（分值50%）

每名学生对自己在整个学习过程中的表现进行自评，并请学习小组成员和教师对自己在本任务学习中的表现做出评价，从定性和定量两方面填写评价表，如表8.3和表8.4所示。

表8.3　“CRM工具管理客户”学习活动学生表现评价量化表

班级：　　　　姓名：　　　　学号：

序号	评价项目	描述性评价（文字）		量化评价（等级分值）			
		具体评价内容	填写具体事实	满分	自评	互评	师评
1	提出问题	①CRM的管理目标与系统组成都包括什么 ②CRM实施的流程是什么 ③CRM实施的关键因素是什么 ④如何按照工作任务要求实施CRM		6			
2	做出假设	①CRM就是软件工具 ②CRM就是互联网 ③CRM是直接销售的最新叫法 ④CRM就是评价和衡量客户价值 ⑤CRM就是销售代表的自动化工具		6			
3	设计实验方案	能否自行设计合理的实验方案		10			
4	实验操作	能否小组分工合作完成实验，操作是否规范、有效		10			
5	分析并得出结论	①CRM的概念与作用 ②CRM的管理目标与系统组成 ③CRM实施的关键因素及步骤 ④CRM与电子商务		6			
6	表达和交流	是否具有与他人合作、表达与交流的能力		6			
7	反思，提出新问题	①CRM给企业带来了哪些影响 ②如何更好地使用CRM		6			
等级			总　分	50			
评语（教师填写）							

表8.4　“CRM工具管理客户”学习活动学生表现评价结果表

班级：　　　　姓名：　　　　学号：

自评（×40%）	小组互评（×30%）	教师评价（×30%）	总　评

2. 学生学习结果的评价（分值50%）

对学生学习结果的评价，采用笔试测验或实操的方式进行。

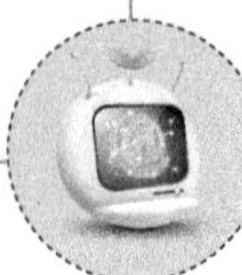

项目小结

本项目主要学习了客户管理的基本概念，要了解客户管理的任务与内容，掌握进行客户管理的方法；明确CRM的管理目标与系统组成，熟悉CRM实施流程，并能在CRM项目开始之前认真考虑一些相关因素，提高CRM系统成功的可能性。

练习与自测

总分：50分
哇，我得了______分！

一、快乐小补丁（每空1分，共14分）

1. 客户管理的主要内容有________、________、________。

2. CRM的功能可以归纳为________、________、________三个方面的业务流程的信息化。

3. 提高企业竞争力的三大法宝是________、________、________。

4. 与客户进行沟通所需的手段有________、________、________、________。

5. CRM改善企业内部工作人员的工作环境，主要体现在________的提高。

二、剪刀、石头、布（每题2分，共6分）

对于下面这些问题，你准备出剪刀（A）、石头（B），还是布（C）呢？

1. 客户关系管理（CRM）是以（　）为中心的新型商业模式，是一种旨在改善企业与客户之间关系的新型管理机制。

A. 客户　　B. 产品　　C. 利润

2.（　）是众多企业系统中提高核心竞争力的法宝。

A. CRM　　B. ERP　　C. SCM

3. CRM思想的精髓是（　）。

A. 利润最大　　B. 效益最高　　C. 以人为本

三、识别红绿灯（每题2分，共10分）

红灯停，绿灯行！对于下面这些说法，你觉得正确的，请打“√”，并继续前行；错误的请打“×”，写出正确答案后再前进。

1. 客户满意度越低，越有助于留住忠诚客户。（　）________

2. 不同的CRM软件厂商开发的CRM系统平台有较大的差异。（　）________

3. CRM不仅是一个IT项目，更是一个包括业务在内的管理项目。（　）________

4. 企业一开始应该把注意力放在技术上。（　）________

5. 不同行业的企业其商业流程是不同的，应选择适合本行业的CRM系统供应商。（　）________

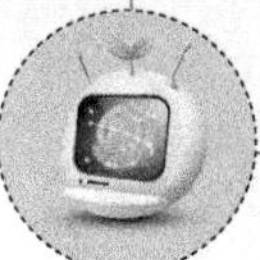

四、动动小脑筋（5分）

请将CRM系统实施的步骤与其相对应的特点用线段连起来。

确立业务计划	确定实施计划和相应的培训计划
建立CRM实施队伍	须对内部业务进行统筹考虑，建立一支有效的实施队伍
评估业务过程	细化所需功能
选择供应商	对供应商进行评估并选择
明确实际需求	详细规划和分析自身具体业务流程
开发与部署	根据目标制订相应的业务计划

五、拍脑筋猛想（15分）

1. 客户管理的流程如何？（5分）

2. 7—ELEVEN是世界级的24小时便利商店。顾客到那里去买东西时，售货员会不断地往计算机网络中输入资料。这些资料并不是关于顾客买的商品，而是关于顾客在购物时的各项情况，如顾客的年龄、性别、身份、婚姻状况等。企业会对这些资料进行分析，以了解自己的顾客到底是什么人？他们会在什么时候、什么情况下买什么东西？然后有的放矢地满足这些顾客的需要。

请分析7—ELEVEN做法的作用。（5分）

3. 桂林漓泉公司的业务员小明，负责向桂林市的酒店推销啤酒。虽然他拥有的客户数量不少，但每个客户每次的订货量都不大，主要原因是公司实行现金交易，客户局限于资金的限期，一般不会大量进货。所以往往出现进货很急或货物品种不足的情况。而有些客户进了一批货后，需要很长时间才能卖完。这两种情况都令小明头痛。

请分析小明如何才能避免这些不利因素并进一步扩大销售呢？你能为他出出主意吗？（5分）

项目九 客服评价

小明团队在充分认知客服岗位工作职责、掌握不同的客服服务技能后，团队成员都明白了售前客服、售中客服、售后客服工作对企业意义重大，关系到企业的成败。为了更好地鞭策团队成员，让团队上下都形成良好的客服服务氛围，很有必要对团队成员实行公平、分开、公正的评价。

思考：小明要在团队中实行客服评价工作，打造企业正能量，应该从何处入手呢？

____

____

- 理解评价管理的含义。
- 认识企业客服评价的具体标准。
- 学会客服评价的方法。

- 任务一　客服评价标准
- 任务二　客服评价方法

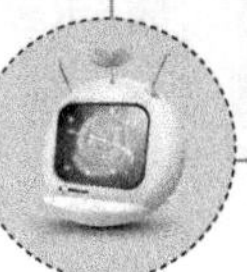

任务一　客服评价标准

任务要求

教师构建班级的合作学习小组，合作学习小组的成员共同完成以下学习任务，解决以下学习问题。

（1）对“企业客服评价”具体标准的深入认识。

（2）从不同的视角对企业客服评价进行分类。

（3）发现新问题：＿＿＿＿＿＿＿＿＿＿＿＿＿＿＿＿＿＿＿＿＿＿＿＿＿＿＿＿

任务准备

根据学习任务的要求和难易程度，准备相关的教学组织和设备设施。

（1）构建合作学习小组：将全班学生分为不同的学习小组，每个小组由2～4名学生组成，每个学习小组的组员分配上，要有领导者、创造者、分析者和执行者的角色。每个学习小组课前先通过网络搜索引擎对淘宝客服评价标准进行学习。

（2）教师指导：教师提供学习帮助，使学生明确学习目标，端正学习态度，提示学习任务的完成步骤等。

（3）学习资源：能接入互联网的计算机，纸质、声音、电子、网络等多媒体构成的立体化教学资源库。

（4）实训场地：多媒体网络教室、客户服务实训室，建议与当地电信公司或电商企业合作，进行真实场景的模拟实训。

知识链接

导入案例

2013年7月，李华和陈彬大学毕业后同时进入一个网店公司担任网店客服工作。在工作中李华很注重客服工作，经常收集客户对个人的评价信息，积极采纳客户对自己的建议，并及时做出反应和改良工作态度，深受企业领导认同，同时深受客户喜爱；陈彬在工作中认为不用采纳客户那么多信息，只要在上班时间完成工作就好了。年末李华被评为“优秀员工”，同时在企业开展的网上调查问卷中李华被评为最受客户欢迎的客服人员，而陈彬则被评为“客服投诉最多的客服人员”。

请思考：我们可以从这个案例中得到什么启示？

一、客服服务质量

1. 客服服务质量概述

客服服务质量是指客服服务能够满足规定和潜在需求的特征和特性的总和，是企业为使目标客户满意而提供的最低服务水平，也是企业保持这一预定服务水平的连贯性程度。

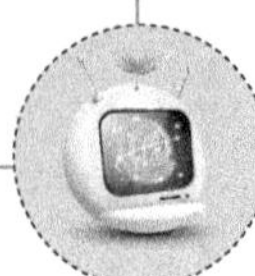

2. 客服服务质量不佳的原因

客服服务质量的好坏直接影响企业的形象，产生企业客服服务质量不好的因素是多方面的，其最主要的因素有两方面：一方面是企业制定的服务体系和标准不能迎合客户的需求；另一方面是企业管理人员管理不到位，导致客户享受到的服务与期望得到的服务有较大的差距。总的来说，企业客服服务质量不佳的原因在于以下几点。

（1）服务设计与服务提供之间的差距。由于企业人力资源部门管理的不到位，企业制定的客户服务方案及标准不能得到有力的执行，在实施过程中出现了偏差，这种偏差又没有得到及时修整。

（2）管理层对客户期望的认识与服务设计之间的差距。由于信息来源的偏差，客服服务部门所掌握的信息是基于其自身所掌握的客户需求信息，对服务设计所应考虑的资源限制、市场状况、管理基础等情况却掌握不全面，而这些信息主要为管理层所掌握。这种信息的不对称性直接导致管理层对客户期望的认识与服务设计之间产生差距。

（3）客户的期望与管理层所认知的客户期望之间的差距。由于企业管理者对客户真正所期望得到的需求不了解，仅凭主观想象制定服务战略，从而导致认识上的偏差。其结果是企业的服务设计与客户期望得到的服务有一定的差距，企业提供的服务是客户不需要的，而客户需要的服务企业却未能提供。

（4）企业所提供的服务与外界沟通之间的差距。企业在媒体宣传中为了吸引更多的客户，可能夸大其服务承诺，客户就会以企业在媒体宣传中的标准为样本。

3. 客服服务质量具体评价标准

在评价企业客服服务质量时，一般用RATER指数（或原则）作为标准来衡量。RATER分别代表信赖度、专业度、同理度、有形度和反应度，而客服服务质量的高低取决于RATER指数的高低。

（1）信赖度。这是指企业能否实现承诺，对客户做出始终如一的服务。

（2）专业度。这是指企业的客服人员所具备的专业知识、技能和职业素质。

（3）同理度。这是指客服人员是否站在客户的立场，了解客户的需求，竭力为客户服务。

（4）有形度。这是指客户能够实实在在地感受到的企业服务措施、环境、客服人员帮助和关怀的有形表现。

（5）反应度。这是指客服人员对于客户的需求能否给予及时的反应并迅速表现出提供服务的愿望。

4. 消除客服服务差距的方法

客户对服务质量的满意度与上述四种差距存在密切关系。因此，从根本上提高客服服务质量就要从消除四种差距着手，具体方法如下。

（1）企业上下应达成共识，树立“客户是企业生存之本”的服务理念。理解了客户是企业生存之本的理念后，企业上下就应该使这种意识成为企业的一种文化，严格落实、执行。

（2）企业应完善客服服务管理机制，做到管理的组织结构专业化、工作方式标准化、员工职业化。

二、客服评价管理

1. 客服评价管理概述

客服评价管理是指在交易成功后，卖家对于客户评价的自查、处理、解释，也是跟进服务的过程。

2. 网店客服评价类型

在网店经营管理过程中，客服人员无论在售前、售中还是售后的客服服务过程中都会面对客户的不同评价，客服人员在工作中就要做好客户的评价解释工作。网店企业客服服务的评价可分为三种类型：好评、中评、差评；或者可以说成正面评价、负面评价。这些评价可以是来自买家的评价，可以是来自卖家的评价，也可以是退款评价等。

（1）正面评价的解释。为什么要做正面评价的解释呢？很多人都觉得正面评价不需要解释，反正都是好的，但是每天会产生那么多新的评价，一些好的正面评价很容易被淹没了，如果可以写一些有质量的评价解释，那么回应的这条正面评价就会格外醒目，也更容易被后面的新买家看到这个评价。如图9.1所示的正面评价解释，就起到了很好的正面作用。

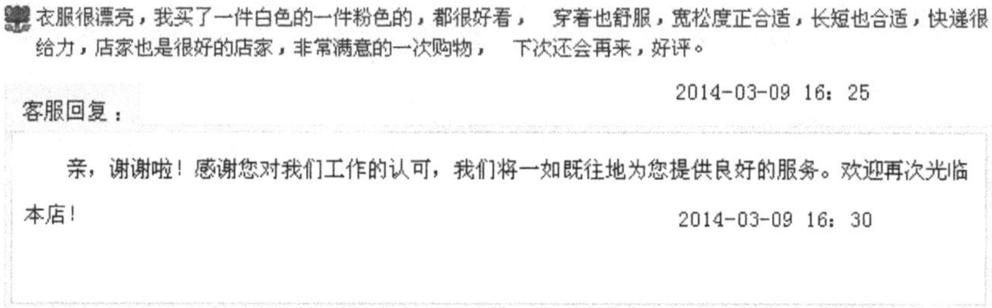

衣服很漂亮，我买了一件白色的一件粉色的，都很好看， 穿着也舒服，宽松度正合适，长短也合适，快递很给力，店家也是很好的店家，非常满意的一次购物， 下次还会再来，好评。

2014-03-09 16：25

客服回复：

亲，谢谢啦！感谢您对我们工作的认可，我们将一如既往地为您提供良好的服务。欢迎再次光临本店！

2014-03-09 16：30

图9.1 正面评价解释

（2）负面评价的解释。相反，负面评价可以帮助我们从客户回馈的信息中进行自查，提醒客服人员对客户进行一些维护，评价解释更是扭转不良印象的法宝。如图9.2所示的负面评价解释，能帮助卖家扭转不良印象，改变买家对卖家的认可度。

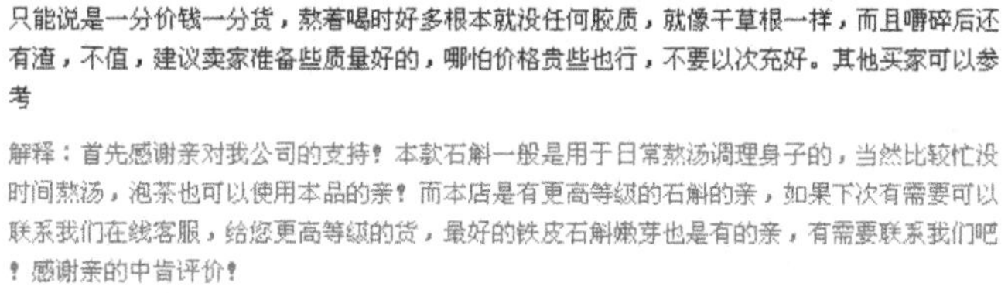

只能说是一分价钱一分货，熬着喝时好多根本就没任何胶质，就像干草根一样，而且嚼碎后还有渣，不值，建议卖家准备些质量好的，哪怕价格贵些也行，不要以次充好。其他买家可以参考

解释：首先感谢亲对我公司的支持！本款石斛一般是用于日常熬汤调理身子的，当然比较忙没时间熬汤，泡茶也可以使用本品的亲！而本店是有更高等级的石斛的亲，如果下次有需要可以联系我们在线客服，给您更高等级的货，最好的铁皮石斛嫩芽也是有的亲，有需要联系我们吧！感谢亲的中肯评价！

图9.2 负面评价解释

3. 淘宝评价管理应用案例

（1）登录淘宝网（http://www.taobao.com），单击“卖家中心”，进入后台管理。单击左侧列表中的“交易管理”→“评价管理”，如图9.3所示。

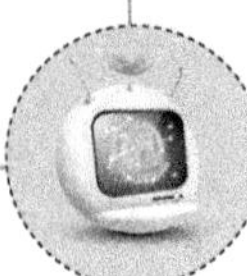

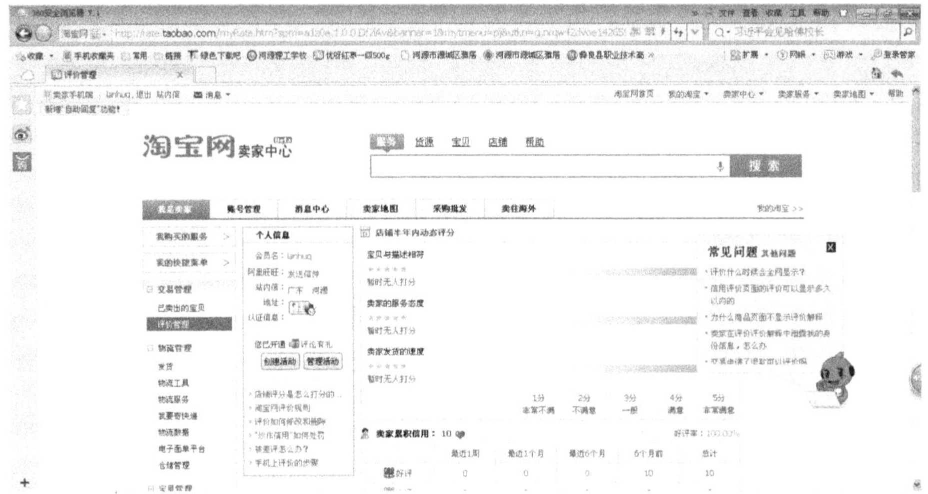

图9.3　淘宝交易管理

（2）打开网店客服评价明细，单击评价管理页面，在该页面的右侧是相关的一些评价明细，如淘宝店铺动态评分，买家、卖家信用累积评价等。

① 淘宝店铺动态评分，如图9.4所示。店铺评分指标包括：宝贝与描述相符、卖家的服务态度、卖家发货的速度、物流公司服务四项。交易成功后的15天内，买家可本着自愿的原则对卖家进行店铺评分，逾期未打分则视为放弃，系统不会产生默认评分，不会影响卖家的店铺评分。

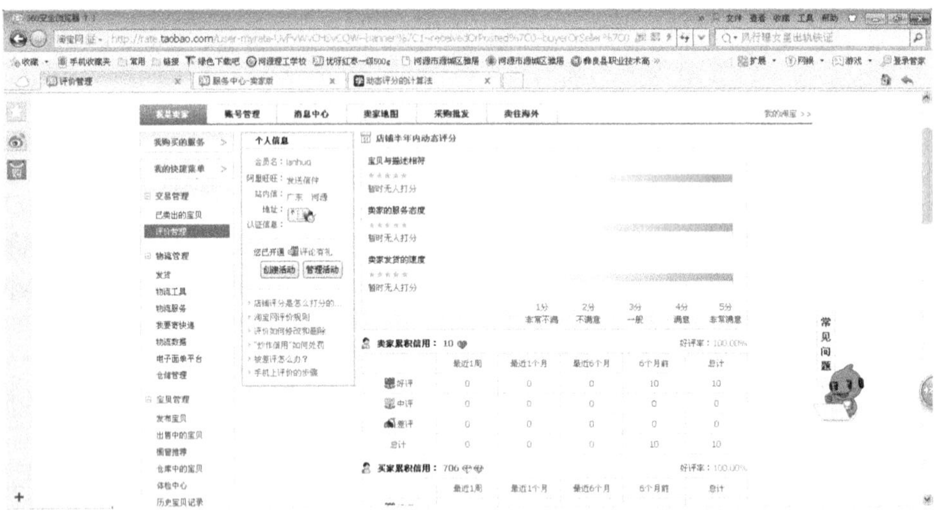

图9.4　淘宝店铺动态评分及买家、卖家信用累积评价

若买家在进行店铺评分时，只对其中1项或几项指标做出评分，就确认提交了，则视为完成店铺评分，无法进行修改和补充评分，剩余未评的指标视作放弃评分，不会默认评分。

商城订单买家完成店铺评分后，系统会自动代卖家给买家一个好评。

店铺评分生效后，宝贝与描述相符、卖家的服务态度、卖家发货的速度三项指标将分别平均计入卖家的店铺评分中，物流公司服务评分不计入卖家的店铺评分中，但会计入物流平台中。

计算方法：每个自然月，相同买家、卖家之间交易，卖家店铺评分仅计取前三次（计取时间以交易成功时间为准）。店铺评分一旦做出无法修改。

② 买家、卖家信用累积评价，如图9.4所示。

4. 网店客服评价解释处理技巧

（1）真正认识到客服人员自身存在的问题，当客户有不满反应时，客服人员首先要从自身找原因。客服人员应该这样理解，每一次客户的不满和由此产生的一些负面评价，实际上都是一次“自我提升”，提醒客服人员要在以后的客服工作中加以避免。

（2）做到有则改之，无则加勉。与客户在评价解释中正面争吵是没有意义的，因为说赢客户不代表解决了这个问题，也会对后面的客服工作造成不良影响。

（3）积极沟通，真诚道歉，与给出负面评价的客户进行真诚的沟通，并且给出一些补偿的解决方案，最佳的结果是希望能够取得谅解。

（4）如果有机会的话，应该积极争取请客户改善原有的评价，且能让客户继续购买，成为忠实客户，改善客户心目中的印象。

5. 网店客服评价解释工作注意的问题

（1）评价解释属于公开信息的展示，千万不要把评价解释当作与这个客户之间的私密对话，最重要的是展现给其他客户看，一定要注意专业形象。

（2）文字要多才能引起他人的注目，字越多占据的位置就越大，越能引起别人的注意。尤其一些负面评价写得很详细，那么，评价解释也要有针对性地解释得更周全。

（3）要做到有礼有节。因为，一般情况下买家的负面评价可能有一点过激，那么，客服人员就要更加礼貌周全地做出解释，以显示出鲜明的反差。

（4）如果能做到评价解释将心比心，能达到更好的效果。人性化的文字是更有生命力的，大度谦和，勇于承担责任能够给后面的买家留下良好的印象。

（5）除了不要辱骂和指责客户以外，更要注意遵守淘宝网的相关规则，如不能在评价解释里贴出买家的联系方式等。

6. 网店客服评价管理的意义

评价管理对于网店来说意义重大，从整个网店的页面来讲，评价页面的点击量是非常大的，有很多人在购买网店产品的时候除了去浏览产品宝贝详情以外，还会去查看评价，希望从相关买家的众多评价里边找出一些对购买该产品有用的参考信息，这些评价对于网店来说会起到很大的作用。

（1）可以提高网店的美誉度，网店客服评价的好与坏都可以直接影响到网店店铺的美誉度，良好的网店客服评价可以为该网店积累一定的人气，带来良好的收益；相反，不好的网店客服评价可能会给网店带来不良的影响甚至带来致命的打击。

（2）增强客户购买产品的信心，良好的网店客服评价会起到连锁作用，会增强客户对购买该网店产品的信心。

（3）维护网店形象。当卖家出现不良评价时，可以利用申辩机会通过评价解释来挽回网店产品及网店形象。

（4）企业评价管理工作到位与否，直接影响到客户对企业直接的评价，企业评价管理工作做好了可以直接降低中差评对于企业的影响。

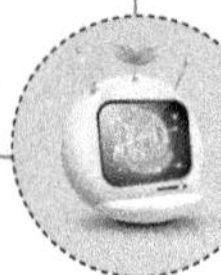

7. 网店客服评价管理流程

作为优秀的卖家，一定要制定一套合理的评价管理流程。做到评价不对客户有攻击性语言，做到评价礼貌客气，具有大店铺的风范。

（1）好评管理。

① 好评管理流程。客服人员了解并分析评价情况，通过编写话语，经过主管审核，对客户评价进行回评并对评价进行存档反馈。

② 好评管理要点。顺着客户的好评再次强调店铺的各项优势，加强客户对店铺的信任感，增强购买信心，如下面客户与掌柜解释的对话。

客户：收到了，很划算，比之前夏天买的还划算，香味儿很喜欢，淡淡的。

掌柜解释：感谢各位老主顾对本店的支持和厚爱，我们将一如既往地为大家提供优质的产品和服务，保证香水成品欧洲进口。

从上面客户的话中可以获取几个信息：他是老客户，之前买过该产品，并且喜欢该产品。因为掌柜做出了这样的评价解释：感谢老主顾，再次顺势强调产品质量。

（2）中差评管理。

① 中差评管理流程。客服人员了解并分析评价情况，制订方案，编写话语，经过主管审核，实施客户沟通工作，对评价进行跟进处理，并对客户评价进行回评，最后对评价进行存档反馈。

② 中差评管理要点。当客服人员收到中差评的时候不要急于去解释，需要及时沟通了解情况，看是质量问题、物流问题还是其他什么问题。先按照流程去处理，有了结果再有的放矢地做解释。很多卖家都有一个特点，一收到差评，或者说是很有攻击性的中差评的时候，卖家就非常着急，会马上不经过思考地去解释，这也是一种不理性的行为。客服人员收到中差评的时候一定要冷静下来，按照流程去处理，这样的话才能很有效地去做好中差评的管理工作。

当与给中差评的客户沟通成功以后，要及时地予以正面积极的回评，体现卖家专业的优质服务，提升店铺美誉度。

作为卖家，要切记身份。这是卖家工作的平台，是一个形象墙，不是个人表达个性的地方，需要对所说的每句话负责。受了委屈也不能在这个平台发泄。评价解释中出现任何抱怨、谩骂、人身攻击等语言，都会将店铺形象毁于一旦。

（3）修改中差评的两种方式。

① 首先建议联系买家，消除误会，让买家主动修改。

② 通过投诉，让淘宝客服修改（只限恶意差评）。评价修改期限为评价做出后的30天内，逾期将不能再更改。

（4）中差评的修改路径。中差评的修改路径：进入“我的淘宝”→“评价管理”→“给他人的评价”页面，如图9.5所示。中差评只能修改为好评或删除，且只有一次机会，如差评修改为好评后，将不能再删除或修改。

基于评价管理是一个公众开放的平台，企业应树立良好的客户服务理念，对于评价解释不打无准备之仗，评价解释前一定要先和客户进行沟通，客观、积极、正面、友好地陈述解释观点，并根据实际发生的问题，建立反馈和解决机制。

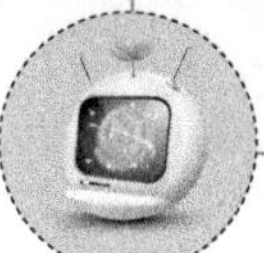

来自买家的评价　来自卖家的评价　给他人的评价　退款评价

评价　评论	被评价人	宝贝信息	操作
[来自天猫] 宝贝基本上与图片款式一致，领口偏紧了点，其他还好，这个价位算可以吧。 [2015-03-24 11:06:40]	商家 ：熙可儿旗舰店 商城	熙可儿雪纺衫长袖春装新款韩版娃娃领雪纺衫韩版大码... 298.0元	
[来自天猫] 宝贝质量很好，款式也很好看。之前给老公买过安之伴的睡衣，一如既往的好，很舒服。颜色也很漂亮，38活动非常划算，发货也很快，以后的睡衣就看你家的了。 [2015-03-11 05:40:17]	商家 ：安之伴旗舰店 商城	2014新款长袖女人睡衣套装安之伴针织棉质长袖女士家... 279.0元	
[来自天猫] 质量很可以，买大了，留着明年穿！ [2015-03-06 10:19:24]	商家 ：尤尤小笛旗舰店 商城	2015春秋 男童上衣T恤 真假两件儿童长袖衫圆领韩版中... 129.0元	
体重：25公斤 身高：130厘米 宝宝性别：女 质量好，款式也不错，发货速度也快。 [2015-03-06 10:17:29]	卖家 ：淘可能	淘可能童装男童春装2015新款潮儿童纯棉格子休闲韩版... 109.0元	

常见问题

图9.5　淘宝评价管理

想一想

客服工作关系到网店经营的成败，面对不同客户的评价，作为客服人员都应该给出正面的解释，而客服解释工作又需要客服人员掌握不同的沟通技巧。那么，作为客服人员在客服解释工作中应该掌握怎样的技巧呢？

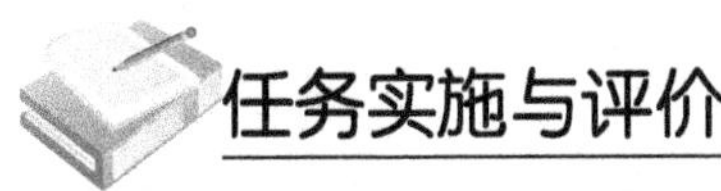

任务实施与评价

任务实施

1. 网店客服正、负面评价的解释

步骤1　各小组成员以买家身份分别设计客服正面评价信息与客服负面评价信息，并将设计的信息资料整理归纳后记录到学习笔记本中。

步骤2　各小组成员之间互相交换各自的客服正面评价信息与客服负面评价信息，并对正面评价信息与负面评价信息给予适当的解释。

步骤3　学习小组派代表上台分享本组的学习成果，其他小组针对汇报小组所陈述的内容展开讨论，并将修改意见填写到学习笔记本中。

步骤4　每个学习小组根据其他小组提出的修改意见，对本小组的学习任务进行再次讨论与完善，形成最终学习成果，并记录到学习笔记本中。

2. 淘宝评价管理

步骤1　登录淘宝网（http://www.taobao.com），各小组之间利用现有已开的网店互相购买物品。

步骤2　各小组以买家的身份评价卖家产品的质量、信用、客户服务情况；再以卖家的身份对买家进行评价。

步骤3 学习小组派代表上台分享本组的学习成果，其他小组针对汇报小组所陈述的内容展开讨论，并将修改意见填写到学习笔记本中。

步骤4 每个学习小组根据其他小组提出的修改意见，对本小组的学习任务进行再次讨论与完善，形成最终学习成果，并记录到学习笔记本中。

任务评价

对学生学习的评价从两方面入手，即过程性评价和结果性评价并重。在注重对科学知识的掌握和理解程度评价的同时，也要重视学生在活动中对科学探究过程与方法的体验，对学习态度、情感及价值观的发展进行评价，强化评价的诊断和发展功能。活动评价与学习结果评价各占50分，两次评价的总分即对学生学习评价的总成绩。

1. 学生学习活动的评价（分值50%）

每名学生对自己在整个学习过程中的表现进行自评，并请学习小组成员和教师对自己在本任务学习中的表现做出评价，从定性和定量两方面填写评价表，如表9.1所示。

表9.1 “客服评价标准”学习活动学生表现评价量化表

班级： 姓名： 学号：

序号	评价项目	描述性评价（文字）		量化评价（等级分值）			
		具体评价内容	填写具体事实	满分	自评	互评	师评
1	提出问题	①企业客服服务质量不佳的原因是什么 ②如何对正、负面评价做出适当的解释		6			
2	做出假设	①客户客观的评价对网店至关重要 ②评价解释就是给客户一个合理解释问题的方法		6			
3	设计实验方案	能否自行设计合理的实验方案		10			
4	实验操作	能否小组分工合作完成实验，操作是否规范、有效		10			
5	分析并得出结论	能否对正、负面评价做出适当的解释		6			
6	表达和交流	是否具有与他人合作、表达与交流的能力		6			
7	反思，提出新问题	正面评价与负面评价对网店企业有什么影响		6			
等级			总 分	50			
评语（教师填写）							

评价表填写说明：

（1）单项表现等级分值的评价标准：优（6分或10分），良（5分或8分），中（3分或6分），需努力（2分或5分），特优（加2分）。

（2）等级评定标准：对表9.1进行等级分值汇总，将总分填写至学生学习活动评价结果表中，如表9.2所示。7项总分50分以上为特优，45 ～ 50分为优，40 ～ 44分为良，30 ～ 39分为中，30分以下需努力。

表9.2 "客服评价标准"学习活动学生表现评价结果表

班级：　　姓名：　　学号：

自评（×40%）	小组互评（×30%）	教师评价（×30%）	总　评

2. 学生学习结果的评价（分值50%）

对学生学习结果的评价，采用笔试测验或实操的方式进行。

任务二　客服评价方法

任务要求

教师构建班级的合作学习小组，合作学习小组的成员共同完成以下学习任务，解决以下学习问题。

（1）掌握"网店客服评价的方法"。

（2）什么是网店客服人员关键绩效指标？其具体考核指标都有什么？

（3）发现新问题：______________________

任务准备

根据学习任务的要求和难易程度，准备相关的教学组织和设备设施。

（1）构建合作学习小组：将全班学生分为不同的学习小组，每个小组由2～6名学生组成，利用个人网店进行小组间网上购物，成员之间充当买家、卖家。小组间利用不同方法对客服人员的服务做出正面评价，并对照关键绩效指标，完成小组间客服KPI绩效考核工作。

（2）教师指导：教师提供学习帮助，使学生明确学习目标，端正学习态度，提示学习任务的完成步骤等。

（3）学习资源：能接入互联网的计算机，纸质、声音、电子、网络等多媒体构成的立体化教学资源库。

（4）实训场地：多媒体网络教室、客户服务实训室，建议与当地电信公司或电商企业合作，进行真实场景的模拟实训。

知识链接

导入案例

河源网上行科技有限公司是一家经营网上贸易的企业，该公司要求客服人员在日常客服工作中做到视客户为公司的生命线，该公司十分重视客户对客服人员的评价，为此公司制定了严格的网店客服人员绩效考核制度并严格执行。实践表明，落实该制度是公司最明智的做法。该公司的客服人员服务水平上去了，赢得了不少客户的赞许，还为公司赢得了大市场。

请思考：我们可以从这个案例中得到什么启示？应利用什么方法对客服服务进行考核？

一、网店客服评价的方法

客服服务工作关系到网店经营的成败。在评价客服服务工作过程中，可以通过淘宝服务中心对客服服务进行评价；通过阿里旺旺对客服服务进行评价；通过在线问卷调查对客服服务进行评价；通过执行、落实网店客服绩效考核制度对客服服务进行评价。具体内容如下。

1.通过淘宝服务中心对客服服务进行评价

淘宝服务中心提供智能和自助服务、在线云客服、电话客服功能，买家、卖家可以通过淘宝服务中心对客服服务进行评价。

（1）智能和自助服务。智能和自助服务为客户解答经常遇到的咨询性问题，找回账户密码等自助服务。无须等待，是客服服务的首选。智能和自助服务提供的服务有以下几种。

①智能机器人。客户在淘宝遇到问题，随时都可以向智能机器人提问，即问即答，7×24小时在线，全年无休！

②自助服务。客户自己动手解决账号修改、退款维权、开店认证等问题。

③小贴士。小贴士主要起到提示作用。例如，省略问候语，如“您好”、“请问”都可以省略；提问简洁明了，如“淘金币是什么”；一个问题不要分次发送；一次问一个问题，否则智能机器人无法识别，以下是机器人提问小技巧。

有问题，找淘小二。提问的时候如果掌握以下技巧，会更加快速地找到想要的答案哦！

技巧一：省略问候语。

比如“您好”、“请问一下”、“在吗”这些都可以省略。淘小二机器人是24小时提供服务的，不用和它客气，直接说问题就可以了！

技巧二：问题简洁明了，避免冗长。

比如这个问题“如何修改店铺地点，我店铺的地点原来默认是广州，我现在想改为其他城市，请问如何修改？”其实不用描述过程，直接问要点就可以了。

只要问“我要修改店铺的所在地”，就会非常清楚该问题，马上给出方法了！

技巧三：一次性提问完整，避免一个问题分两次发送。

因为一次发送，淘小二会认为已经提了一个问题，问题不完整的话，会很难明白想问什么。

比如这个问题“怎么解决呢”，如果改成“收不到激活信，怎么解决”或“收不到激活信，怎么办”，那么马上就能回答了！

技巧四：一次发送一个问题，避免一个问题里包含两个提问。

比如这个问题“你好，我淘宝上的注册密码及安全问题回答答案都忘记了，请问该怎么找回呢？”，其实这句问话包含“如何找回淘宝注册密码”和“安全问题答案忘记了，怎么办？”两个问题。很遗憾，淘小二一次只能回答一个问题，建议分开提问，效果会更好！

（2）在线云客服。在线云客服通过在线解答的方式为买家、卖家提供咨询服务，一般等待时间低于30秒钟（周一至周日 8:00—22:50，双11、双12 除外），在线云客服提供的服务有以下几种。

①我是买家：主要给买家提供商品挑选、购买、订单管理、活动咨询、会员账号注册、账户信息维护等咨询。

②我是卖家：主要给卖家提供开店、店铺管理、商品发布、处罚、消保、订单管理、营销工具等咨询。

③小贴士：主要起到提示作用。例如，请直接说明问题，省略问候语，如“您好”、“请问”、“在不在”、“在吗”都可以省略；用一句话完整地描述问题，不要分几句发送，如“买的东西收到时就破了，现在卖家不处理，我想退款怎么办”；一次只描述一个问题。

（3）电话客服。电话客服需要耐心等待一段时间，且会产生通信费用。例如，淘宝网消费者服务热线、淘宝网商家服务热线、天猫服务热线、支付宝服务热线等均为电话客服。咨询某类问题，建议先使用智能机器人和在线云客服。

2. 通过阿里旺旺对客服服务进行评价

买家、卖家在与淘宝客服沟通过程中，可以通过阿里旺旺就淘宝客服服务的质量进行公平、公正、客观的评价；同时买家也可以通过阿里旺旺就卖家客服人员的服务质量进行评价。

3. 通过在线问卷调查对客服服务进行评价

在线问卷调查即调查公司通过网络邀请会员参与回答问卷，以获取市场信息的一种调查方式，属于在线调查的一种。网店企业可以通过在线问卷调查对客服服务进行评价。

4. 通过执行、落实网店客服绩效考核制度对客服服务进行评价

（1）网店客服人员关键绩效指标。关键绩效指标（Key Performance Indicators，KPI），又称主要绩效指标、重要绩效指标、绩效评核指标等，是衡量一个管理工作成效最重要的指标，是一项数据化管理的工具，必须是客观、可衡量的绩效指标。

（2）网店客服人员绩效考核指标的主要内容。基于客服岗位自身的工作性质和工作内容，网店客服人员绩效考核指标主要分为以下几个方面。

①成交额完成度。成交额完成度，即特定月内通过客服人员实际完成的销售额与计划所要完成的销售额之间的比率，表示为实际销售额/计划销售额。

②最终询单转化率。最终询单转化率，即顾客向客服询单服务的人数与最终下单人数的比率，表示为最终下单人数/询单人数。

③客单价。客单价，即特定时间内每个客户购买本店商品的额度，是本旺旺落实且最终付款的销售总额与下单付款的客户总人数之间的比率，表示为特定时期内销售总额/付款客户人数。它充分体现了客服人员的客户亲和度和工作能力。

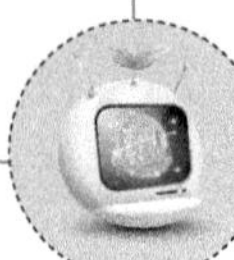

④旺旺回复率。旺旺回复率，即客服人员通过旺旺做出回复的客户数与总接待的客户数之间的比率，表示为回复客户数/总接待客户数。例如，对所有接待的客户都予以回复，则回复率为100%。

⑤旺旺响应时间。旺旺响应时间，即每一次自客户询单到客服做出回应这一过程之间的时间差的均值。一般来说，40秒钟的响应时间是相对正常的，做得熟练的客服会把响应时间控制在20～30秒钟，它直接关系着对客户态度和客户关系的维持。

⑥协助跟进服务。协助跟进服务只作为一种工作情况的参考，会根据具体情况做出具体调整。

⑦执行力。执行力，即客服人员特定时间内所完成上级主管交代任务的情况，由上级主管基于客服人员工作实情做出考量，赋予分值。

⑧满意度。满意度是一种心理状态，是客户的需求被满足后的愉悦感，是客户对产品或服务的事前期望与实际使用产品或服务后所得到实际感受的相对关系。如果用数字来衡量这种心理状态，这个数字就叫作满意度。客户满意是客户忠诚的基本条件。

上述各项指标主要依据客服人员的实际工作情况，依据客服绩效管理系统所对应数据进行统计。此外，在实际考评中，除了主管结合客服人员实际工作表现做出评价外，客服人员自身也有自评的权利，最终的考核结果将是对上述各个指标考评结果的综合评价。考核指标分值及指标所占比例、考核周期可以根据企业实际情况而定。

例如，某公司淘宝客服KPI绩效考核表，如表9.3所示。

表9.3　淘宝客服KPI绩效考核表

KPI指标	详细描述	标准	分值	权重	数据	得分
成交额完成度（X）	实际销售额（元）/计划销售额（元）（变量）	X≥100%	100	30%		
		90%≤X<100%	85			
		80%≤X<90%	70			
		70%≤X<80%	55			
		60%≤X<70%	40			
		50%≤X<60%	25			
		40%≤X<50%	10			
		X<40%	0			
最终询单转化率（Y）	最终下单人数（个）/咨询人数（个）（变量）	Y≥50%	100	20%		
		45%≤Y<50%	80			
		40%≤Y<45%	60			
		Y<40%	0			
客单价（M）	特定时期内销售总额（元）/付款客户人数（个）（有效客单价）（变量）	M≥250	100	10%		
		230≤M<250	80			
		210≤M<230	60			
		M<210	0			

（续表）

KPI指标	详细描述	标准	分值	权重	数据	得分
旺旺回复率（Z）	回复客户数（个）/总接待客户数（个）（变量）	Z≥98%	100	10%		
		95%≤Z<98%	80			
		92%≤Z<95%	60			
		Z<92%	0			
旺旺响应时间（N）	平均响应时间（秒）（变量）	N≤30	100	5%		
		30<N≤45	80			
		45<N≤55	60			
		N>55	0			
协助跟进服务（P）	客户下单后的跟进服务金额（元）（催款或处理售后）（变量）	P≥40 000	100	5%		
		30 000≤P<40 000	80			
		20 000≤P<30 000	60			
		P<20 000	0			
执行力（Q）	按照主管要求完成分配的任务	上级主管打分	100	10%		
			80			
			60			
			0			
满意度（W）	旺旺满意度评价	非常满意	100	10%		
		比较满意	90			
		一般	60			
		不满意	0			
差评（S）	一个差评扣50分					

二、网店客服考核实施流程

1. 考核者必须熟悉绩效考核制度、量化指标及考核流程

熟练使用绩效考核工具，并在考核、赋值的过程中及时与被考核者（客服人员）沟通，力争客观、公正地完成考评工作，保证考评工作的顺利、有效开展。

2. 考核者依照制定的考核指标及标准，根据各客服人员所对应的各项指标数据及工作表现予以评估、打分，赋予各项指标以具体分值

以上程序完成后，还需要员工做出自我评定，主管负责人也需要结合员工工作成绩及平时表现对员工做出客观评定。员工自评和主管评定也将作为个人最终等级评定及奖惩的参考依据。

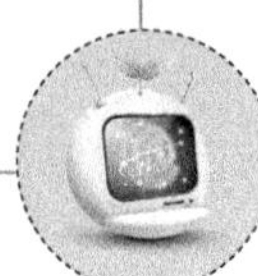

3. 对各个被考评者的各指标考核分值进行加总，并由高到低排序

根据加总分值，将客服人员分为初级客服、中级客服和高级客服三个等级。客服人员考核等级不同，所对应的薪资水平、岗位奖金等也不同，旨在鼓励创优争先。

例如，某公司的薪酬体系如表9.4所示。

表9.4　淘宝客服薪酬体系表

客服等级	分值（R）	薪资	岗位奖金	餐补	全勤奖	团队超额奖金
高级客服	90≤R≤100	1280元	400元	150元	100元	超额的1%（团队奖金×销售额占比）
中级客服	80≤R<90	1280元	200元	150元	100元	
初级客服	70≤R<80	1280元	0元	150元	100元	
两次低于70分，淘汰						

例如，某公司的提成方案如表9.5所示。

表9.5　淘宝客服提成方案表

销售额A（万元）	提成B计算公式
A≤8	B=A×0.5%
8<A≤12	B=A×0.75%
12<A≤16	B=A×1%
A>16	B=16×1%+（A−16）×1.5%

综上所述，通过客服人员绩效考核指标可以比较公平、有效地评价客服人员的工作业绩、工作能力和工作态度，及时纠正偏差，改进工作方法，激励争先创优，优化整体客服团队，从而全面提升客服质量和企业效益。

想一想

评价网店客服人员的关键绩效指标是什么？评价网店客服人员的方法有哪些？网店客服评价与传统客服评价有哪些具体的区别？

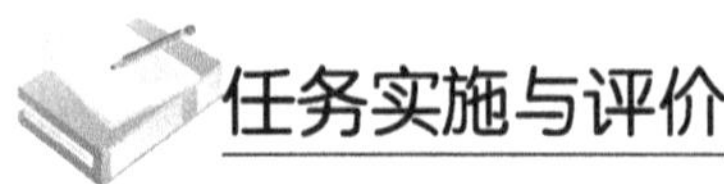

任务实施与评价

任务实施

1. 利用淘宝客服服务中心对客服服务进行评价

步骤1　登录淘宝客服服务中心页面：http://service.taobao.com，选择在线云客服选项，如图9.6所示。

图9.6　淘宝在线云客服1

步骤2　单击“点此进入”，进入淘宝服务中心页面，输入对淘宝客服评价的问题，如图9.7所示。

图9.7　淘宝在线云客服2

步骤3　在淘宝服务中心页面选择智能和自助服务功能，如图9.8所示。

步骤4　选择智能机器人功能在线与客服人员沟通，如图9.9所示。

步骤5　选择自助服务功能可以自己动手解决账号修改、退款维权、开店认证等问题，如图9.10所示。

图9.8　淘宝在线云客服智能和自助服务功能

图9.9　智能机器人功能

图9.10　自助服务功能

步骤6　选择在线云客服功能，通过在线解答的方式为买家、卖家提供咨询服务，买家、卖家可以单击“点击进入”与客服人员进行沟通，对客服的服务进行评价，如图9.11所示。

图9.11　在线服务功能

步骤7　选择电话客服功能与客服人员进行沟通，对客服的服务进行评价，如图9.12所示。

图9.12　电话客服功能

步骤8　每个学习小组之间利用个人网店进行组间网上购物，成员之间充当买家、卖家。根据实际情况在实训室利用互联网，买家、卖家之间利用淘宝服务中心对各自的客服服务进行评价，对本小组在客服服务中存在的问题再次讨论与完善，形成最终学习成果，截图并保存到计算机里。

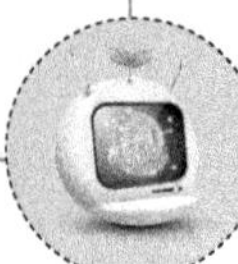

2. 利用阿里旺旺对客服服务进行评价

步骤1 访问淘宝网：http://www.taobao.com。

步骤2 当买家收到产品时，进入“买家中心”，可以通过在线阿里旺旺与客服沟通，对客服的服务工作进行评价。

步骤3 每个学习小组之间利用个人网店进行组间网上购物，成员之间充当买家、卖家。每组成员利用阿里旺旺对客服的服务进行评价，形成最终学习成果，截图并保存到计算机里，如图9.13所示。

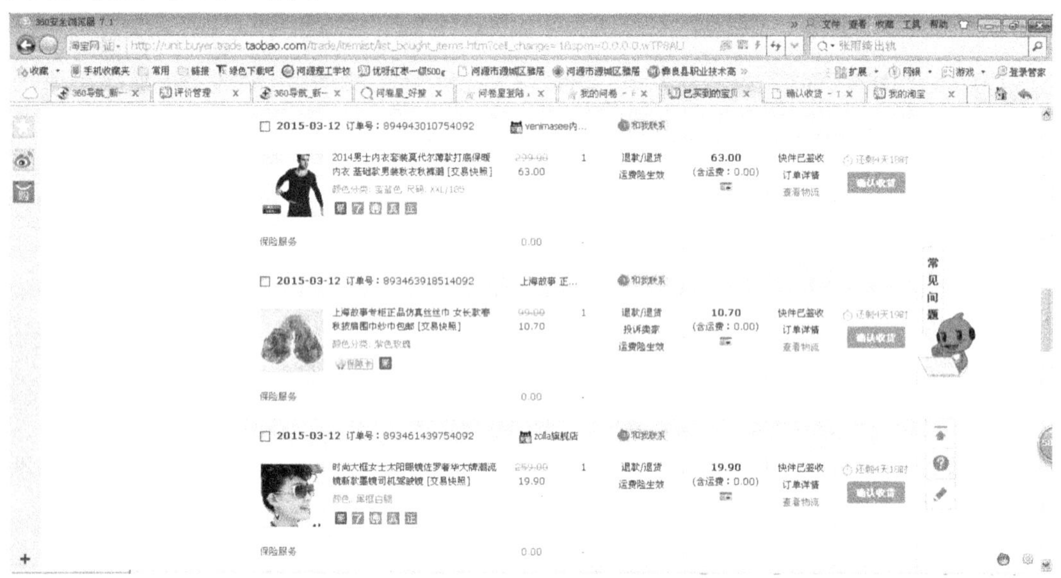

图9.13 阿里旺旺在线评价

3. 利用在线问卷调查对客服服务进行评价

步骤1 登录问卷星网址：http://www.sojump.com，如图9.14所示。

图9.14 问卷星登录页面

步骤2 注册问卷星用户，如图9.15所示。

图9.15 问卷星注册页面

步骤3 创建调查问卷，可以选择人工录入问卷、样本服务等不同的创建方式，如图9.16所示。

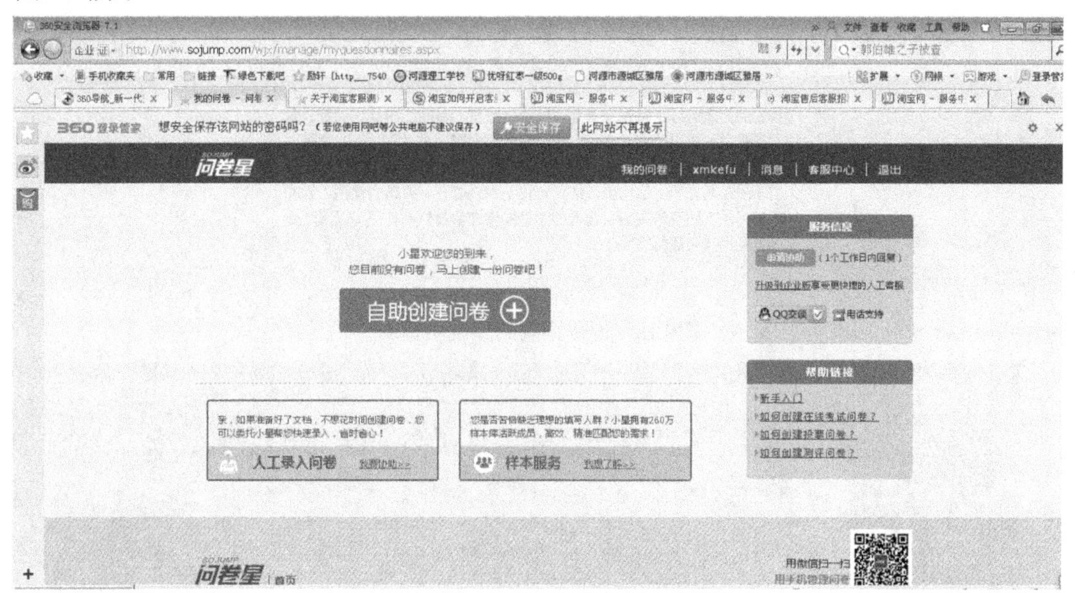

图9.16 创建调查问卷页面

步骤4 创建调查问卷名称“关于淘宝客户满意度调查问卷”，如图9.17所示。

步骤5 录入问卷调查说明，如图9.18所示。

步骤6 录入问卷调查问题，问卷问题设置为10～15题为宜，最后形成问卷，如图9.19所示。

步骤7 每个学习小组发布调查问卷，小组之间进行互相评价，统计问卷调查结果，形成最终学习成果，并保存到计算机里。

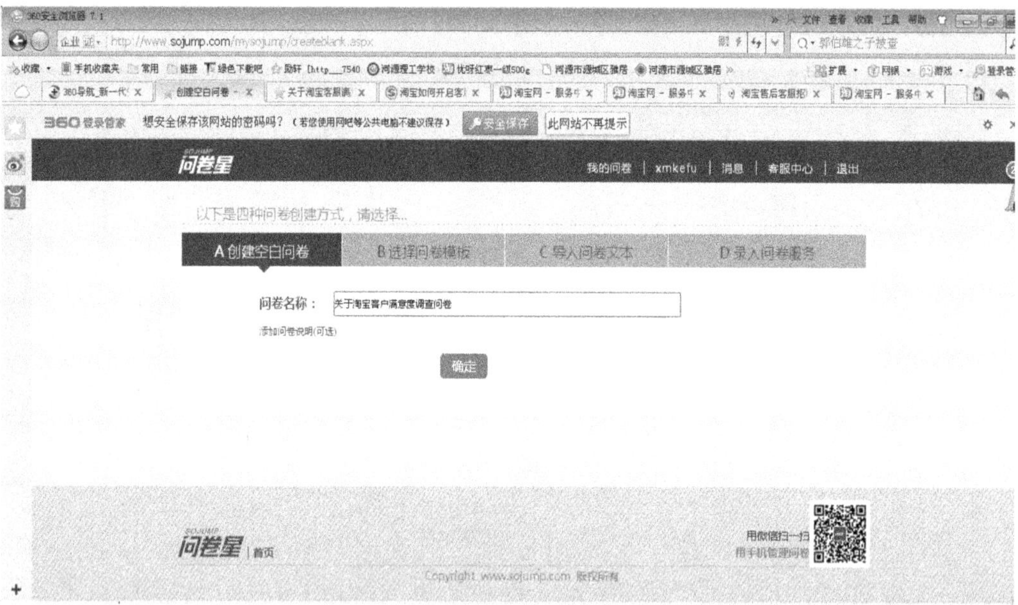

图9.17　创建调查问卷名称页面

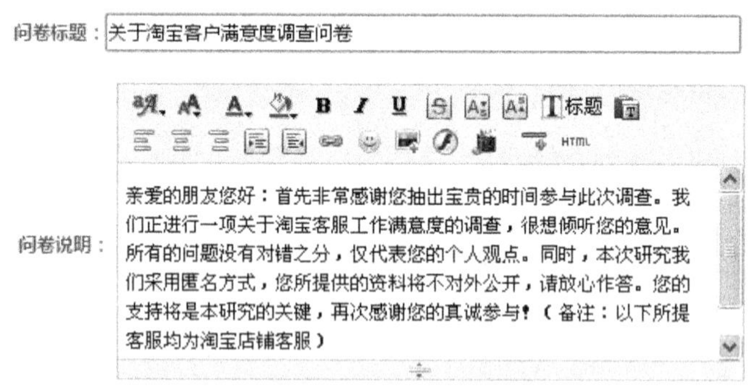

图9.18　创建调查问卷说明页面

图9.19　创建调查问卷问题页面

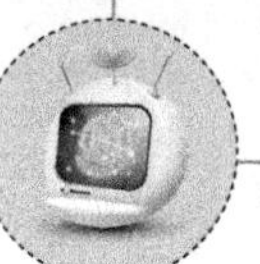

4. 通过执行、落实网店客服绩效考核制度对客服服务进行评价

步骤1　登录淘宝网址：http://www.taobao.com。

步骤2　每个学习小组之间利用个人网店进行组间网上购物，成员之间充当买家、卖家。

步骤3　每组成员依据网店客服绩效考核制度落实客服人员关键绩效指标，每组之间对客服人员进行绩效考核。

步骤4　每组之间对网店客服绩效考核表进行统计、分析，形成最终考核数据，保存上交给老师。其中网店客服绩效考核表可参考表9.3淘宝客服KPI绩效考核表、表9.4淘宝客服薪酬体系表和表9.5淘宝客服提成方案表。

任务评价

1. 学生学习活动的评价（分值50%）

每名学生对自己在整个学习过程中的表现进行自评，并请学习小组成员和教师对自己在本任务学习中的表现做出评价，从定性和定量两方面填写评价表，如表9.6和表9.7所示。

表9.6　“客服评价方法”学习活动学生表现评价量化表

班级：　　姓名：　　学号：

序号	评价项目	描述性评价（文字）		量化评价（等级分值）			
		具体评价内容	填写具体事实	满分	自评	互评	师评
1	提出问题	① 网店企业客服评价的方法是什么 ② 如何落实网店客服绩效考核制度对客服服务进行评价		6			
2	做出假设	① 客服服务就是企业生命线 ② 客服评价就是通过考核指标进行考核		6			
3	设计实验方案	能否自行设计合理的实验方案		10			
4	实验操作	能否小组分工合作完成实验，操作是否规范、有效		10			
5	分析并得出结论	能否熟练地利用不同的方法评价客服服务，能否掌握客服绩效考核指标内容		6			
6	表达和交流	是否具有与他人合作、表达与交流的能力		6			
7	反思，提出新问题	① 不同的客服评价的出发点有什么异同 ② 淘宝客服评价的具体方法及评价步骤如何		6			
等级			总 分	50			
评语（教师填写）							

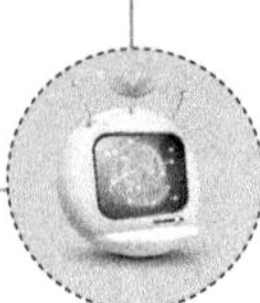

表9.7 "客服评价方法"学习活动学生表现评价结果表

班级：　　姓名：　　学号：

自评（×40%）	小组互评（×30%）	教师评价（×30%）	总　评

2. 学生学习结果的评价（分值50%）

对学生学习结果的评价，采用笔试测验或实操的方式进行。

项目小结

本项目主要学习了评价管理的含义，在理解评价管理概念的基础上分析了企业客服服务质量不佳的原因，企业客服服务质量具体评价标准，消除客服服务差距的方法，企业客服评价的具体标准和网店客服评价的手段及方法。

同时学习了企业客服评价管理含义，网店企业客服评价类型，网店企业客服评价解释处理技巧，网店企业客服评价解释工作注意的问题，网店企业客服评价管理的意义，网店企业客服评价管理流程。

掌握了网店客服评价的方法：利用淘宝服务中心对客服服务进行评价，利用阿里旺旺对客服服务进行评价，利用在线调查问卷对客服服务进行评价，利用执行、落实网店客服绩效考核制度对客服服务进行评价。

练习与自测

总分：50分

哇，我得了______分！

一、快乐小补丁（每空1分，共10分）

1. 企业客服服务质量是指企业客服服务能够满足________和________的特征和特性的总和，是企业为使目标顾客满意而提供的________，也是企业保持这一预定服务水平的连贯性程度。

2. 店铺评分指标包括：宝贝与描述相符、_______、_______、卖家发货的速度四项。

3. 在评价网店客服服务工作过程中，可以利用________服务中心对客服服务进行评价，利用________对客服服务进行评价，利用在线调查问卷对客服服务进行评价，执行________绩效考核制度。

4. 按客服服务等级分，客服可以分为________客服、________客服、高级客服。

二、剪刀、石头、布（每题2分，共10分）

对于下面这些问题，你准备出剪刀（A）、石头（B），还是布（C）呢？

1. 有效衡量客户服务质量的RATER指数包括信赖度、专业度、同理度、有形度和（　）。

A. 关联度　　B. 相似度　　C. 反应度

2. 网店客服评价类型有正面评价的解释和（　）。

A.中立评价的解释　　B.负面评价的解释　　C.不评价

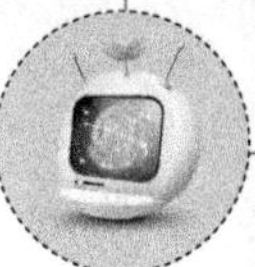

3.网店客服评价管理可以维护网店形象、增强客户购买产品的信心，（ ）。

A. 提高网店的美誉度　B. 损坏网店形象　C. 降低客户购买产品的信心

4.中差评只能修改为好评或删除，且只有（ ）次机会，如差评修改为好评后，将不能再删除或修改。

A. 1　B. 2　C. 3

5. 旺旺响应时间，指每一次自客户询单到客服做出回应这一过程之间的时间差的均值。一般来说，40秒钟的响应时间是相对正常的，做得熟练的客服会把响应时间控制在（ ）秒钟，它直接关系着对客户态度和客户关系的维持。

A. 20～30　B. 30～40　C. 40～50

三、识别红绿灯（每题2分，共10分）

红灯停，绿灯行！对于下面这些说法，你觉得正确的，请打“√”，并继续前行；错误的请打“×”，写出正确答案后再前进。

1.导致客服服务质量不佳的原因主要来自两个方面：一是企业服务体系和服务标准不能很好地体现客户的需求；二是企业规模太大，管理不到位，导致实际提供的服务劣于服务承诺。（ ）________

2. 客服评价管理是指在交易成功后，卖家对于客户评价的自查、处理、解释，也是跟进服务的过程。（ ）________

3. 网店客服服务的评价可分为三种类型：好评、中评、不评；或者可以说成正面评价、负面评价。（ ）________

4. 修改中差评的两种方式：首先建议联系卖家，消除误会，让卖家主动修改；其次是通过投诉，让淘宝客服修改。（ ）________

5. 关键绩效指标（Key Performance Indicators，KPI），又称主要绩效指标、重要绩效指标、绩效评核指标等，是衡量一个管理工作成效最重要的指标，是一项数据化管理的工具，必须是客观、可衡量的绩效指标。（ ）________

四、动动小脑筋（5分）

企业客服服务质量不佳的原因。

五、拍脑筋猛想（15分）

1. 复述网店客服人员关键绩效指标。(10分)

2. 简述网店客服考核实施流程。(5分)

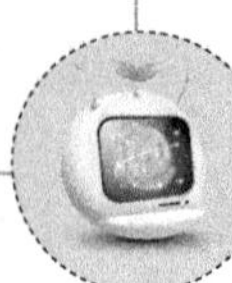

参考文献

[1] 李光明，李伟萁 . 客户管理实务 [M]. 北京：清华大学出版社，2013.

[2] 陈俊宁 . 客户管理 [M]. 广州：暨南大学出版社，2013.

[3] 刘春青 . 电子商务技能实训教程 [M]. 北京：科学出版社，2012.

[4] 程越敏 . 客户关系管理 [M]. 北京：高等教育出版社，2011.

[5] 施志君 . 网店客服技能与技巧 [M]. 广州：世界图书出版广东有限公司，2012.

[6] 淘宝客服服务规范培训教程 . 百度文库 [EB/OL].http://wenku.baidu.com.

[7] 隋晓明 . 电话行销 7 日通 [M]. 北京：金城出版社，2011 .

[8] 金加龙 . 汽车维修业务接待 [M]. 北京：电子工业出版社，2008.

[9] 马刚，李洪心，杨兴凯 . 客户关系管理 [M]. 大连：东北财经大学出版社，2012.

[10] 淘宝大学 . 网店客服 [M]. 北京：电子工业出版社，2011.

[11]365webcall 天天在线客服网 [EB/OL]. http://www.365webcall.com.

[12] 淘宝网 [EB/OL]. http://www.taobao.com.

[13] 新浪微博 [EB/OL].http://www.weibo.com.

[14] 上学吧 [EB/OL]. http://www.shangxueba.com.

[15] 百度百科 [EB/OL]. http://baike.baidu.com.